张承耀◎编著

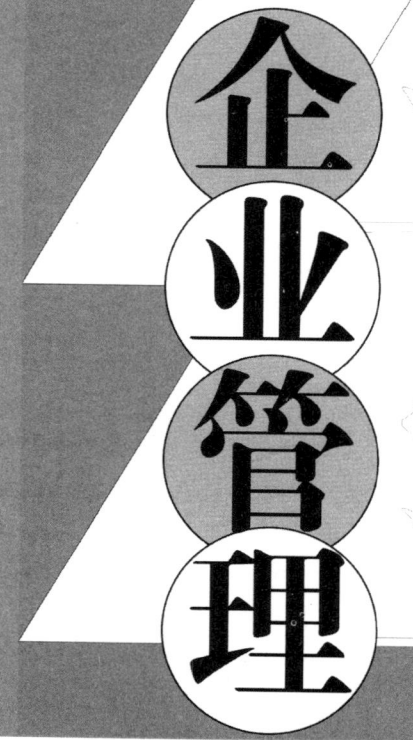

企业管理

案例与评论

THE CASE STUDY AND
REVIEW OF BUSINESS MANAGEMENT

第二版

（教学案例-2）

经济管理出版社

ECONOMY & MANAGEMENT PUBLISHING HOUSE

U0571265

图书在版编目（CIP）数据

企业管理案例与评论：教学案例—2 / 张承耀编著. —2版. —北京：经济管理出版社，
2012.6
ISBN 978-7-5096-2006-9

Ⅰ．①企… Ⅱ．①张… Ⅲ．①企业管理—案例 Ⅳ．①F270

中国版本图书馆CIP数据核字(2012)第142228号

责任编辑：勇　生
责任印制：蒋　方
责任校对：超　凡

出版发行：经济管理出版社
　　　　　（北京市海淀区北蜂窝8号中雅大厦A座11层 100038）
网　　址：www.E-mp.com.cn
电　　话：(010)51915602
印　　刷：三河市延风印装厂
经　　销：新华书店
开　　本：720mm×1000mm/16
印　　张：16.75
字　　数：305千字
版　　次：2012年12月第2版　2012年12月第1次印刷
书　　号：ISBN 978-7-5096-2006-9
定　　价：28.00元

作者简介

张承耀　中国社会科学院工业经济研究所企业经营管理研究室研究员。

主要研究领域：

企业管理、企业改革、组织变革等。

本人主要简历：

1947 年 5 月出生于河北省秦皇岛市；1964 年入清华大学学习；1970 年 2 月到本溪钢铁公司做技术工作；1980 年到日本进修技术一年。

从 1982 年到 1988 年在中国社会科学院研究生院就读，为我国第一批企业管理专业毕业博士研究生两名中的一名；毕业后留工经所工作至今。历任助理研究员、副研究员、研究员，硕士生导师、博士生导师（研究方向：组织管理），企业经营管理研究室副主任、主任，现任中国社会科学院管理科学研究中心副主任。国务院特殊津贴专家。1990 年到日本东京大学任客座研究员一年。

主要社会兼职：

中国企业管理研究会常务理事、中国国有资产学会理事、政协北京西城区委员，北京市西城区科协副主席，担任《改革》、《经济管理》、《中外管理》、《经济展望》、《中国工业经济》等杂志编委会委员，中国企业联合会全国企业管理现代化创新成果评审委员会委员，国家教委中国国有企业问题研究中心学术委员会委员，贵阳益佰制药股份公司独立董事。

主要负责课题：

1995 年至 1996 年负责主持了院重点课题《控股公司的理论与实践》；1996 年至 1999 年负责主持了国家社科基金"九五"重点课题《企业管理现代化、科学化问题研究》；1999 年至 2000 年负责主持了所重点课题《企业管理案例编写模式研究》；2000 年至 2002 年负责主持了院重大课题《我国企业管理的实践与管理科学的发展》。

其他负责主持和参加的课题还有《铁道部股份制改造》、《北京公交改革》、《上海青浦民营开发区》、《浙江民营企业》、《青藏铁路对西藏社会经济的影响》、《北京隆福寺步行街改造》、《贵阳益佰发展战略》等。

主要学术成果：

专著：《现代企业制度原理》，中国铁道出版社，1994年；《建造企业帝国》，广东旅游出版社，1997年；《企业改制案例与评析》，经济科学出版社，1997年；《两只眼睛看企业》，广东经济出版社，2001年；《企业经营管理案例评论》，经济管理出版社，2001年；《虚拟企业与策略联盟》，经济管理出版社，2004年；等等。

编著：《企业管理现代化、科学化问题研究》，经济管理出版社，1999年；《中国企业改革与发展案例》，经济管理出版社，2000年；《中国企业经营与管理案例》，经济管理出版社，2000年；《企业管理前沿报告》，企业管理出版社，2004年；《企业管理案例与评论－1》，经济管理出版社，2005年；等等。

译著：《股份制向何处去》，中国计划出版社，1996年。

其他论文、文章数百篇。

其他学术活动：

为中央电视台第一、二套《对话》、《焦点访谈》等栏目制作节目；1999年9月底在中央电视台第四套节目负责对《财富》论坛进行直播；在中央人民广播电台第一、二套节目直播；参加上海电视台、江苏电视台、北京广播电台经济台、青岛广播电台经济台等的直播。

前　言

　　企业管理研究与经济学研究的方法有着很大的不同：经济学将企业看成是一个"质点"，主要采取演绎的方法进行研究；企业管理研究则深入到企业内部或者说对企业实行"解剖"，主要采取归纳的方法进行研究。换句话说，案例研究是企业管理研究的重要方法。实际上，许多划时代的研究成果都是从一个个具体的案例研究中得出的。

　　案例研究又可以包含两个方面的基本内容或者说是分成两个基本的层次：一个是描述，这要求客观真实，不因人而异；另一个是评论，这要求深入挖掘，其价值判定将各不相同。当然，在个案描述的基础上也可以有综述性质的研究。

　　笔者已经发表过几本企业管理案例的书籍，也曾将若干评论汇集成《企业经营管理评论》出版过。摆在您面前的这本评论文集主要包括作者2004年到2005年为《经济日报》、《人民日报》、《企业管理》、《中国经营报》、《英才》等报纸杂志所写的评论文稿，也有专题调研报告或讲话等。

　　从形式上看，主要是从形式上考虑和划分的，即本文集分"点评"与"时评"两大部分。"点评"是针对某一案例所写的，后面附有背景资料；"时评"则是独立的文章。本来，按照文字产生的逻辑顺序是案例在先评论在后，但是，现在则是评论在先了。这是想把评论作为导读，给读者一个大致地介绍；如果读过案例再回过头来看评论也可以有新的认识。从内容上看，既有国有企业的改革，也有民营企业的发展；既有不同产业的情况，也有不同地区的情况；既有中国企业的实际，也有外国企业的经验；既有对个别企业的描述，也有对政策环境的评论。

　　第一部分"点评"包括22篇文章，第二部分"时评"包括13篇文章。在内容上特别是国有企业改革方面可能有交叉的地方。具体结构安排是这样的：从第1篇到第9篇是企业的个案；从第10篇到第17篇是对国有企业改革以及政府管理问题的评论；从第18篇到第22篇是对中国经济环境的评论；从第23篇到第25篇是对经济管理专题的评论；从第26篇到第29篇是对国有企业改革的评论；从第30篇到第 35 篇是对地区发展以及政府宏观管理问题的评论。

点评的评论部分以及时评都是作者编写的，在评论的首页有该文的出处，案例编写者标明在案例的当页。

本书的读者主要是企业管理研究人员、企业界人士以及企业管理类的研究生和大学生。

本书的前一集已于 2005 年 7 月由经济管理出版社出版，本书为其自然延伸。在本书即将出版之际，我想对所有提供帮助的报社、杂志社的记者、案例编写者和朋友们表示衷心的感谢。在这里还特别要感谢经济管理出版社的勇生同志，靠其真诚和热情才使得这本书得以顺利面世。

作者

2005 年 8 月于北京

目　录

第一部分　点评

第二部分　时评

哲学

中华一书

第 1 篇　重利岂可轻天下[*]

读了重庆瀛丹物业（集团）有限公司董事长张瀛丹的故事，就好比看到了一面三棱镜，它把商海之人划分成两种极端：一种极端是惟利是图，损人利己；另一种极端是义利并重，回报社会。前者是传统的资本家思维；后者是现代的企业家行为。张瀛丹正是现代企业家的代表。从这个事例中我们可以得到哪些启发呢？

第一，企业的经济性——通常人们会说，企业是一种以经济利益为目的的“经济动物”。从表面上看，企业单位与事业单位有着一些共同点，比如，都为社会提供某种产品或服务，都有收入，都有费用支出等。但是，企业单位与事业单位确实有着本质上的不同：事业单位以提供某种服务为目的，以获得效益为手段；而企业单位以提供某种产品或服务为手段，以获得效益为目的。用另外的概念来表述，事业单位以社会利益为主，以经济利益为辅；企业单位以经济利益为主，以社会利益为辅。企业在赚钱的同时，必须考虑自己的社会责任。

第二，双重目标的对立统一性——毫无疑问，企业的经济利益与社会利益双重目标之间存在着对立统一性：如果企业没有经济效益，就没有能力回报社会；反过来，如果企业忽视社会责任，就不能树立良好的社会形象，也将给企业带来负面的影响。张瀛丹和她的重庆瀛丹物业（集团）有限公司很好地解决了这对矛盾。企业在考虑了国家的需要、老百姓的需要之后，提高了信誉和知名度，结果又会给企业带来经济效益。换句话说，企业为政府解忧，为社会“买单”，就是为自己的无形资产投资，就是为将来的效益投资。这在本质上与买设备没有什么区别。只不过，有形的机器设备变成了无形的信誉丰碑。

第三，企业家的价值——张瀛丹的经历看起来再简单不过了，当过 30 年的小学教师，看见教师没房子就想到给他们盖房子。谁没有看到过这样的情况、没有想到过这样的问题呢？大家都司空见惯了。这好比许多人都看到过树上的苹果掉下

---

[*]　参见《内部研究报告》2004 年 10 月。

来，但只有牛顿才思考了这其中的道理，发现了力学定律。显然，如何解决才是关键。中国不缺乏政府资源、不缺钱、不缺劳动力，也有众多的买方，企业家才是最短缺的资源。张瀛丹不仅能够发现问题，更能够解决问题。中国最缺少这样的企业家。

第四，产品的社会属性——可以认为，一个社会是由不同阶层所构建的，有上层、中层和下层。企业的产品有一定的客户群，因此，产品本身就直接地为客户创造了利益，换句话说，所谓的社会责任也有类似的取向性，你的宗旨、产品、服务是面向哪个阶层的？是面向多数人的还是少数人的？这个问题要用产品来回答。就拿房子来说，北京的楼房动辄上万元一平方米，显然那不是给工薪阶层住的。张瀛丹拿下政府危难工程，为学校教师降低售价，在重庆盖几百元一平方米的住房不提价，扶持困难企业，安置下岗工人，让教师与工薪族圆安居之梦，自然会受到群众的欢迎。企业也可以先卖高价房赚大钱，再拿些钱赞助失学儿童。但是，广大群众的眼睛是雪亮的，大家心里一清二楚。企业的社会责任就蕴藏在自己的产品之中。

第五，政府的社会责任——由于几十年的历史习惯，中国政府的作用非常强大，就是在改革开放的年代，政府也具有双重职能，一方面政府是改革的动力和领导者；另一方面，政府又是改革的对象。政府领导经济发展，要和企业携手。在这之中，政府可能会做一些应该由企业干而自己干不好的事。房地产是政府与企业联手事业的典型。张瀛丹干好了，也是由于有政府的支持和协同。为什么在一些城市房价飞涨，出现了泡沫，弄了个"经济适用房"而并不经济呢？主要责任在政府。政府坚持高地价，制造双重价格，企业势必就范。本来，政府与企业不同，政府应该以社会利益为重，倘若政府以经济利益为主，忘记了社会责任，企业家也是无能为力的。所以，在表扬张瀛丹的同时，也应该表扬那里的政府。

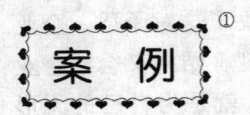

案　例①

访重庆瀛丹物业公司董事长

"我是个商人，古人云：商人重利轻天下。但我却不敢苟同，商人重利更应重天下，若无当今时代党的好政策岂会有瀛丹公司发展的今天。我肯定不会改变我办

---

① 由傅东方编写。

企业的初衷，一如既往地努力为我们的国家和人民多作一些贡献，多做一些好事、善事。这也是瀛丹企业文化的内核所在。反过来，企业所积淀的社会知名度信誉品牌也将会促动企业获得不可限量、源源不断的厚利。"——当记者见到这位"重庆市优秀企业家"、"全国三八红旗手"、"中国企业女性十大风云人物"之一的张瀛丹女士时，她对瀛丹企业文化的经营理念与实践观点颇有些与众不同，便有了下面记者与张总关于如何经营企业文化、如何实践企业文化并取得利义"双赢"的对话访谈。

记者：您在进入商界前做过教师，这对形成您独特的"瀛丹企业文化"是否有影响？

张瀛丹：年轻时我觉得山区的孩子缺少教育，便做了一名小学教师，并且一干就是 30 年！后来发现学校的教职工几乎没有一家住上好房子的，于是又立志做一名房屋开发商，为大众修房造屋，让"天下寒士俱欢颜"。1994 年我弃教从商，在海外亲人的援助下创办了重庆瀛丹物业有限公司。公司成立后，逐步发展壮大，由单一产业发展成为集房地产开发、建筑装饰、物业管理、包装生产、餐饮娱乐和旅游为一体的多元化、上档次、上规模的企业集团。几年来，房屋开发总量达 100 多万平方米，总投资达 5 亿元人民币，公司被国家建设部批准为国家房地产开发一级资质企业。无论公司的规模如何发展壮大，我都始终没有忘记弃教从商的初衷，后来发现："己与人而己愈有"——你帮助别人越多自己便越富有，进而逐渐形成瀛丹公司"重利更应重天下"的企业文化理念，这一企业文化理念的实战结果能为企业赢得"双赢"，进一步坚定了经营文化理念、推动企业快速发展的决心。

记者：对一个商人而言，义和利是很难兼得的一件事，您怎样理解商人的义和利，怎样才能做到兼得？

张瀛丹："不能失信于民"不仅是立国之本、立身之本，也是企业运作经营的大根本、大前提。公与私，国与民，当国家的利益、人民的需要与公司的小集体的利益发生冲突的时候，作为公司的领导，做出怎样的判断与选择，昭示出一个人的胸襟和胆识。自瀛丹公司成立的那天起，我就把"抓住机遇，求实进取，利国利民，共创辉煌"作为企业宗旨，并在具体的经营活动中努力践行。

记者：从企业起步一开始您就坚持义利兼顾的商业经营与实战吗？

张瀛丹：1997 年，重庆市北碚区文新湾国家安居工程已搁置两年无开发商承建，原因是地质条件复杂，开发成本高，无利可图，成了政府的危难工程。我得知情况后，立即拍板接下了这个项目。物价局核定的建房成本为每平方米 875 元，考虑到购房者均为西南师范大学的教职工，经济承受能力有限，便在购房合同中主动把售房价减为每平方米 800 元。在施工中果然遇到很多困难，首先是基础超深，预测为 13 米，实际上却深达 26 米，后来又发生滑坡，为此还增建了数千平方米作为对用户的补偿。公司还承担了本应由政府负责的部分配套设施。尽管后来开发成本增加了 1000 多万元，瀛丹公司还是信守承诺，按照合同价格售房。当部分员工出现埋怨情绪时，我就耐心地做思想工作："政府是我们的政府，为政府排忧解难是我们应该做的。"

记者："重利轻天下"，是我国古代对商人一贯的看法，在当今社会您怎么理解这句话？

张瀛丹：我觉得其中流露了"重农抑商"的偏见。当今的民营企业家应"重利更应重天下"，这样才符合当今时代企业发展趋势的要求和定位。著名经济学家亚当·斯密曾在《国富论》中讲：在自由竞争中，无论资本家主观上多么为自己，他在客观上也不得不为别人和这个社会提供有效服务。当企业膨胀发展到最高阶段，这时企业为社会公众服务的行为将会从被动转变成一种自觉行为——也就是说，企业发展的最高阶段是以自觉服务公众为标志的——其巨大的品牌信誉效应将更加促动企业以不可限量的速度迅猛发展。"义利"兼得是企业发展的最高境界。那么，瀛丹公司经营运作"重利更应重天下"的企业文化理念便不足为奇了。

记者：那么，是否由此您进一步确定了公司的经营理念："服务大众，回报社会"？

张瀛丹：是。由于曾经有过在基层任教的经历，我对工薪族长期遭受住房问题的困扰有着切身的感受，对老百姓希望买到住房的强烈愿望有着深刻的体会。1994年，我在家乡——重庆市九龙坡区西彭镇买下了西彭开发区一半的土地使用权，欲建 7 栋住宅楼。其间我呕心沥血，精打细算，控制成本，并冒着极大的风险，将房价定为每平方米 320 元至 450 元，并公诸于众。房子建好后，被评为优良工程。经测算，原定的售价完全无利可言。有人劝我适当提高原定的售房价，但被我拒绝了，我说："宁愿自己吃亏，也不能失信于民。"

记者：能否这样理解：瀛丹公司在立口碑，进而树品牌？

张瀛丹：经营的过程就是做人的过程，这不仅是对企业经营的理解，更是对现代企业家品格的思索。经商这些年来，将"服务大众，回报社会"作为经商的核心价值观，并将此视为自己的应尽之责。古人云：桃李不言，下自成蹊。还有什么语言比行动的语言更具有说服力，企业的品牌亦然。这或许也是瀛丹公司成长发展的秘诀之一。

编者按：几年来，瀛丹公司扶持了 16 个困难企业，带动了 100 多个相关企业的发展，安置了下岗人员约 500 人，解决约 2000 人的拆迁安置工作，圆了上万户工薪族和教职工的新房梦，还对公益事业赞助上千万元，在房屋销售中让利上千万元，受到社会的广泛赞誉。

积极支持公益事业，并未像某些人怀疑的那样成为公司发展的阻碍因素；相反，良好的社会声誉促进了公司的良性运转，使公司在自身发展和"利国利民"两个方面实现了"双赢"的局面。

近年来，张瀛丹女士将"立足重庆、步入北京、面向全国、跨入世界"作为公司的发展方向和发展战略，先后在重庆市九龙坡区、巴南区等 9 个区和北京、山东威海等 32 个区域开发了项目，在投入的 5 亿元资金中，仅有安居工程少量指标性贷款，其余均为自有资金。在 2002 年公司总结会上，张瀛丹女士宣布：公司在 2003 年至 2006 年，计划投入 30 亿元人民币，打造瀛丹百年品牌。

第2篇　企业何以"平和离婚"*

　　本来，婚姻是指自然人之间的关系。男女双方从相知、相爱到结婚，以及后来的共同生活、生育后代、白头偕老，每个人都幻想和追求幸福的婚姻。但是，未必每个婚姻都是顺利和幸福的，也有最后以分手而结束的。这里有许多原因，比如，当初两个人并不十分了解、结婚后出现许多新问题彼此态度相对立、一方移情别恋，等等。在传统的中国，离婚似乎是不光彩的事情，没有面子，单位、街道千方百计地撮合。当然，现在的情况已经有了很大的改变。一些学者更是提出了大胆的假说："21世纪是国家与家庭解体的时代——国家的边界在逐步模糊、夫妻关系在逐步淡化而走向消失。"

　　在这里更应值得注意的是企业之间关系的变化。企业之间的联合很像男女之间的恋爱。其中，特别是指合资以及资本与经营者的结合。换句话说，企业与自然人不同，这里有三个基本的角色：大股东A、二股东B和经营者C。因此，从理论上讲，这里有两种典型的情况：一种是大股东A与二股东B的结合，这是一种"企业婚姻"；另外，股东与经营者的结合也是一种"企业婚姻"。更为复杂的是以大股东A为一方，以二股东B和经营者C为一方的"企业婚姻"。今天的华远与福耀的案例就是最后这种比较复杂的情况。

　　二者之间的共同之处在于，都是由"外方"控股，中方主要表现为人力资本；都是友好地"平和离婚"；当初"结婚"是正确的，后来"离婚"也是正确的；无论哪一方都是赢家。这是"双赢"或"多赢"的例子。二者之间的不同之处在于，华远是卖出股权，福耀是买进股权。它们给我们的主要启示是：

　　第一，尊重股东意志。你想引进外资，让外方控股了，双方各有各的目的，"同床异梦"是很正常的。华润让华远"坚守阵地"，华远要"大展宏图"；圣戈班看中了中国的市场，福耀想往海外发展。这样下去最后"分道扬镳"也是必然的结

---

* 参见《企业"平和离婚"的成功案例》，载《总裁》2002年2月。

果。股东要利润，股东要转让股权，这些都是天经地义、无可厚非的事情。

第二，人力资本的实现。在两个案例中，当初的结合都是成功的，都取得了明显的经济效益。在各种影响因素之中，有一个共同重要的因素，那就是对人力资本的重视。曹德旺的年薪 200 万元，任志强的年薪高达 700 万元。特别是华远实行了利润分享制，在税后利润中拿出 4% 用于对管理者与员工的奖励，其中的 1.5% 奖励给董事长、总经理，1% 奖励给中层干部，1.5% 奖励给员工。这种办法在国外大公司和我国民营企业中也可见到。请问，在中国的国有企业中有吗？在中国的上市公司中有吗？大概是没有的。

第三，特定的股东结构。在华远和福耀能行得通的在其他企业中并不一定行得通。因为经营者与"二股东"是一家人。这是一场"二人转"。假如一个国有企业与外企合资，股东是上级主管部门，经营者为自然人，是真正的"一无所有"的"打工仔"，情况可能就不那么美妙了。因为这时是一台"三重唱"的表演，三方为自己的利益而博弈。结果将更加复杂。

总之，本案例既有一定的普遍性，又有一定的特殊性。简单地"照葫芦画瓢"肯定是不行的。

案　例 ①

华远、福耀玻璃案例

在华远房地产公司成立之初，华远集团投入的股本金是 8700 万元，历年来分红加上此次套现，共收回 10 亿元，还收回了"华远"的品牌。我们实际上是在进行一个资本的经营，这种资本的经营是在最开始用一个很少的资本去启动了一个目前为止比全国任何一个上市公司总资本都大的公司，在我套现的时候，又通过资本的增值和公司的业绩取得了一个很好的收益。

——任志强

---

① 由沧海、江山编写。

一、任志强的婚姻算盘

婚姻之美

1994 年，规模急剧扩大的北京华远，面临着严峻的融资局面。按北京华远当时的"成长规划"，华远每年需要近 10 亿元的资金投入（还不包括公司每年土地储备占款）。

尽管此前他们已经通过股份制改造和发行新股，将注册资本从 1500 万元增至 3.75 亿元。但是，对于"野心勃勃"的北京华远来讲，这简直是杯水车薪。

1994 年初，北京华远股东大会一致决定：寻找境外的合作伙伴作为外资股东，以达到进一步扩大资本的目的。当时，参与融资的核心人物就是任志强。

1994 年底，华远接受了香港华润的子公司坚实发展的 6 亿多元的巨额聘礼，出让 52% 的股权给华润集团，从此华远开始了它的幸福生活。

北京华远借助华润集团一举进入了国际资本市场：1994 年的合资筹得资金 7707 万美元；1996 年 11 月，各投资方又在坚实之上成立了一家控股的壳公司——"华润北京置地有限公司"，并将其在香港上市，进而筹资 8 亿港元；1997 年 5 月，华润北京置地发行 1.725 亿美元可转换债券；1998 年 3 月扩股，又筹资 1.4 亿美元。

几年下来，北京华远共得到筹资 33 亿元人民币，这都是此次婚姻的婚内收入，此外在婚姻的账本上还有高达 80 多亿元的总资产。

而华远与华润婚姻的主角任志强，也受益颇丰。任志强所率领的管理团队还获得了一份在当时国内企业中从未有过的奖励。合资后的北京华远有一条章程规定：公司税后利润的 4% 用于对管理者与员工的奖励，其中的 1.5% 奖励给董事长、总经理，1% 奖励给中层干部，1.5% 奖励给员工。这项奖励不影响公司对于管理层和员工的正常工资。

从 1994 年开始，任志强因为这项政策和其出色的业绩而每年拿到 700 万元左右的年薪，被称为中国"打工皇帝"。

婚姻之痛

至迟到 1998 年，任志强与香港华润的"蜜月"开始蒙上了阴影。原因是这一年北京华远的业绩开始下滑，首次未能完成董事会下达的年度计划。1999 年，北京华远出现第一次账面亏损后，双方的关系就更进一步恶化了，而任志强也因此辞去了总经理之职。

更致命的是，国内另一家著名的地产品牌万科也瞅上了华润，当万科一心想要傍上华润这个大款的时候，华润、华远和万科之间的关系就越来越微妙。华润之所以要与华远和万科合作，是为了打造中国房地产的第一品牌，这个未来的房地产品牌既不会叫华远，也不会叫万科，也就是说，一旦三方达成交易，进入华润的华远和万科就会慢慢地被华润取而代之，这对视华远和万科为亲生儿子的任志强和王石来说，都是不能接受的事实。

而且在万科向华润集团定向增发 B 股的公告中，华润集团公司迫于证券监管的要求做了两项针对华远房地产公司的承诺：一是华远房地产公司不得在北京之外发展房地产业务；二是华远或万科在北京新增住宅项目双方都有合作的优先权。这个公告无疑已经把华远未来的命运告之于天下，华润在全国地产市场中，华远只不过是北京市场中的一个棋子。

而这是任志强无论如何都不能接受的。

点评：由来只有新人笑，有谁知道旧人哭。

王石关于要卖掉"万科"的说法已经喧嚣了很久，其实，王石只是在替大股东找个买主，卖掉的不是王石的股权，而是深特发的股权，股价的高低都是深特发的事，与王石无关，王石作为经营者只求达到更换大股东的目的。

其实，给自己找一份大股东，多年来一直是万科努力谋求的事；给自己找一个合适的夫家嫁了，对于王石而言，其实这本来就是他最重要的经营策略之一。

就像当年，嫁给华润是华远的大幸一样，今天的万科想嫁给华润本来就是一种经营策略。

离婚也是美丽：当资本有了退出的规则

2001 年 7 月 18 日，华远集团公司与香港华润集团控股的公司——中国华润总公司协商签订了一份意向：由中国华润总公司收购华远集团公司所持有的在北京华远的全部股权。至此，香港华润集团总共持有北京华远 90% 以上的股权，等于全面接管了这家公司。而华远集团公司在转让全部股权的同时，收回"华远"的名称、标志及与"华远"形象有关的全部品牌。

华远与华润的幸福生活正式宣告结束，任志强离开华润系，打造新华远，再次开始幸福生活的追寻。与 6 年前不同的是，现在的任志强带着近 10 亿元现金。他自己也认为在与华润集团合作的 6 年中，最精彩的部分应该是他如何完成了一次漂亮的资本退出的过程。

2001 年 12 月 30 日上午，北京市华远集团老总任志强从工商局领到新注册的北京市华远新时代房地产开发有限公司的营业执照，任志强对于重新打造"新华远"地产品牌的信心十足，他宣称："3 年以后，我将率领新华远凭借 10 亿股本'再度'上市。"

当过 11 年兵的任志强坦言："部队对于人的个性有着深刻的锤炼，不服输，无论有多少困难都要克服，坚韧不拔，顽强奋斗，不断地进攻。我们不怕丢阵地，丢了可以再夺回来，不怕大船变成小船，心理上没有障碍。"

点评：强行休妻与协议离婚。

看着任志强的故事，首先想到王志东出局的故事，这两个故事有着相似之处，就是作为小股东的创业者被迫出局，而且故事的起始也很相像，王志东借用投资人的钱创造了中文第一门户网站新浪，自己也成为最耀眼的网络英雄，而任志强也正是借助华远和华润的幸福生活，而成为国内地产第一大鳄。

不过这两个故事也有两点根本的不同：第一是华远从 1994 嫁给华润起，每年都在为大股东创造巨额的利润。而新浪则从未赚过钱，以至于后来，王志东和投资人为了快点在纳斯达克上市差点急红了眼，大家都眼巴巴地指望从投资人手中捞点钱回来呢。第二是王志东是被强行休妻，踢出董事会的，而任志强则是协议离婚，带着大把的青春损失费离开大股东，重创自己的幸福生活。

生活中可以看到许多一见钟情的婚姻，但却很少有因一言不合而离婚的草率。公司就如一个家庭，一个婚姻。

二、为什么和华润分手

原华远集团总裁　任志强

自我辞去总经理的那一刻起，媒体就在评论和猜测：从 1993 年之后高速发展的华远房地产公司将发生什么样的变化。当整个市场都在即将进入"世贸"之际打造各自的航空母舰时。"任志强不玩了"。许多人都在观望着我将打出一张什么"牌"，华远将向何处去。

分手：公司就如一个家庭，一个婚姻

生活中可以看到许多一见钟情的婚姻，但却很少有因一言不合而离婚的草率。经受长时间的争取、不疑、困惑，甚至痛苦的自我冲突、利弊权衡，直到无可奈何而欲哭无泪，才下定决心做出最后的选择。公司就如一个家庭，一个婚姻。华远2001 年上半年已销售楼盘的合同额近 20 亿元，当整个地产界对这惊人的业绩感慨万分时，北京市华远集团公司与中国华润总公司签订了股权转让合同，决定转让北京华远集团及其下属公司在北京华远房地产公司约 18％的全部股权，并收回"华远"的名称、标志等全部品牌，与合作了 6 年之久的华润集团分手了。我辞去董事长职务，退出原公司。北京市华远集团公司将重新建立"新华远房地产公司"，继承完全属于华远集团的品牌。华润集团将把原公司更名，重新建立属于华润的文化。

"傍大款"与"娶靓女"，双方各有所求

一方要"傍大款"，一方要"娶靓女"，合作是双方各有所求。

如今双方分手了，但仍然有各自的成功。

一方面，华润集团公司将持有原华远房地产公司 90% 以上的股权，保留了原公司投资建设的全部项目、土地储备和一支专业化的管理队伍，同时，原华远房地产公司与万科组合成"航母"的障碍自然消除，有利于其建立中国地产集团的形象和操作。

另一方面，华远集团公司通过与华润 6 年多的合作，使投入于华远房地产公司的资本大幅增值，通过分红和转让，获取了大量资金，创造了"华远"品牌，获取了公司治理和市场融资的经验，锻炼出了一支高素质的管理队伍，与几年前相比，我们不再是白手起家的低点操作了。

一方要"另立门户"，一方要"打造航母"，分手使双方各有所得。

无法分辨的对错观念

作为一个企业经营者，从资本运营的角度出发，我并不认为华润的上述做法有任何错误，包括借用华远房地产、牺牲局部利益而争取最大效益。华润在这样做的同时，华远也正是在利用华润的支持而力争资本的最大回报。这里也不是什么对与错的问题！

不同之处在于华润追求资本最大利益时，华远集团也在追求投入资本的最大效益。

华远与华润之间有着无法分辨对错的观念上的差别和由于资本背景不同而对资本追求的不同理解。于是，我们选择了分手，各自走各自的路。

华远未来：已不是白手起家

许多人会认为华远虽然收回了公司的名称，但却变成了只剩一张白纸的新公司。确实，我们损失了许多，许多无法用金钱来衡量的有形与无形的资源。但我们绝不是在白手起家。我们从一个资本经营的初学者已成长为熟练地掌握了一定资本知识、技能和现代企业治理机制的驾驭者。在境内外的资本市场中，我们不仅仅学会了游戏规则的运用，而且让我们的资本创造了惊人的增值和收益。

三、失败的婚姻，成功的企业——福耀玻璃与圣戈班合资案例分析

5 年前，福耀玻璃选择了世界 500 强排名第 205 位的圣戈班巨狼与之共舞，今天巨狼已经黯然离场，而福耀却已轻巧地跨过了国际化的门槛。

在中国乃至全球的汽车玻璃行业里，福耀玻璃已经是一个令同行深感痛苦的企业，如果你想体会一下这种痛苦的深度，那就看看如下的数据：在中国，每 2 辆汽车就有 1 辆安装的是福耀玻璃；在美国，这个比例是 13%，在澳洲市场是 15%。到了 2000 年，公司 65% 的销售收入来自海外，其中 80% 来自美国。对大多数中国企业来说，完成国际化生存是多么艰辛的一件事情，福耀却轻巧地一跃而过。很显然，它不可能被简单地视之为幸运或传奇，福耀与圣戈班之间的婚姻与福耀的成长显然有着难以言表的丝丝缕缕的联系。

联姻圣戈班

1983 年，曹德旺承包了福清市高山异形玻璃厂，到 1993 年，福耀已成为一汽捷达、二汽雪铁龙、北京切诺基等 84 家汽车制造厂的汽车玻璃配套商，拥有国内市场 40% 以上的占有率，成为国内汽车玻璃业的领跑者。

1983 年 6 月 10 日，福耀正式在上海证券交易所挂牌，成为福建省第一家上市公司，其中曹德旺家族处于控股地位。

但是曹德旺还有更大的抱负，他希望公司能发行 B 股，拓展海外融资渠道。新加坡、香港的一些投资银行和中介机构，给出了三个建议：一是集中主业——福耀上市之初，旗下有相当部分业务涉及房地产、证券业等，这些业务占了其资产总量的 40% 之多；其次是聘请国际审计公司——这对于树立国际品牌至关重要；最后一点是引进国际大公司帮助建立福耀的规范化管理。这三点正中曹德旺的下怀。

正是在这个背景下，圣戈班进入了福耀的视野。当时，法国圣戈班集团正谋划大举进军中国市场，希望以合资方式实现中国之旅的"软着陆"。1994 年，圣戈班副总裁到中国考察，双方坐到了谈判桌前。这一谈就是两年，1996 年初，双方签约，圣戈班投资 1530 万美元，与福耀合资成立万达汽车玻璃有限公司，其中法方控股 51%，中资占 49%（曹德旺家族所占股份降至 16%）。同时，福耀集团将 42% 海外法人股转让给圣戈班，曹德旺担任公司总经理。

对圣戈班来说，这笔买卖非常划算，圣戈班不仅得到了国内最好的制造商，而且还通过福耀在香港的 2 家子公司，绕过政策监管，曲线进入国内 A 股。而对福耀来说，它得到的则是资金、技术和管理。

同床异梦

早在 1990 年前后，曹德旺就已经开始把生意做到了海外，但生意做得并不大。经过几年的试探性动作之后，他发现，国内低廉的劳动力将成为福耀抢占海外市场的"法宝"——国内的劳动力成本仅相当于美国的 1/30。而当初引进圣戈班的理由之一，就是希望借助其良好的全球销售网络和行销经验，扩张海外市场。

但是很快，曹德旺就发现这不过是一相情愿。

原因很简单，圣戈班进入中国，不仅仅是看好这块市场的未来潜力，还因为其全球客户——比如大众汽车——进入中国，圣戈班需要追随这些跨国整车商进入，以提供配套部件。因此，圣戈班希望福耀全力面向国内市场——毕竟福耀只是其 300 多颗棋子中的一颗。福耀加强海外业务拓展势必对圣戈班的海外工厂造成冲击。圣戈班当然不愿看到这种局面，他们并不支持曹德旺的美国战略，甚至在公司里提高产品的出口价格来阻止曹德旺的海外拓展计划。

于是当曹德旺几乎是独自在为他的海外梦想上下奔走时，这一根本性分歧暴露无遗，双方联盟的瓦解于是加速。

圣戈班彻底出局

事实上，福耀业绩的剧烈震荡从合资伊始就已呈现，而且难以遏制。

合资前的 1995 年，福耀净利润为 4804.59 万元，次年，这个数字猛然缩水到了 40.54 万元，1998 甚至出现负数，公司亏损 1790 万元。这是公司上市以来首次出现亏损。到 1999 年由于净资产收益率跌破 10%，使福耀失去了未来 3 年内的配股权，失去了从股市中融资的资格。造成这一切的原因错综复杂，比如引进了国际审计公司普华永道，审计标准改变；比如合资伊始许多项目刚刚上马，难见成效；比如 1997 年亚洲金融危机造成市场疲软。

到 1999 年，3 年同床却仍然异梦。双方战略发展思路的分歧不但没有弥合，反而不断加大，圣戈班希望将福耀纳入自己的全球发展体系，而福耀则希望借合资壮大自身。此时的圣戈班实际上已萌生退意；相反，曹德旺则急切地希望重掌大权。接下来的事情便顺理成了，1999 年 5 月，曹德旺以及福耀集团总共出资 3000 万美元，回购了圣戈班手中所有的福耀股票，曹德旺重新成为绝对控股者，圣戈班彻底出局，3 年合资就此画上句号。

离婚后的美丽

戏剧性的是，曹德旺与圣戈班劳燕分飞之后，福耀立刻恢复了合资前的生猛状态：回购股份当年，福耀实现利润 7000 余万元，2000 年利润翻了一番为 1.5 亿元，2001 年预计利润是 2.2 亿元。

美国本土的汽车玻璃企业全行业亏损，而福耀却在美国能够取得 25％以上的净利润率，这一点令曹德旺深感欣慰。

眼下全球汽车保有量总计 8 亿辆，汽车玻璃年需求量为 8000 万片。去年福耀出口为 150 万片，还有极为广阔的增长空间。

不论是海外市场还是国内市场，福耀的春天来了。

点评：曾有媒体把此案例定为"一个与跨国巨头完美婚姻遭遇失败的文本"。

对这种观点，我们并不敢苟同，婚姻是失败了，但企业成功了。

企业并不是为了感情而结婚，而是为了发展、为了利润而结婚。企业要不要进入婚姻，是娶进来，还是把自己嫁出去，要看是否有利于企业实现发展战略，福耀的这次合作我们认为在三个方面是非常成功的：

一是能够找到圣戈班这样一家跨国公司合作，并把自己嫁出去。

二是在 3 年的婚姻中，虽然历经艰难，但用 3 年的代价学会了怎样做一个典范的汽车玻璃供应商，而这正是进入国际市场的重要基点之一。

三是把自己嫁出去 3 年之后又能够和平友好地离婚，没有拼个鱼死网破，这是一个伟大的成绩。

敢于离婚是一种勇气，更是因为有离婚的资本，福耀玻璃经过结婚和离婚这样一个历程，成功地实现了成为汽车玻璃行业一流企业的战略。对于这样的离婚难道需要再唱挽歌吗？我们认为更多应该是颂歌。

四、在打工中学会成长为跨国公司

福耀玻璃集团董事长　曹德旺

管理"瓶颈"制约福耀的成长

很多人问我，为什么要与圣戈班合资并由他们控股？又为什么会分手？

1994 年前后，随着福耀越做越大，我深深感到，企业再次碰到一个发展"瓶颈"——怎样提高公司的整体管理水平，跳出乡镇企业思维局限，建立起一套现代化的企业管理流程和先进机制。

我自己可以不要很多钱，但考虑到政府批准我股票上市，那么多的股东买我的股票。自古有"士为知己者死"之说，为此急于找一个高水准的人士代替我，这就是引进圣戈班的初衷，并成为当务之急！这涉及福耀能不能成为一流企业的关键一招棋。

1994 年，具有国际汽车玻璃行业龙头企业圣戈班集团行政副总裁到中国考察，我专程赶去请他们到公司来参观。他们对福耀非常感兴趣，当然对中国这个巨大的潜在市场更感兴趣，所以我们双方就坐下来商谈合作事宜。合作的初衷原是想让圣戈班来接替我为福耀公司掌门，以便为我退休做准备。1996年初签约，圣戈班投资1530万美元，控股万达汽车玻璃有限公司51%，福耀投资1470万美元，控股49%，同时将福耀集团42%海外法人股转让给圣戈班，由该公司对福耀实施控股。他们对我很信任，仍然请我担任总经理，给我定了200万元的年薪。

为洋老板打工：痛并快乐着

1996～1998年的3年间，是福耀玻璃效益下滑的3年，应该讲是我最艰辛的3年。但这番心血没有白费。一个企业拥有一流的制造设备，这不算稀罕，因为谁有钱谁都可以去买回来，但要是能同时拥有一支训练有素的职工队伍和一套现代化的科学管理体系，能够拿着你的产品到国际上去"叫板"，那才叫真正的水平。

在双方合资合作的3年中，我们向法国圣戈班集团公司学到了很多东西，我们的员工直接到法国的生产线上接受培训，设计思路、生产流程、工艺线路参考了他们提供的蓝本，从原料进厂到产品出厂的所有岗位都按照国际标准来设定，完全按照国际制造业先进的管理模式来建设和改造福耀。

可以说，我直接为外国老板打了3年"工"，用3年的代价学会了怎样做一个典范的汽车玻璃供应商。

协议离婚，不失君子风范

造成与圣戈班分手，我相信其原因是多方面的。但绝不是因为我刁难他们或是不称职，因为他们当时在福耀公司的股权比例中占42%，居绝对控股地位。他们完全可以采取其他办法解决，但是他们选择全面退出万达、福耀以及在中国其他地方非福耀合作的项目。相信这是该集团投资战略调整的方式。

圣戈班决定撤出这个项目，我们双方进行了十分友好的协商。我尽一切办法满足他们的要求，将圣戈班所持股权，主要由集团受让和我家庭受让，因为他们在这个项目上投资损失不大，所以他们十分乐意。这样，他们退出后，又回到原来由我控股的局面。圣戈班虽然退出福耀，但是他们还是十分关心福耀事业的进步，我与圣戈班高层领导多次互访，他们还继续向福耀提供技术帮助，为此我评价他们表现得很绅士。

第3篇　资本与人本的对决*

　　IT 行业的一个特点是人力资源的重要性大大提高，资本所有者与技术人员如何实现平衡是一件不太容易的事情。与一般企业"老板炒员工"的通常模式不同，在 IT 行业中，"员工炒老板"比较流行，今天的几个例子很有代表性。下面就所涉及的几个相关问题进行分析。

　　第一，最短缺的是什么？金蝶老板徐少春面临着渠道商叛变、股东撤资、内部裁员等许多问题。看上去，最要害的似乎是员工问题，以至于徐少春直截了当地讲出"员工是老板，我是员工"这样的话来。同时，徐少春也真的给员工提供了占总股本高达 30% 的期权，还提出了所谓的"五子"计划。这在一定程度上反映出与外部的渠道商叛变、股东撤资等矛盾相比，内部的员工问题更加根本。

　　那么，能不能认为，只要稳定住员工就万事大吉了呢？答案是否定的。仔细观察徐少春所面临的环境可以看出，真正的压力来自于产品市场。正如徐少春所说的那样，几年前，客户还不够成熟，某些客户喜欢追捧所谓的"概念"，而现在，客户对管理软件市场以及 ERP 产品的了解已经非常深入，一些先进的管理思想在实践中已经运用得非常娴熟，甚至客户"教育"厂商的情况也不罕见。

　　因此，在 IT 行业发展初期，供给相对短缺，而随着市场形势的变化，供给逐渐增加，厂家开始"洗牌"，客户有了挑选的空间，员工也就有了挑选的自由。换句话说，员工流动不过是客户流动的"影子"而已，眼睛只是"向内"还非常不够。

　　第二，事业部还是子公司？郑昌幸创办尚阳科技时并不缺钱，投资者蜂拥而至。由于第一笔融资用完时还没有一件像样的产品，所以要裁员。实际上，当初的人马就是拼凑起来的队伍。300 人左右的中型公司，实行的是事业部制，四部分人组成四大方面军。每个部门都有自己的销售机构，都有自己的研发人员，都希望拿

---

　　*　参见《内部研究报告》2004 年 11 月。

到最赚钱的项目；其结果是政令不通，各事业部彼此独立，彼此压制，最终造成资源浪费，而产品并没有竞争力。

出现这种情况并不奇怪。现在的问题是，四个事业部的产品是否有关联度？彼此独立运作是吃企业的"大锅饭"还是独立核算？如果完全独立核算为什么不各自成立子公司？就算是华为旧部一直留在深圳，就一定要处于失控状态，不供血、输钱，人家就一定会离开？

我们的答案是，不管成立事业部还是子公司，都有一定的道理和必要性；都可能搞得好，也都可能搞得不好。问题的关键在于如何管理，在于建立什么样的机制。

第三，广告有多大效果？熊猫移动的总经理马志平以为国产手机将取得压倒性优势，3 亿元广告攻势使其一度成为了手机厂商中的明星。不过，今年 500 万部的预期销售量还是被调低到了 300 万部。显然，能够完成这个目标也并不那么乐观。手机市场是一个充分竞争的市场。本来，国产手机缺乏产品设计研发能力，再加上供应链不足，所以一时市场占有率的提高难以掩盖自己的缺憾。

毫无疑问，在中国，手机的高、中、低端市场都有需求，低端的自不必说，中、高端的也应该看好。从供给方面看，跟随、模仿非常迅速，比如带有摄像头的手机很快就有 300 多款。在这之中，最重要的问题有两个，一个是研发，一个是渠道。中国人想省钱，发信息比外国人还多。一般手机写中文比较麻烦，用拼音一个键要点三四次，太麻烦了。诺基亚的 5510 为电脑键盘，一个键一个字符，非常方便；为了缩小体积，6820 又改为折叠式。为什么中国厂家不能开发出适合中国人的产品？渠道方面，网上操作已经十分流行，传统模式也必须随之改变。

总之，产品不打广告不行，光靠打广告更是不行。

第四，个人与企业是什么关系？王码集团董事长王永民大名鼎鼎，口才好，自我感觉更好。王永民多才多艺，属于发明家类型的企业家。现在的问题是，如果像他自己所讲的那样，假若哪一天他的心脏停止跳动，"整个公司将马上垮掉"，这种局面并不能令人乐观。

王永民从发明家变成企业家之后，角色发生了根本性变化，不仅需要解决产品的持续创新，更要解决组织的不断创新。王永民作为出资者即老板，就需要请能人来管理企业。非常可惜的是，他请来请去也没有找到一个合适的职业经理人。如果他把"公司的每一件具体的事情都会过问得非常仔细"，没有充分地放权，可能一直找不到合适的人。其原因不在经理人身上，而在他自己的身上。

所谓的合作伙伴：一是投资者，你不想被别人控制，就得继续当好"老板"；二是找"打工"的，天下能人任你挑。不能认为"到处是黑人，白人找不到"，否则，怎么解释其他正常发展壮大的企业？

王永民不喜欢听别人说他"只是一个发明家而不是企业家"，但是，柳传志已经将联想成功移交。美国微软的比尔·盖茨辞去总裁、辞去 CEO，企业照常运转，就算是辞去董事长，他还是公司的大股东。何况他又给自己封了一个"首席技术官"。山西晋商 500 年辉煌时，有钱的为财东，出力的为掌柜，人力资本参与分红，有时人力资本分红超过财东。王永民想把企业做大吗？未必想。如果想，也仅仅是空想，而没有找到实际的道路。

王永民不如柳传志，不如比尔·盖茨，不如山西晋商。王永民仅仅从发明家进化成资本家，而没有进化为现代企业家。

案　例[①]

IT 业 "员工炒老板" 案例分析

一、徐少春：确实有点背

[挨踢男之一/出腿者：员工/挨踢者：金蝶/状态：

受到"教育"/心得：把员工变成老板]

虽然徐少春不愿多说，但 2004 年对于他来说的确有点背。

先是与安徽软件代理商瑞信不欢而散，被认为是"软件供应商与代理商之间缺乏有效的沟通"的典型事件；接下来是 7 月，出现 IDG 从金蝶撤资的事件，有媒体报道，曾持有金蝶 25％ 股权的风险投资商 IDG 从金蝶撤资，而联系到此前增资速达一事，从而有人得出 IDG 并不看好金蝶的结论；同时，又在 7 月，金蝶内部宣布裁员：此次裁员涉及行政部门和研发部门，裁员幅度分别为 10％ 和 5％。

然而，徐少春面对媒体谈到自己的"梦想"依然是：到 2010 年成为世界应用软件 10 强。而在这 6 年里，徐少春的任务是从 2 亿元人民币变为 2 亿美元，而这对于增速放慢的管理软件市场而言，可谓难上加难。

---

①　由朱雪尘、王颖编写。

　　虽然金蝶认为更换代理商是一件极为平常的事，但是在对瑞信事件上，速达董事长岑安滨认为，媒体报道事实上非常客观，的确有一部分经营金蝶软件产品的代理商近期转投速达、用友。而 IDG 的撤资，徐少春认为 IDG 从金蝶成功套现 2 亿元，金蝶也成为 IDG 在中国成功的投资之一。

　　为了表明金蝶的投资价值，徐少春还透露，旗下管理着 1420 亿美元基金的宝源投资，已经将持股比例由 5% 增加到 6.19%。

　　不管徐少春如何解释，毕竟渠道商叛变、IDG 撤资、内部裁员都不是什么好消息。面对如此多的压力，徐少春为了稳定军心，在谈到员工问题时，甚至称："员工在我的脑海里面就是他们是老板，我是员工。"

　　或许徐少春真的要把员工变成老板。在香港上市以后未来十年，金蝶给员工提供占总股本高达 30% 的期权，现在先后有 4 批员工获得了公司的期权。为了能够留住人才，徐少春还提出"五子"计划，"五子"就是位子、票子、车子、房子、妻子。

　　虽然面对如此丰厚的薪酬和期权，但是徐少春依然紧张。在机场，徐少春曾接到一位重要员工要离开的消息，为此徐少春特意打电话给那个人，而最终在长时间的通话后，挽留住了那位员工。

　　虽然不愿多说裁员一事，但徐少春也承认金蝶正在调整之中，"我们在组织机构上做了一些调整，人员多了，链条太长"。

　　对于今年一系列的变故，国衡咨询公司顾问曹麟泠认为：这实际上反映了目前国内管理软件行业在整合趋势下的躁动不安。

　　对此，徐少春也持有相同观点："几年前，某些客户喜欢追捧'概念'。而现在，客户对管理软件市场以及 ERP 产品的了解已经非常深入，一些先进的管理思想在实践中已经运用得非常娴熟，甚至客户'教育'厂商的情况也不罕见。"

二、郑昌幸：管不了部下

[挨踢男之二/出腿者：高管/挨踢者：尚阳科技/状态：
痛楚无法言说/心得：一开始就必须整合]

　　在决定到中国网通之前，郑昌幸想透了；在决定离开中国网通之前，他也想透了。虽然如此，但他却没有想到离开网通后创办尚阳科技的过程却是如此艰难。

　　"第一笔融资已经用完，可是我们并没有一件像样的产品，这次总共裁员 100 多人，将近 30%，我觉得待在这里，真的很有压力，是对自己前途的压力。"在裁员之后，薛辉虽然没被裁掉，但也递交了辞呈。而她离开的原因，却与当年郑昌幸离开网通的原因相似。

离开网通之后的郑昌幸可以说也很幸运，他遇到了"就像因特网泡沫时候一样的情况"，本来打算融资 5000 万美元，结果谈来了 8500 万美元。郑昌幸没有乐不可支地忙着数钱，他开始对一笔一笔的钱进行甄别和选择，因为他很清楚，那些不看重长远的风险投资，只能给自己带来痛苦。最后，他选择了其中的 5800 万美元。

取得融资之后，郑昌幸开始了一系列并购，先后收编了汉网、联合网维以及华为旧部，再加上在社会上招聘的一部分人，组成了如今的尚阳科技。

尚阳科技成立后，从高层到员工"成分"极为复杂，有"海龟"也有"土鳖"，有出身国企的，也有来自外企的；有来自创业公司的，也有来自全球 500 强公司的。以高管为例，就有中科院院士侯自强的儿子侯立民，原华为高级副总裁陈硕、毛森江，IBM 的杨波以及微软 .net 核心研发小组成员张淡泊。所以，郑昌幸几乎是从公司成立的第一天起，就开始倡导一种融合的文化氛围，倡导一种以业绩为导向的环境。他甚至在公司成立之初就请来著名的人力资源顾问公司，长时间地跟着公司一起做。

虽然如此，但是郑昌幸在创办公司的时候依然犯了一个致命的错误——没有进行"强势"的内部整合。

尚阳科技的内部人士告诉记者，以上四部分人组成了如今尚阳科技的四大部门，一个 300 人左右的中型公司，却要实行事业部制，在外面完全没有竞争力。

"开始的时候，怕损失暂时的利益，怕某些人离开，没有进行全盘的整编，造成政令不通，每个部门都有自己的销售部门，都有自己的研发人员，也都希望拿到最赚钱的项目。"那位内部人士告诉记者。

其实，从公司架构上来看，郑昌幸也有自己的考虑，因为是一家创业型的公司，如果四个事业部中有一家能够发展起来，而其他三家都不行的话，那么只要选择最好的这家，那么公司就可以得到发展。

可是，如此架构，便导致一个严重的问题：政令不通，各事业部为了自己的生存，彼此独立，彼此压制，最终造成资源的浪费，产品没有竞争力。"你总是在支持当前的有缺陷的东西，永远都是在弥补前面不完善的东西。"

在尚阳科技内部，甚至从华为招聘的旧部，因为生活的原因，并没有来北京，而是一直留在深圳。"实际上华为这部分人已经处于失控的状态，你必须不断供血、输钱，否则人家就会离开。"

对于并购之后如何整合的问题，理实佳讯管理顾问有限公司的市场经理黄海东认为：一个公司只有两年时间抓准机会提升企业价值。两年后，产生协同效应的机会就消失了。

管理权更迭后的 12 个月，你的业绩数字持续下降，成本削减很难实现目标，分析人士也开始批评。甜蜜的日子已经过去。现在该怎么办？

三、马志平：无还手之力

[挨踢男之三/出腿者：竞争对手/挨踢者：熊猫/状态：别人的搬运工/心得：落后就要挨打]

国内手机厂商真是惨淡经营。据信息产业部发布的数据显示，2004 上半年，国产手机市场占有率已经下降到 48.1%，今年第二季度国产手机的销量同比下滑了 23%。而就在去年的同期，见诸报端的却尽是国产手机势头强劲，要进一步扩大领先优势的消息。

在这场手机寒流中，熊猫手机可能算是其中波动最大的。记得去年熊猫移动的总经理马志平曾经对媒体说："从趋势上看，国产手机取得压倒性优势的时间为时不远了。"可能正是基于对未来走势的乐观，熊猫去年展开了高达 3 亿元的广告攻势，一度成为手机厂商中的明星。与去年调高手机的年销售额形成鲜明对比的是，熊猫移动将今年 500 万部的预期销售量，调到 300 万部。

这场国内外手机厂商的逆转似乎来得很突然，事实上，国产手机缺乏产品设计研发能力，以及供应链不足等"软肋"一直都存在，只是它被表面的市场占有率所掩盖住了。

国产手机的这种节节攀升的势头，很大程度上与竞争对手的价格和渠道两大短板有关，细数国内的手机厂商，几乎无一例外地集中在中低端市场，市场占有率连续几年排名国内第一的波导自然不必说。像熊猫虽然打着中端的品牌形象，但是从价位上看依然是在较低端的市场。当诺基亚、摩托罗拉等国外厂商回过味来，以"万人拉网"等营销方式拓展渠道，推出千元以下的手机打开低端市场时，国产手机几乎没有任何还手之力。

易观国际的刘磊分析说，由于大城市的移动用户渗透率已相对较高，以后手机的增量市场将主要来自二、三级城市，这也就意味着中低端市场的激烈竞争即将展开。

那么从长期来看，技术实力的提升成为国产手机的必经之路。据一位业内人士介绍，在今年某次信息产业部进行的 CTA 测试中，带有摄像头的手机就有 300 多款。熊猫移动也于 2004 年 3 月推出了第一款自主研发的机型，比预想的三年时间提前了一年。但是由于在研发的前期，投入市场的机型远低于研发的机型，导致一方面制造成本不能降下来，产品不具有价格优势；另一方面，产品的性能不稳定，让熊猫的日子不太好过。

在国产手机节节后退、与科健的纠葛，以及马志平本身的违规担保等负面影响下，熊猫的资金链能否支撑得住，让人心存疑虑，马志平"不想当搬运工"的想法何时才能实现？

四、王永民：我只有认了

[挨踢男之四/出题者：盗版者/挨踢者：王码集团状态：
孤家寡人/心得：历史注定必须付出]

走进北京西北角一栋商住两用住宅的12层，就是王码集团的所在地，一进办公室，首先吸引你的可能就是左侧墙上挂着的一张红底金框的大幅照片，照片上的人正是这个公司的老板王永民，王码五笔的发明人，王码集团的董事长。

一天周末，王永民将七八家媒体的记者齐聚在他的办公室里，集体采访他。整个采访的节奏一直都由他掌控着，他的口才也正如他自己所说，非常的好。

"在中关村你能找到一个公司与我相比，但是找不到一个人与我相比。"他甚至戏称，如果今天他心脏停止跳动，这个公司马上就会垮掉。在他发给记者的一堆资料中，就有一本《王永民诗词选》。除此之外，他还会拉二胡、刻图章、练书法等，据说这些都是他自学的，从来也没有请教过老师。早在上中学的时候，他就曾经对校长说过"除了生孩子外，别的我什么都能学会"。

其实王永民也曾想找人来帮忙，被他请来又请出去的职业经理人多达八个。对于人才的要求，王永民的标准就是创新和实干。他认为自己是一个百分之一百的实干家，公司的每一件具体的事情他都会过问得非常仔细。但是他觉得自己请的职业经理人"素质太差，除了会说，其他什么都不会"。

王码也曾经达到200多人的规模，拥有1000多平方米的办公室。后来与福建的某家企业，合作准备联合上市，王永民将写字楼卖了，技术折价等方式，投了4000多万元进去，五年的时间最终无功而返。据说日本的孙正义等也曾想与其合作，同样不了了之。王码也曾经想要搞多元化，制造PC、鼠标等，也没有获得成功。

在他看来，并不是自己不善于找合作伙伴，而是当"到处是黑人时，白人你是找不到的"。所以，他绝不会再为了上市让别人来控制自己。"这是我自己的公司，我想怎么打造就怎么打造"。

多年过去了，王永民一直在单打独斗。今年已经 60 岁的他每天的神经都是紧绷着的。与王永民同一时代的柳传志，已经将发展壮大的联想成功地移交。当有人问到"有人认为你只是一个发明家，而不是企业家时"，王永民毫不掩饰自己的不高兴，"这是我最不喜欢听到的一句话。"

知识产权没有得到保护，被他看做公司没有得到较快发展的最重要的原因。

"你到西单图书大厦，三个书架全是关于五笔字型，其中只有一本是我写的，其他都是抄我的"，王永民说，有家媒体曾经将他比做中国的比尔·盖茨，认为他是中国的首富，"但是这是不了解中国的情况"。

这么多年过去了，虽然王永民说因为盗版问题，侵犯了自己的利益，已经不想去追究，并且认为这是历史注定自己这代人就必须付出的。但是提到 20 世纪 90 年代初，他与中关村的多家公司因为知识产权打官司的事情，依然很激动，"我是 A 型血，做事喜欢较真，从不服输，但是在这件事情上我只有认了"。

王永民最近五年，他一直在领导公司进行汉字数字化的研究，并于今年 6 月推出了五项专利技术。但是，这些技术依然会遇到知识产权的问题，该如何利用这些发明来为公司盈利呢？

五、IT 界不需要全才（口述　方兴东）

在 IT 里面，有大的发明，创新的人比比皆是。但是大部分人都不会是做企业成功的。比如 Excel 的发明人，如果当初申请专利的话，微软每年要给他大量的钱。但是他作为发明家，这个价值是充分地发挥出来了，但是作为企业家，他却是失败的。我认为这两者间是不能兼得的。

当然也有技术出身的人，最后能够成功地转型成为企业家，像王志东最开始也是做程序的，但是他从技术到管理有一个过程。你作为一个发明家，只要把技术做到最好就行，而企业家需要协调各方面的关系和资源，所以包容性需要更强。

同时，每个人都有自己的局限性，如果一个人认为自己既是发明家，又是企业家，什么都能干，我认为这就比较危险了，别人就没有空间了。我们从硅谷一些创业成功的公司可以看出，像英特尔、惠普、雅虎这些公司都是两个人搭配，这样优势互补，能最大限度地克服局限性，每个人只需要把自己最专长的东西做好就行了。

另外，一个企业在发展的过程中会遇到很多的困难和阻力，作为一个企业家，你只有尽一切可能去排除这些不利因素。你不能过多地去抱怨这个环境，而是应该在现有的环境里面，去创造性地建立企业的核心竞争力。

当一个企业家把几个问题作为抱怨的对象的时候，我觉得这个企业家就是一个失败的企业家。你可以抱怨知识产权的问题，但是如果五笔字型没有盗版的话，它也不可能这么普及。知识的共享和普及本来就是一把"双刃剑"，可能会让你失去很多获益的机会，但是它也帮你大规模地普及了市场。你没有花任何一分钱，市场就帮你普及开来了。

现在有一个误区，认为知识经济就是以知识产权为基础的经济。实际上，知识产权有作用，就是因为它是保护少数的知识，其他大量的知识必须是共享开放。知识产权本身就是一种盗窃。如果所有的知识都是保护起来的，你要做任何一个创新，必须付出很大的成本，这个机制就没有办法运作了。

现在的输入法有很多，这个已经是一个免费的市场，你可以将它作为你服务里面一个附加的东西，但是你如果要把商业模式建在这里头，就比较困难了。王永民如果能够在互联网时代里，五笔字型与之结合进行更多的创新，那么不管它能不能形成多大的产业，王永民在这个产业里的位置，拥有的资源都会比现在大。现在，对于大多数人而言，王永民已经离大家越来越远了，这正是高科技产业里面最残酷的地方。

第 4 篇　是珍珠还是泡沫？[*]

　　目前中国的房地产充满了机遇，也充满了风险。许多行业的风险如银行、钢铁、开发区、大学园，等等，莫不与房地产有关。稍微分析一下便可以看出，土地是最稀缺的资源，是政府管制的资源，低价拿到了土地，转手出去就有效益，这是一场"丢手绢"的游戏。最表面的矛盾表现在，老百姓认为房价太高了，房地产商却认为还有很大的增长空间。许多老百姓的印象是，城市中的房地产不是给这个城市的老百姓预备的，腐败充斥其中。

　　就在这样一个褒贬有加的行业中，竟然出现了一个叫做"顺驰"的企业，它乐观而又疯狂，引得业界人士都争论不休。那么，它究竟是泡沫中新翻起的一团新的浪花，还是一颗宝贵的珍珠呢？也许现在下结论还为时过早。不过，我们可以透过某些现象进行若干深入的思考。

　　作为企业，顺驰有以下一些特点：

　　第一，核心竞争力——一个企业的核心竞争力特别表现在战略判断力上。天津顺驰置业集团从天津起家，房地产业超越一城一市是有道理的，但是这并不新鲜。跨地区的房地产企业并不少见。可以认为，顺驰的战略判断力包括对基本形势与产业布局的认识（逆市快进与全国化）、地区之间的认识（北京竞争不激烈）、城郊关系的认识（郊县突进与全城布局）、级差地租的认识（重估地块价值），等等，其中，最重要的是对产业定位的认识，即撤出传统代理业和坚持做三级市场。前者是要撤出传统的商品房代理业即所谓的房地产二级市场；后者是兼做二手房中介。顺驰是 1994 年起家于房地产代理的，上述产业定位形成了"抓两头带中间"的格局。也许做二手房中介使得开发商的专业形象要受到影响，但是，其合理性在于二手房是下游、是终端，归根结底，没有顾客、没有用户就没有市场。如此一来，左手抓上游的开发，右手抓下游的市场，自然就掌握了竞争的主动权。因此，这种战略性

---

[*]　参见《内部研究报告》2004 年 10 月。

调整是有道理的。

第二，企业价值观——如果说核心竞争力仍然是外在的表现的话，那么，企业价值观则属于企业内在的价值取向和思维模式。顺驰有着一定的特点。比如，激情（连续开会、不睡觉以及快速反应），市场多变就需要争分夺秒；信任与放权（对员工完全授权，让每一个做事的人都有完全的责任和绝对的权利），由于信息不对称，直接面向市场的人员必须有权利和责任，很多企业不敢真正放权；制度严格（任人唯亲吃回扣一次也不行，上至集团执行总裁下至总经理、副总经理，都有因此而被清除出顺驰的先例），公司的核心价值观就是不能碰，否则上行下效，企业垮下来很容易；共同思考（喜欢开会，经常接连开几天，目的是统一思想、统一理念，甚至统一语言），沟通十分必要，许多企业上下不能沟通，同床异梦，企业便不可能搞好。

第三，构造联合体——顺驰商业模式的特点是连锁与网络化，企业以连锁方式确立了独特的经营模式，通过规模化的直营连锁店和完善的网络系统实现了资源的最大共享。同时，顺驰还注意主动与他人合作，善于整合外部资源，例如，1995年1月与中科集团、联想集团合作；1998年1月与天津华厦经济房建设公司合作；1999年11月与天津市政局滨海建设公司和天津路桥基建投资有限公司合作；2001年7月与天津日报社合作，林溪雅筑是与北京首创合作的项目；2002年12月与联想再度携手；2003年12月与北京城乡建设集团成功联手，等等。可以预见，顺驰的全国化战略，多数也会采取与当地企业合作的方式。这是完全科学合理的策略。

第四，组织扁平化——企业面向全国市场，需要组织模式的变更，2003年10月底，顺驰置业公司将天津市内经营区划调整为8个片区，将原来3年战略进入22个城市调整为28个异地城市；10月27日，顺驰集团开始研究实施全国化战略的组织架构，10月30日宣布集团解散，11月1日，新的集团架构成立，天津地产集团、长三角区域集团、北京置地构成地产系统的三足鼎立。此后，南京顺驰、北京顺驰、河北顺驰、天津顺驰都有较大的动作。比如，北京顺驰宣布，从2004年1月起推出1元租房活动，引起了北京租赁市场的极大震动。这样，各地部门灵活作战，扩大了顺驰的整体品牌效应。

第五，高素质团队——企业竞争归根到底是人才的竞争。顺驰集团领导团队都是些名牌大学的高材生，他们分别来自清华大学、南京大学、天津外贸经济学院、天津城建学院、天津财经学院、天津大学、河北工业大学、天津师范大学，等等，有的还是研究生，到过哈佛大学进修，年龄大都在30～40岁，看上去更像是一个IT企业的团队。

　　第六，高进与低出——作为土地拥有者的政府，用来进行城市基础设施建设方面的大量资金，相当程度上是从土地出让中得到的。房地产行业正面临着新一轮的"洗牌"，过去开发商那种"空麻袋背米"的时代即将结束。由于地价直接决定房产价格，过高的房产价格又直接影响到市场容纳能力，使得众多开发商竭尽全力地降低拿地成本，从而使自己开发的房产更具竞争力。顺驰是一种另类企业，它屡出重手，在某些地块用近乎 2 倍于市场价格的成本获取土地，这种方式是绝大多数房地产企业不能做到的。显然，顺驰是在"搅局"。当然，只要是不违反政策，地方政府在把握好土地出让量的前提下，很可能未必会反对节节攀升的拍卖价格。也许现在正在新一轮"洗牌"，未来的房地产企业数量将大幅减少，一种规模化、集团化的局面将逐步形成。

　　问题的关键是能否实现规模效应，高价进地，低价出房，市场能否接受。最短缺的是需求，谁抓住了市场，谁就是胜利者。因此，顺驰敢于拿地还仅仅是英雄一幕的开始，能否笑到最后，还得由市场判定。

案　例①

值得注意的"顺驰现象"

一、顺驰竞争力

　　2004 年元旦刚过，顺驰集团又在天津一所宾馆里接连开了 48 小时的会。与会的是顺驰各区域、各公司的领导团队和骨干员工，会议讨论的是顺驰人一年来在全国化战略执行中"殚精竭虑"的成果。会上表达出"同一种心声"：2004 年，只要每个人都"聚焦于明晰战略下的行动效率"，并"偏执而坚决地执行"，集团 100 亿元的战略目标必定会实现。

　　紧接着，顺驰继续在各地市场上攻城掠地。2004 年 1 月 12 日，在"荆州市挂牌出让国有土地使用权摘牌仪式"上，武汉顺驰成功取得了"G（2003）022"号

---

　　① 由袁作东编写。

地块的使用权。该地块用地面积为 255707.96 平方米，是荆州市 2004 年计划推出的最大一宗住宅地块。

此外，顺驰还有 10 支"机动部队"驻扎在成都、合肥、太原、南昌等 10 个城市，考察当地市场，伺机而动。

已在全国 8 个城市成功登陆的天津顺驰置业集团，继续加大全国化步伐，开始进入武汉、苏州和上海等城市的中介市场。目前，在武汉已经开设了 9 家连锁店，2 月 28 日将再开 10 家，年内达到 70 家，明年达到 150 家。

来自顺驰集团内部的信息表明，尽管面临外界的种种怀疑，顺驰集团全国化战略与销售目标一点儿也没有退缩，相反更加大张旗鼓、志在必得。集团主管对外宣传的负责人一再声称，"我们不需要解释，事实会说明一切"。

集团董事长孙宏斌是种种顺驰"狂言"、"大话"的最先发起人，遭到的公开质疑和担心也最多。他的解释是："他们表示怀疑，那是因为他们不了解顺驰。"那么，顺驰内部到底有什么秘密？它与众不同的独特优势和竞争力表现在哪里？它敢于向业界发出挑战的"筹码"又在哪里？我们试图通过对一些顺驰内部资料和媒体报道的整理、梳理一条相对简单的脉络。

1. 战略判断力

顺驰竞争力之一是战略判断力。顺驰是一个强调战略的公司，"战略"一词总是挂在孙宏斌的嘴上，包括战略思考、战略决策、战略执行等。而在这之中，对市场、对行业的一系列的独特的近乎偏执的战略性判断，应是顺驰战略体系中的最耐人寻味的东西；顺驰在外界看来一系列几近"疯狂"的举动，似乎也可以在这里找到答案。

(1) 郊县突进与全城布局。在天津这样的二线城市，当大多数人仍以"住在市中心"为荣的时候，当大多数同行认为郊县居民住不起洋房的时候，顺驰看准了当地居民对具有现代都市特色的时尚住宅产品的需求，坚定地向郊县挺进，实施其"三多"战略（"多项目、多区域、多类型"）。2003 年，顺驰按"内外配合，全城布局"的战略考虑，28 个项目同时面世。8 月 16 日一天，顺驰同时开了 8 个新盘。

(2) 逆市快进与全国化。2003 年，对于中国地产界来说是多事、多变的一年。就在地产大腕们惊呼房地产冬天就要来临的时候，顺驰却发出了"逆势而上，顺驰飞扬"的声音，加快发展速度，大力向全国各区域市场进军。

顺驰人的理由很"宏观"：中国政治的稳定、经济持续增长已成为不可逆转的大趋势，改善居住条件已经由渴望变为现实需求；城市化进程、大规模危改、房改政策、住房按揭政策、二级和三级市场的持续火暴发展，种种事实都在支持着房地产市场的真实需求；而土地政策的变化，将城市间的壁垒彻底打破，全国地产市场一体化的进程，让进入新的城市不再是一种奢望。

（3）"撤出传统代理业"。2003 年初，进入中介业务的顺驰置业毅然决然做出了"一个简单的判断和艰难的决定"——撤出传统的商品房代理业。为什么要撤出？置业的回答是：房地产二级市场传统的代理模式已经没有发展，置业公司要将所有资源全部聚焦在连锁经营体系的建设上，撤出不是放弃，是以退为进，打造真正意义上的中介品牌。

这看似"自残"的"断臂"之举，为日后置业连锁经营迅速提高体系能力甩掉了包袱，在短暂的时间里整合了资源，聚集了发展能量。

（4）坚持做三级市场。三级市场的形象会不会牵连二级市场？大多业内人士的结论是，如果兼做二手房中介，开发商的专业形象不可避免地要受损。对此孙宏斌不以为然，"我们的中介在市场上形象很好啊"，"放眼长远，中国的大规模建设期总有过去的时候，那时的明星将不是开发商，而是中介，就像今天的欧美一样，90％的交易是围绕二手房展开的，这是一条通向未来的道路，我们肯定要走，要提前走。"

（5）"北京竞争不激烈"。人们都认为北京的房地产竞争激烈，但顺驰高层偏不这么看。当着众多北京地产大佬的面，孙宏斌放言：北京没有好房子！

顺驰北京公司董事长荆宏解释说，比如，说卫生间，北京很多在售房屋都没有明厕，这在南方的城市已经是解决的问题，在北京还普遍存在。荆宏认为，与日渐火爆的上海楼市相比，北京市场远未升级，"潜力远未释放"。同样的位置和品质的项目，天津只能卖到北京的 60％左右，这说明北京利润空间要大得多。

（6）重估地块价值。顺驰以 9.05 亿元的价格拍得大兴黄村一块地，一时间闹得沸反盈天。用这么高的价格买一块很多人不愿住的北京南城的土地，值吗？顺驰北京公司高层则称，大兴的地块被严重低估了，黄村卫星城的规划在北京市是最好的，市政改善、五环路修通，尤其是华润翡翠城的苦心经营已使黄村卫星城北区土地大为升值。"有人对城南有偏见，随着房地产开发的进一步发展，城东、城北可供开发的土地已经少之又少，城南还有比较大的开发空间，土地升值潜力大"。

2．核心价值观

顺驰竞争力之二是核心价值观。顺驰是一个强调文化的公司，并以自己的核心价值观为荣。顺驰内部资料说："核心价值观使我们与众不同。核心价值观是我们的性格，是我们做一切事情的出发点和根本，是我们共同的信念，共同认可的深信不疑的原则。"

顺驰的核心价值观包括：

- 使命般的激情；
- 信任并尊重每一个人；
- 永不满足的挑战精神；
- 鼓励创新，主动变革；
- 创造奇迹的团队精神；
- 共同发展，分享成功。

顺驰对核心价值观的偏执原则：

- 对核心价值观的坚定信仰；
- 对核心价值观的偏执和执行；
- 对违反核心价值观的人和事的零容忍；
- 把不符合核心价值观的人清除出去，让我们拥有一支有共同信念的队伍；
- 把核心价值观贯彻在每一个人的一言一行、一举一动中，把核心价值观融化在每一个人的血液里；
- 把核心价值观体现在战略思考、战略执行和期望的结果中，融入公司的聚焦战略的管理体系和考核奖惩体系的所有行动中。

在以上这些条款中，我们可以提炼出最具"顺驰特色"的几条：

（1）激情——在顺驰，激情的表现形式是连续开会、不睡觉以及快速反应，带来的结果是理想主义、偏执、挑战性。

顺驰人的勤勉以及"不分昼夜"的工作精神让人们印象深刻。这形成了"顺驰人不睡觉"的神话。顺驰内部也有句话，顺驰的女员工像男人，顺驰的男人像牲口（在这里牲口不是一个贬义词）。

顺驰员工工作的高效、快速，常常连以反应快速著称的新闻记者都常常自愧不如。2003 年 10 月末，随着北京项目的开盘和全国战略布局的展开，集团本部重归于零，新集团成立，全部过程只用了 24 个小时；大兴黄庄地块刚到手，北京公司高层就举行彻夜会议，商讨接下来的规划细节了。

顺驰人的激情，可能来源于"充分信任和尊重"的文化，也可能是来源于公司的宏伟目标。

（2）信任与放权——问顺驰的员工，企业的文化是什么？大多数会先提到信任。顺驰一直坚持对员工的完全授权，让每一个做事的人都有完全的责任和绝对的权利。孙宏斌对干部使用之大胆，有时到了令同行们匪夷所思的地步。相当多的年轻人走上了各级领导岗位。这种信任文化是否与孙宏斌早年在联想未被充分信任的经历有关，我们不得而知。

信任有成本和代价，因此很多企业半途而废，或者不敢真正放权。但孙宏斌却把这些代价计入了信任和放权的成本当中，用他常说的一个词就是："你得认"，"我们要防止的是系统性风险。而这近十年来，顺驰也没有出现过大的决策失误。"

但与此同时，顺驰也强调正确理解充分信任、充分放权与管理、风险控制、纪律等的关系，有一个"零容忍"的底线。什么是"零容忍"？就是最基本的东西，公司的"核心价值观"，不能碰，一次也不行。譬如任人唯亲，吃回扣。这些年，上至集团执行总裁下至总经理、副总经理，都有因此而被清除出顺驰的先例。

（3）共同思考——顺驰很喜欢开会，而且往往一开就是七八个小时，经常接连开几天。这些会"务虚的多"，目的是统一思想、统一理念，甚至统一语言。有人说，顺驰是见过的惟一所有员工都能用同一种语言沟通的企业。

这样做的结果是，"员工的思想统一到了包括核心价值观、战略思考、战略执行、期望的结果的'行动纲领'上来"。所以在顺驰，每个人都像是领导人，属于领导层考虑的战略问题，每个员工都在想。"你知道为什么顺驰没有出现大的决策失误吗？"孙宏斌说，就是因为我们的决策过程是在共同的思考体系下的团队的思考和决策，"如果大家有共同的信念、共同的目标，每个人又都能充分地发表自己的意见，很多的失误都可以避免"。孙宏斌不同意这是一种"洗脑"过程。

3．商业模式

顺驰竞争力之三是商业模式。

（1）中介与开发联动——1994 年起家于房地产代理的顺驰，9 年后的今天并未嫌弃二手房业务。在孙宏斌看来，顺驰在三级市场争当第一，恰恰为其在二级市场的夺冠打下了深基，省去了很多市场调研的麻烦。

除了为总部对外扩张打前战、搞侦察的任务，三级市场还担负着扫尾的工作，"顺驰自己的楼盘基本上倒是没有什么待扫，主要是帮别人扫尾，最快的一天就消化了 30 多套房！"2003 年顺驰销售额的 30% 以上是通过顺驰置业的销售网络完成的，销售额超过 10 亿元。这一模式将被"克隆"到其他城市。孙宏斌说，这种模式任何开发企业也做不到。

（2）连锁与网络化——2003 年末，顺驰置业集团将自己定位为"中国房地产连锁服务商"。置业以连锁方式确立了独特的经营模式，通过规模化的直营连锁店和完善的网络系统实现了资源的最大共享。连锁经营与全国化网络相结合，帮客户真正实现"足不出户、异地租赁"的愿望，为公司快速进行全国化布局提供了先决条件与竞争实力。深挖连锁经营的渠道优势，用规模布局体现连锁经营的鲜明优势和特点，成为顺驰置业公司的两大竞争优势。

（3）合作——主动与他人合作，善于整合外部资源，也是顺驰快速成长的法宝之一。在 3 年前的中城房网北京年会上，孙宏斌就热情地向与会者发出邀请，到天津与顺驰合作，共谋发展。顺驰的合作伙伴都是有实力、有品牌的大公司，因此我们可以说，顺驰是"骑在牛背上"走过来的。

1995 年 1 月，顺驰与中科集团、联想集团合作，成立"天津中科联想房地产发展有限公司"。与这两家企业合作，顺驰从中获得的，绝不仅是资金。

1998 年 1 月，顺驰与天津华夏经济房建设公司合资成立"天津华夏住宅建设有限公司"；1999 年 11 月，与天津市政局滨海建设公司和天津路桥基建投资有限公司合资组建"天津顺驰建设有限公司"；2001 年 7 月与天津日报社合作成立假日传媒有限公司，并共同主办了时尚生活类周刊《假日 100 天》。在天津，顺驰可谓将地利上的资源用尽了。

顺驰进京，也是先选择一个有实力、有土地资源的企业。林溪雅筑正是与北京首创合作的项目。2002 年 12 月，顺驰与联想再度携手，共同组建天津顺驰融科置地有限公司，合作开发瑞景居住区项目，并取得相当不错的业绩。

2003 年 12 月，顺驰又与北京城乡建设集团成功联手，共同开发朝阳区京沈高速路南侧占地 1300 多亩的豆各庄项目。

有业内人士估计，顺驰的全国化战略，多数会采取与当地企业合作的方式。

二、疯狂的顺驰

借用一句业界知名评论家的话，"顺驰本身的发展史，就是地产疯狂的写真史"。2003 年，顺驰无论在行业上还是言论上，都显得更加"疯狂"。

1. 顺驰"疯行"录

1 月 3～5 日，顺驰集团在一个酒店关起门来开了整整三天的会，谁也不准请假。

1 月 11～26 日，顺驰集团内又连续开了 6 次系列研讨会、17 个主题汇报会（据说结果是顺驰人将思想统一到了包括核心价值观、战略思考、战略执行、期望的结果的"行动纲领"上来）。

年初，从事中介业界的顺驰置业公司决定撤出传统的商品房代理业务，将资源全部聚焦在连锁经营体系的建设上。

7 月 20 日，在北京昌平金池蟒山会议中心，顺驰开了一个长达 17 个小时的会议，全国化战略由此确立（媒体报道说，此次会议直开得"飞沙走石"，"日月无光"，而与会全体代表则始终沉浸在激动和激情中）。

8 月 7 日，顺驰参与组建的融创集团与天津信托、津报集团组成联合体，一举获得天津奥林匹克中心的配套区开发权，该宗土地占地面积 46 公顷，成拍价格 17.5 亿元，超过标底 3 亿元，成为天津房地产开发史上的超级记录。

8 月 8 日，顺驰置业进入广州，9 月 19 日，一天同开 8 家店铺，引发多方关注。

9 月 19 日，经过 161 轮报价的激烈争夺，顺驰以 5.97 亿元的高价将石家庄一块竞拍起始价为 2.04 亿元的地块收入囊中，每亩 222 万元（含契税）的单价比同等土地 20 万元的原估价高出了 10 倍还多，创下了石家庄单宗地价的最高记录（河北卓达集团总裁杨卓舒在一份致业界倡议书中，认为这是一场严重背离了市场价值规律的竞买，扰乱了石家庄市场的土地秩序）。

9 月 23 日，上海顺驰以近 11 亿元的价格，取得青浦 130 多亩土地，每亩土地价格为 90 万元，该地块拟建成低密度的连排别墅。

10 月，顺驰第一个异地项目——顺驰·林溪乡村别墅在北京正式亮相；双拼别墅、0.42 的容积率，开盘价低至 6300 元/平方米，分摊完地下室后 4200 元/平方米左右（评论人士说，如果不是顺驰有在天津巨大的发展背景和与首创、联想的合作史，估计很容易将其归类于傻子发展商和非法别墅一类）。

10 月 22 日，在苏州工业园区的第二次土地拍卖会上，顺驰以逾 6 亿元的资金，成为当次拍卖会上惟一成功竞拍两块土地的企业。

10 月 27 日，顺驰集团开始研究实施全国化战略的组织架构。10 月 30 日，基本确定全国化战略下的组织架构框架，当天宣布集团解散归零。11 月 1 日，新的集团架构成立，天津地产集团、长三角区域集团、北京置地构成地产系统的三足鼎立。

2003 年 10 月底，顺驰置业公司将天津市内经营区划调整为 8 个片区，将原来 3 年战略进入 22 个城市调整为 28 个异地城市。

11 月 4 日，在南京市河西奥体中心运动员村西侧地块的挂牌出让现场会上，南京顺驰以 6.53 亿元总价拿下总建筑面积约为 30 万平方米的两宗地块，并于 11 月 17 日下午举行了正式土地签约仪式。

11 月 22～25 日，在深圳举行的第五届中国住交会上，顺驰成为最大的赞助商，并再次囊括"名企"、"名人"、"名盘"三项大奖。

12 月 8 日，在北京市第一次大宗土地拍卖中，北京顺驰以 9.05 亿元的价格取得了大兴黄村卫星城 1 号地的开发权，折合每亩成本 200 余万元，高出预期价格 1 倍多。

10 月，河北顺驰在石家庄顺利实现同日 10 店同开。年底，置业开始进入武汉、苏州和上海。一年时间内，置业集团已进入天津以外的全国 8 个城市，布控近 160 家直营连锁店。

年底，北京顺驰房地产经纪公司宣布，从 2004 年 1 月起推出 1 元租房活动，引起北京租赁市场的极大震动。

2003 年，顺驰在天津同时开发 28 个楼盘，2003 年 8 月 8 日，天津顺驰当天开盘的新项目，就达到 8 盘之多。天津第一大盘顺驰太阳城在 80％ 的销售人员从业时间只有两个月的情况下，创造了每个月 1 亿多元的销售记录。

2. 顺驰"狂言"录

8 月，在重庆中城房网董事长联席会上，孙宏斌说："顺驰 2004 年的目标是实现销售回款 100 亿元，而 2003 年是 40 亿元。"（万科董事长王石当场劝道："小孙，是不是要注意控制风险"）

在深圳住交会上，孙宏斌说："未来 5 年，中国将出现年销售额 500 亿元的房地产企业，3～5 年内，顺驰要做全国第一，如果快的话，就是 3 年。"（坐在一旁的万通实业董事长冯仑对他的话表示担心）

在深圳住交会上，孙宏斌说："北京和上海、天津相比，市场太好，这就决定了北京的开发商不进取，北京目前还没有出现好房子。因此，顺驰在北京还没有对手。北京的很多项目目前还停留在概念阶段，顺驰不卖概念，卖的是价格价值比，顺驰要做的东西是经得起买房人推敲的。"（北京一名盘的策划总监担心："没有拳头产品，没有特别出色的团队，顺驰凭什么挑战？扩张太快，会有很多麻烦"）

顺驰的店面在北京国展周边地段半径一公里范围内竟然有两家店面，孙宏斌解释说："相对一级市场几亿元的投资，二级市场的店面成本根本微不足道。"

孙宏斌在接受一家媒体采访时说："未来 20 年，房地产的前景绝对没有问题。土地政策的透明和规范，使全国各地房地产市场的进入壁垒逐渐降低，全国性大企业成长的机会到来了。"

在接受一家媒体采访时，孙宏斌说："我不想说服任何人相信我们能完成 100 亿元，一年的时间很短，你很快就会看到结果。"（有评论人士说，在天津做得好，未必在外地也做得好）

孙宏斌接受记者采访时说："如果现在才想到明年的资金问题，那顺驰早就做死了，2004 年的资金计划我们已经调配完了，现在想的是 2005 年甚至 3 年以后的事。"

孙宏斌说："数字上的领先和区域市场的领导是两个完全不同的概念，优秀的企业不能眼睛仅盯着销售额，盯着利润，要想在市场上做领导者，就要影响市场，改造市场，给市场带来新空气、新文化和新气象。"

在北京昌平的"林溪雅筑"开盘后，孙宏斌说："顺驰在北京的理想不是挣钱，而是做前一二名。"（评论人士说，霸主心态、侵略心态再加上大款心态，顺驰的扩张是加速度的，近似于无性繁殖）

孙宏斌说："我关心的是如何做一个好企业，而不是好项目，好企业总能做出好项目，鸡比蛋重要，所以，我更关心怎样做好企业，做好人的工作，而不是项目"，"只要企业好，在别人看来不是最好的项目，也一定能做好。"

顺驰置地（北京）公司的董事长荆宏解释大兴地块时说："只有在被低估的区域才能有可观的升值空间，而大兴这块黄金宝地恰恰就是被人们低估了。等到2004年6月18日大兴项目开盘，到时一切不言自明。"

荆宏说："大家都认为北京的房地产竞争激烈，我却恰恰认为这里的竞争并不激烈。""北京的市场需求量是很大的，这种需求我想至少能够保持10年左右。"

荆宏说："明年北京公司至少做5～10个项目，做到20亿元的销售额，完全实现自己的造血功能。""不管多少项目需要你来把握，最核心的是一个具体项目的把握，关键是把每一个项目做好。每个项目都运作成功了，其风险就在你的掌控之中了。"

顺驰置地（北京）总经理王全存说："顺驰进入北京的着眼点是基于长远发展，所以我们对北京市任何一个区域都有兴趣。"

3. 顺驰公布集团战略是：No.1、Focus、Market Leader

No.1：在规模和盈利能力上做中国房地产行业的第一。

Foucs：聚焦于行动纲领、聚焦于聚焦战略的管理体系、聚焦于商业模式。

Market Leader：做所进入区域的市场领导者。

4. 顺驰集团领导团队

（1）孙宏斌——生于1963年，天津人。清华大学研究生，哈佛大学进修。1987年从某科研单位辞职来到联想，后主持企业发展部工作。1994年4月创办天津顺驰房地产销售代理公司。现任顺驰集团董事长。

（2）张桂宗——生于1962年，1983年毕业于南京大学，学士学位。1996年加入顺驰集团，现任顺驰集团总裁，集团副董事长，法人代表，集团党委书记。兼任天津市和平区工商联（商会）会长，天津市和平区人民政协副主席。

（3）杨哲——生于 1969 年，工程师，1990 年毕业于天津外贸经济学院，1990 年至 1995 年在太阳神公司天津分公司任经理职务。1996 年至今在顺驰集团下属公司"天津顺驰发展股份有限公司"工作，现任顺驰发展有限公司董事长、顺驰集团执行总裁。

（4）汪浩——生于 1971 年，1992 年毕业于天津城建学院，1996 年毕业于天津大学，工学硕士学位。1996 年加入天津万科兴业集团有限公司，2000 年加入顺驰集团，担任财务总监，现任集团董事会董事，执行总裁，财务总监。

（5）田爱军——女，生于 1968 年，1998 年毕业于天津财经学院，会计学硕士学位。2001 年初加盟顺驰，现任顺驰集团副总裁。

（6）张伟——生于 1965 年，1987 年毕业于天津大学机械系，1996 年加盟顺驰，历任天津顺驰置业股份有限公司总经理、天津顺驰地产有限公司总经理，顺驰集团执行董事。

（7）郭长胜——生于 1972 年，1993 年毕业于河北工业大学，1995 年加盟顺驰，现任顺驰建设公司总经理，集团执行董事。

（8）王学泉——生于 1963 年，1983 年毕业于天津大学，1999 年加入顺驰，先后担任售后服务部经理，顺驰置业河西交易中心经理，顺驰置业公司副总经理，现任顺驰置业公司总经理，集团执行董事。

（9）闵锋——生于 1970 年，1992 年毕业于天津师范大学中文系，2001 年 7 月加盟顺驰，现任顺驰发展公司总经理，集团执行董事。

5.2003 年顺驰十大流行词（摘自《顺驰》月刊）

（1）行动纲领——2003 年年初塘沽封闭会后，此词风靡顺驰，至今仍热得发烫。行动纲领是一个体系、一个框架、一个大家想事和做事的体系，它能保证方向、统一语言、聚焦行动、取得成功，有了它你会知道今天干吗、重点在哪儿。

（2）No.1——7 月 20 号蟒山会议上，全国化战略正式确立，一时间"做中国房地产行业的 No.1"响彻顺驰上下。在各种公众场合，No.1 已经成为顺驰的代名词。No.1 显示了顺驰要做全国房地产行业第一的勇气和力度。而这个词语的耳熟能详也被应用到我们的生活中了，"吃饭 No.1"、"××No.1"已经被演绎成同事之间善意的玩笑。

（3）全国化——走出去，去异地，顺驰人早已经这么做了，滨海、市郊、北京早已经飘扬着蓝色 SUNCO 的旗帜，但那只是预热，并不是真正意义上的全国化。从战略的高度对全国化深入研究、达成共识、全面行动上看，则是在 7 月的蟒山会议后。走出津门做全国的老大！

（4）基本面——基本面是什么？企业文化、战略制定、战略执行、满意的结果这些企业最基本的问题就叫做基本面，也是对每一个顺驰人最基本的要求。顺驰的好在于对"犯错"的同志的宽容和交学费的慷慨！可你知道为什么顺驰能那么好吗？大丈夫有所为有所不为，对违反基本问题的零容忍，如此这般方成就顺驰。

（5）执行力——什么叫执行力？全神贯注、义无反顾、不达目的誓不罢休是也。执行力的孪生兄弟叫力度，执行力加力度，无往而不胜。

（6）偏执——乍看上去有些危言耸听，仔细琢磨琢磨，顿觉果然。偏执是什么？是坚持，是决绝的坚持，是不懈的坚持，是义无反顾的坚持。顺驰是偏执的，那么必会对"偏执"持续偏执。

（7）脑袋长在脖子上——顺驰提倡信任和尊重，做事的人有全权决断的权力，无须等、靠命令。只有让自己的思维指挥自己的躯体，动作才协调、才高效，在全国化发展的背景下授权更显得重要和必要，譬如拿地举牌的时间仅零点几秒，靠请示——来得及吗？

（8）晚开晚散——顺驰的会虽不能说家喻户晓但也知之者甚多。某日集团本部开会，桂宗言道以后开会晚开晚散。由于经常开会，大家也没太过留意。这样一来，集团每次开会从晚 6 点多延至 8 点多。所谓晚散大家就更没什么感觉了，本来也没早散的时候嘛。需要解决的事情那么多，涉及部门那么多，时间又那么紧，你说不开会行吗？所以呀，一定要把开会坚持到底。

（9）大爷——所谓"大爷"，即宏斌、桂宗、杨哲、汪浩四位。一来显示着他们在年龄上微弱的"优势"，二来身系家国事，位高权重，责任也大，操劳也多！这其中最冤的就是汪浩了，身为财务总监的他风流倜傥，玉树临风，一表人才，潇洒之态怎么看怎么不像"大爷"！不过"四位大爷"的名声已经远播在外，看来年纪轻轻的他们注定要背负着"大爷"的名声继续前行。

（10）强势——"强势推动某某事"是在顺驰耳熟能详的一句话。强势必和推动共存，需要强势推动的事情必是难事儿、急事儿。顺驰的强势，强就强在步调一致，强就强在令行禁止，强就强在一推到底。

三、业界评说

在 2003 年的中国地产界，为什么会出现顺驰这样的企业？如何看待顺驰的异军突起和大肆张扬？在其领军人的思想和个性后面，有没有更多我们可以挖掘、追

问的东西？另一方面，在顺驰出现后，为什么会有这么多的担心和怀疑？顺驰现象
具有哪些行业意义？我们邀请了几位近来在房地产界十分活跃的分析人士，从行业
的角度分析顺驰现象的意义，也同时反思我们自己。

1．这是新一轮房地产周期的产物

北京虎杰投资咨询有限公司首席分析师张寅认为，为什么前几年没有出现顺驰
这样的现象？顺驰现象是在 2000 年后新一轮房地产周期的产物，体现了这一轮周
期的特点，即向更多城市发展。这一轮周期从 1999 年底启动，2000 年正式发力，
2002 年大干快上。以前大家都以本地经营为主，2002 年后才有福建军团、广东军
团进入北京。顺驰长期作为地域性企业，在当地市场占有率高达 20%，这种情况
在其他一、二线城市还没有一个，即使万科在深圳也没有达到这个比率。在一个城
市想继续提高是有难度的，所以大型房地产企业从本地走出来，已经成为趋势。

121 文件的出台，应该说对大型房地产企业有利。这是个房地产企业发展的关
键时期，有的在观望，有的求平稳，有的主动出击，顺驰属于主动出击的情况。富
力上市、万科在二线城市布局、上海房地产企业进军重庆等，也属于主动出击，根
据的是各自对市场的判断。这个时期可能是整个行业的，也是企业的一个转折点，
很可能出现重新"洗牌"的局面。

顺驰以前在媒体面前很低调，在全国没什么知名度，在去年最后一季度突然变
得高调，曝光率增高，不能排除自我宣传、造势的动机，好让大家熟悉它。如果它
只想在天津发展，就不用大面积地跟全国媒体接触。企业要走出家门必须高调，当
地消费者对企业品牌、对经营者的熟悉是必不可少的。广州军团、福建军团进军北
京时都做了大量的媒体公关。大家有工夫质疑，不如先把自己的事搞好，否则一不
小心就可能给人家当托了。

对顺驰的挑战，北京地区反应很大，特别是孙宏斌谈到销售额 100 亿元，感觉
好像是天方夜谭，因为即使万科也没有达到。有的人善意提醒有没有泡沫，有的人
是质疑，有的人带恶意地嘲笑。既然你要做老大，遇到这种局面也是正常的，事实
会做出回答。我觉得要耐心观察，不要急于下结论。战略实施需要时间，有个过
程。不同的企业有不同的战略，很难说谁是对的。战略都是个性化的，顺驰的战略
不一定适合华远、SOHU。制定战略主要是根据自己的资源、土地、人脉、产品、
认识度、管理能力等，不能过度透支。我觉得目前顺驰还没透支，它手里的地并不
多，只是单价高。要是今年再接着拿地，可能会有风险。

2．这个时代是"撑死胆大的"

北京金露枫苑房地产开发公司总经理杜猛认为，怀疑和担心都没必要。他们没

认识到这个时代对房地产业来说是"撑死胆大的"。中国的房地产市场太大，别说一个顺驰，即使 100 个，庞大的需求量也能消化掉。中国的住宅市场世界第一，GDP 增长也最快，人口最多，人均收入迅速提高，家庭规模缩小，市场容纳量特大。新中国建立了 50 多年，80% 的房子需要淘汰，重新更换。

况且，中国房地产企业的规模还很小，即使去年顺驰销售额 40 亿元，也只是美国一个二流公司的水平。

对于顺驰现象应该给予积极评价。尽管它拿地出的价很高，但它是在市场中拿，而不是通过首长，不是偷偷送礼。在这方面我说孙宏斌是个英雄。顺驰能成为中国地产界的"航空母舰"，是因为它顺应了中国一级市场开发的市场化进程，不是垄断下的产物。

至于它的资金、团队跟不跟得上，那是它自己的事，担心没有必要。一般来说，拿到了土地，融资条件就具备了，银行、投资机构会与它开展合作。土地就是房地产企业最安全、最稳定的稀有资源和根本要素。发展快的企业，都是掌握了行业发展的规律，看清了形势。顺驰对行业是了解的，是知名代理商成功转变为开发商的典型。它的爆发式发展是一种正常现象，是中国房地产市场发展到一定阶段的产物。

我觉得业内人士态度谨慎，有的是因为自己没钱，对自己没信心；还有的是因为自己长期"作弊"，看到突然出现一个不"作弊"的"三好学生"，不顺眼，还担心它在一个"作弊"的环境中能不能成长；还有的因为取得了一些成功，把自己定位为老师了，丧失了创业的冲动和对行业的童心。

3. 房地产不是什么人都能玩的

复旦大学房地产研究中心华伟、闫雷认为，顺驰就像"第一个吃螃蟹"的，带给我们的不光是一丝惊奇，更多的应该是反思。为什么会出现顺驰这样超常规的现象呢？也许问题出在我们审视的眼光上。如果我们用既有的市场规律、游戏规则来衡量的话，顺驰显然属于"违规者"，是一种另类企业。顺驰屡出重手，在某些地块用近乎两倍于市场价格的成本获取土地，这种方式是绝大多数房地产企业不能做到的，即便是有这种资金实力，从成本角度考虑似乎也是不允许的。因为地价直接决定房产价格，过高的房产价格又直接影响到市场容纳能力，环环相扣，使得众多开发商竭尽全力地降低拿地成本，从而使自己开发的房产更具竞争力。按照这种思维定势，肯定会觉得顺驰太冒险了，一旦造好的房子卖不出去，企业的资金链势必难以承受。

然而如果我们用发展的眼光来看，顺驰正在用自己的行动修改着既有的游戏规则，而且将来也许还会出现第二个、第三个顺驰。作为土地拥有者的政府，用来进行城市基础设施建设方面的大量资金，相当程度上是从土地出让中得到的。因此只要是不违反政策，地方政府在把握好土地出让量的前提下，未必会反对节节攀升的拍卖价格，因为这完全是企业根据自身实力、按照市场的方式来自愿付出的。"一个愿打，一个愿挨"。

从另一方面，顺驰的方式更验证着这样一种现实，房地产行业正面临着新一轮的"洗牌"。过去开发商那种"空麻袋背米"的时代即将结束，房地产开发的商业模式、企业运行策略、内部管理方式以及企业的市场定位都将面临重大的战略性调整。今天的开发商自身必须拥有亿元以上的资金，才能参加土地招投标拍卖，这就为那些企业规模大、资金雄厚、品牌知名度高、服务质量好的企业创造了条件，顺驰只能说是为这场革命开了一个头而已。由此我们不难预见，未来的房地产企业数量将大幅减少，一种规模化、集团化的局面将逐步形成——"房地产不是什么人都能玩的"！

四、简单的评论

先是宣布要在 2003 年实现销售回款额 40 亿元、2004 超过 100 亿元，然后接连在石家庄、苏州、北京等城市"天价"拿地，再是在各种场合扬言要在三五年内成为中国地产老大……从 2003 年下半年起，一直保持低调的天津顺驰集团以一系列"狂飙突进"般的举动，强势而有力地"浮出水面"，在中国地产界掀引起了阵阵骚动。

顺驰"疯狂"了！自从去年 8 月王石一句"小孙，是不是该注意风险？"的关怀之后，业内人士和媒体对顺驰公开的、一边倒的质疑与担忧之声不断——资金链和人才能不能跟上？没有成熟的产品，不尊重市场规律，扩张速度太快容易失控，全国化风险很多……

这就是中国房地产业的"顺驰现象"。我们认为，"顺驰现象"体现在两个方面：一是顺驰以地产"黑马"和"挑战者"的姿态，呈现出强烈的扩张冲动和挑战霸主的野心；二是业界领袖和媒体对顺驰公然的担心和怀疑。人们往往只注意到了现象的前一个方面，但我们认为，后一个方面同样具有价值，甚至具有更重要的价值。在人们追问"顺驰怎么了"之后，我们同样要问的是，中国的房地产行业怎么了？

我们要问的是，为什么会在这个时期出现顺驰这样的企业？难道仅仅是因为其领军人孙宏斌的思想和个性吗?难道是一个企业的集体癫狂与迷失吗?我们可不可以说,是因为他们确实看到了行业的巨大利润空间和历史机遇,看到了企业在某一时机超常规发展的可能性(比如,美国的微软、戴尔等 IT 巨头,都是在一个特定的时期内获得了快速而持久的爆发式增长)?

或者,是不是因为我们的一些风头企业只是"华而不实",弱点太多——比如,"没有好房子"、成本或利润太高、缺乏创新能力和资源整合能力,为顺驰留下了大量可以进攻的环节?

我们还要问的是,为什么会有这么多怀疑和担忧(顺驰真正期待的,是同行的愤怒、嫉妒、应战与反击)?难道仅仅可以归结为对顺驰不了解、对孙宏斌本人不了解?归结为中国房地产界变得理性了、成熟了?我们可不可以说,在对顺驰信心不足的背后,是否也意味着业界对今日中国房地产的市场空间信心不足?对行业的时代特性和发展规律认识不足?对中国企业超常规增长的可能性准备不足?对新的企业领导风范缺乏心胸和肚量(再如,美国甲骨文和 SUN 公司的领导人,都是个性张扬、锋芒毕露之人)?

或者,是否因为行业稳定的高额利润,以及企业规模的增长,中国房企在应该表现锐气之时过早地"少年老成",提前步入了"中年心态"——安于现状,不思进取,因循守旧,害怕冒险?

确实存在两种可能:一是顺驰将为其盲目扩张和树大招风而付出代价,成为中国地产史上的一个"大话王"甚至"挑战者号"航天飞机;二是众多房企因为对行业的"战略转折点"(Intel 公司创始人安迪·格鲁夫的定义)认识不足,过于保守,以致与企业爆发式成长的历史机遇失之交臂。

顺驰的异军突起,为中国地产界注入了一股青春的活力和血性的气息;而如何面对顺驰,是对中国地产界判断力和胸怀的一次考验。

第5篇　在"资金吃紧"的背后*

　　一般来说，如果有足够的资金，企业就能够干想干的事；假如资金不足，很可能丧失机会。因此，从表面看，许多企业有经营不善的原因，也确实受到资金不足的困扰。但是，产生这种情况的根源在哪里？显然，透过表面现象，实际情况并不那么简单。可以认为，至少有以下一些问题值得探讨。

　　第一，独立债权人的形成。市场经济是信用经济，借债还钱天经地义。日本、新加坡的国有企业改革都是从国有银行开始的，中国则是金融体制改革严重滞后。国有银行根据批准主要贷给国有企业，是产生"三角债"的根源。"拨改贷"与"债转股"都不符合规范的市场经济原则。实际上，银行的钱主要不是国家的而是广大老百姓的。

　　第二，体制改革的扭曲。中国体制改革20多年，成绩不少，问题不小。某些机制就是在制造信用危机。比如，房地产的"烂尾楼"是谁批的？怎么拿到土地的？为什么自己拿走了价差、制造了风险却玩"丢手绢"、"击鼓传花"的游戏？上市公司经营不善，重复"圈钱"，大股东占压资金，其实当初上市就不规范。企业改制逃债是不是政府批准的？有没有政府与企业合伙干的？

　　第三，资金结构的畸形。中国企业股票上市是"一步登天"，自然孕育着极大的风险。上市公司热衷于增发新股，企业债券比重太小。企业敢不敢发行债券是衡量项目风险的风向标。对于某些中小企业来说，则是资本金不足。国外企业要先到柜台交易，再到二板上市。日本东京中小企业投资育成公司虽然是国有的，却专门为中小企业投入资本金，等企业发展壮大了，就把股份转出去，从而实现了政府与企业的"双赢"。中国没有这样的企业和机制。搞什么"高科技"板也有误导。哪有那么多的"高科技"？

　　第四，组织结构的单一。日本企业集团是一些大企业相互持股，商社与各个企

---

　　* 参见《在资金吃紧的背后》，载《商界》2004年第5期。

业是双向交易关系,"三角债"就能被化解。沈阳在解决"三角债"问题时曾设立过"清欠中心",即将企业之间的债权债务关系都转移到该中心来,效果是不错的。可惜的是,这样的机构不应该是临时性的。大小企业之间也应该形成协作关系,加盟连锁经营也是小企业克服风险的好办法。为了应对扩大规模的陷阱,企业没必要全都自己干,可以外包,与其他企业结成策略联盟或虚拟企业。当然,这也需要诚信的基础。

第五,社会信用的缺乏。本来,在市场经济中,交易主体之间的优劣势关系要看哪个方面更短缺,厂家与商家看谁求谁,求人的一方就要把资金押给对方。这种本质上的价格机制和经济力量单纯靠法律是很难解决的。但是,市场经济必须要有良好的秩序。否则,"胆小的怕胆大的,胆大的怕不要命的",正不压邪,那么社会经济生活一定会陷入混乱。

第六,政府职能的转变。维护市场公平交易和基本秩序,需要强有力的秩序维护者。这好比比赛场上如果没有了裁判员,一定会十分热闹。现在政府干了许多企业干的事,而把维护市场秩序的任务放到一边。为什么政府对企业的事情那么感兴趣呢?无非是好处比当裁判员多。别人也管不了政府,因为政府是惟一的、短缺的资源。"权钱交易"、政府功能的错位是当前信用危机最重要的根源。因此,只要政府真正地"务正业",言而有信,克服资金短缺就一定大有希望。

案　例 [1]

流动资金忧思录

一、就差那一口气

采访很多企业主,聊到深处,总有人对记者说:如果手头资金再多些,我会做得更好;就差那一口气,再有个几十百把万的资金,企业就不会死了。

真的是就差那一口气吗?从企业的个体来讲短期内也许是。然而从整个国家经

_____

[1]　由刘旗辉、周攀峰编写。

济环境来讲，每个经营个体都说自己缺那么一口气，那这就不是一个小问题了。

在市场经济中，经济运行过程是资金流动和实物流动的统一，正如人的躯体与血液之间的关系，资金流动又决定实物流动。资金流动状况决定着整个社会资源的配置效率和经济运行效率。

当如此众多的经营个体都在为流动资金短缺而大伤脑筋的时候；当银企关系因信用问题而陷入告贷与惜贷的怪圈的时候；当上中下游各企业相互纠缠不清的债务令宝贵的流动资金消散于无形的时候，一旦"多米诺骨牌"中的一张牌倒下去，连锁反应的冲击波会席卷整个关联企业，甚至于众多不相干的人，严重的流动资金缺失已经突破了经济领域的范畴，成为影响到国计民生的社会化问题。

我们看到，每逢年关，全国数以百万计的民工伸出的一双双无助的手和哀求的眼神，他们所要求的，仅仅是一年来的工钱，各地政府每年都要动用大量财力、物力强制解决，这是政绩吗？这其实是一种无奈。

我们看到，一间大型超市因资金链的断裂而关门在即的时候，一大批供货商立即陷入经营困境，他们为了尽量弥补损失，不惜铤而走险，砸门而入，哄抢超市陈列货品，这在全国各地已屡见不鲜，社会不安定因素随之蔓延。

我们看到，海南房地产泡沫的教训犹言在耳，各地一拨一拨的"烂尾楼盘"仍在大干快上，社会流动资金被过量固化。这不单是企业行为，有的地方政府为了突出政绩，不切实际地上所谓"形象工程"，地方财政赤字一路走高。

我们看到，上市公司经营不善的时候，屡屡以新项目题材为由，重复"圈钱"，得手后又擅自改变资金投向，补充其干涸的流动资金库，亏了再圈，周而复始。以至于金融风险到了触目惊心的地步，老百姓对股市丧失信心，股市低迷自不必说。

资金一吃紧，信用就贬值。残局无绅士，覆巢无完卵。一直以来被认为是计划经济体制下国有企业"三角债"的通病，也像瘟疫一样传染到民营经济的群落。

……

流动资金的不畅原因有方方面面，有宏观的市场环境问题，也有微观的企业运作失误。

在充满诱惑的时代，理性是一种财富，感性则变成了一种消费。很多老板在选择项目的时候总是豪言壮语：我们从山的这一边开始挖掘，他们从山的那一边挖掘，当我们中途相遇时，我们将完成一个隧道，而如果没有相遇，我们将完成两个隧道。问题是，本来筹建一个隧道的资金是否能建两个隧道？即使建成，又是否预留了足够的资金维持两条隧道的正常运营？

市场竞争日益激烈，价格战一打再打，稍不留神自己苦心经营的市场领地也被竞争对手蚕食。正如农民种了可以抵抗所有病虫害的玉米，也不是就能高枕无忧的，如何及时修补？

计划没有变化快，上马前论证为可行的项目，随着市场的突变，上马后却变得前景渺茫，就如汽车陷入泥沙中，或车轮在冰雪中旋转不前，你必须先慢慢后退，再重新往前开，有时为了前进，我们必须倒转方向。问题是，有没有足够的汽油能倒回去又重新上路？没有足够的汽油又怎么办？

……

这世界上，没有一种优势是绝对的，也没有一种劣势是永远的。流动资金是把"双刃剑"，流动资金过多会加大企业的财务费用，流动资金短缺又会降低企业的活力。只有有效调整流动资金比率，提高资金周转速度的企业才能基业常青。

二、哪一段链条失落在风中

长沙人张铁军给本刊编辑部来了一封信，陈述其创业以来如何一步步陷入流动资金匮乏的窘境：

在 2003 年初，他经多方考察，发现本地市场上铝锅很畅销，于是决定成立一家铝制品加工厂。他初步算了算创业资金，租厂房和办公室每月需要 2 万元，员工工资每月需要 2 万元，必需的生产设备和办公用品投入 15 万元，首批原材料购进需要 10 万元，前期必须投入的资金总计不会超过 30 万元。

张铁军多年积蓄了 50 多万元，除去以上的开支，还余 20 万元作为流动资金。他心想，即使遇到什么风险，也足够应付了吧。而且他已经联系好了一部分商场和五金商店要货，订单不愁。如果流动资金一个月滚动 2 次，就能做五六十万元的量，按照行业平均毛利率 25% 计算，每月能有 10 万元以上的毛利，一年收回投资没有问题。

但项目上马以后，他才知道理论与现实相距太远。厂房的房东为了保险起见，要去了 2 万元作为房屋押金；选购生产设备，档次低的他看不上，要就一步到位，结果比计划超支了 3 万多元；在开拓市场中，很多商家拒绝单一型号的铝锅，要求代理销售成套系的家用铝制品，为了保证型号齐全，原来计划一个仓库的库存，结果用了 5 个仓库，单是铺底库存产品就占用了 15 万元的资金；初创的企业没有知名度，原材料供应都以现款交易，而商场却拖款现象严重，能保证三个月后回款就很不错了。要维持每月 50 万元的产值，得先期垫付 100 万元的流动资金进去！

张铁军一下懵了。只有放弃一部分订单，然而产量上不去，产品成本居高不下，微薄的利润还不够房租水电和发放员工工资。想向银行借贷，又没有多少可作抵押的固定资产。苦苦支撑了大半年，流动资金完全告罄，企业实在是难以为继，被迫草草关门。

事实上，就在我们身边，很多创业的和运行中的企业都会遇到同样的问题。国家有关经济部门最近对 100 家民营企业作了问卷调查，在"目前企业发展面临的最大困难是什么"这一项上，有 97% 的私营业主选择了流动资金不足。长期为流动资金的匮乏而疲于应付，而很多企业主却不知道原因出在哪里，也不知道如何加以解决。仔细思量很多环节都有漏洞，但改进起来却心有余而力不足。如此恶性循环下去，总有资金链断裂的那一天。

2004 年 2 月 20 日，拥有一万多平方米营业面积的长春荣德超市，出现数百供货商连夜撤货的混乱局面；21 日，该超市被法院查封。

1999 年底开业的荣德超市鼎盛时期曾拥有多达 31 万名的会员，然而其后本地 16 家 5000 平方米以上的大型超市陆续登场，超市间价格竞争愈演愈烈，消费群的分流及利润的摊薄，使其本就不健康的现金流问题日益凸显出来。荣德的食品供货商吴女士对记者说，供货商的货品进超市一般都要缴纳进场费，长春市的超市一般在 5000 元到 20000 元。这还可以忍受，但进场放货后，长期拿不到货款，有时为了拿回部分货款，甚至要和超市的某些人员进行"交易"。绝大多数供货商无法容忍商家拿着他们的钱去搞"资本运营"。

国内的众多超市前期基建投入资金巨大，到开业的时候流动资金都会捉襟见肘，荣德超市用拖欠供货商货款来补充流动资金不足，此举无异饮鸩止渴，却又是在整个行业内司空见惯。在业绩尚可的时候，还能寅吃卯粮滚动下去，一旦业绩下滑，整个企业将会遭遇超负荷的巨大资金压力。更严重的是，它的毁灭性打击会迅速扩散到其上下游关联企业，众多本小利微的供应商会同步陷入资金困境，而很多产品生产企业资金难以回笼甚至成为死账。

三、孽因结出的恶果

大到宏观的国民经济运行效率，小到微观的企业生存状况，它都像无形的鬼魅一样发挥着负面的作用。

企业间"三角债"愈演愈烈——在国内企业融资渠道单一的状况下，要短期来应付流动资金短缺的问题，通常急功近利的做法是提高账面的应付账款额度，企业间关系环环相扣，"三角债"现象由此产生。

近几年，企业间"三角债"又死灰复燃，甚至愈演愈烈。我国最大柴油机生产企业广西玉柴机器总经理李天生说，玉柴饱受"三角债"之苦，客户拖欠应收账款最多时达到 17 亿元，占当年玉柴销售额的一半，企业几乎陷入困境。其中一个大企业拖欠几亿元账款，同时它又被别的企业拖欠 5 亿多元账款。

民营企业挤占"应付款项"，恶意欠债，形成民营企业的信用危机。一些企业把改制、资产重组当成了"合法"的逃债手段，有的地方甚至公开推广这一"经验"。玉柴公司反映，他们有几个欠债客户企业通过资产重组等手段，公然把债务扔给空壳企业，新成立的企业合法地逃避了债务，这种行径严重损害了市场经济中企业间的信任度。

据不完全统计，目前全国约有 1.5 万亿元企业"三角债"，其中约有 3000 亿元债务已经成为死账，很多企业被迫采用现款交易，因此增加的财务费用每年多达 2000 亿元，"三角债"问题又到了非解决不可的时候了！

信用缺失每年损失近 6000 亿元——资金一吃紧，信用就贬值。"假、赖、骗、诈、欺"五大恶性经济问题屡禁不止。据有关部门统计，市场交易中因信用缺失、经济秩序问题造成的无效成本已占到我国 GDP 的 10%～20%，直接经济损失每年高达 5855 亿元。其间接损失则会更大，例如，因失信所造成的影响外商投资信心、合作意向，影响消费者消费信心和欲望，增加企业与社会的交易成本、严重破坏市场经济秩序和市场机制，等等。

作为社会信用的个人部分，信用观念、契约意识淡薄，相互之间的商业行为产生许多经济纠纷，失信于人屡见不鲜。近几年来，在法院审理的所有经济纠纷案件中，合同纠纷案占 92%；企业间签订的合同能够得以不同程度履行的不到 70%，有的地区不到 20%；每年所订立的合同（不仅是企业间）约 40 亿份，履约率只有 50% 多一点。从全国看，由于企业间不讲信用，互相拖欠货物构成连环死债的资金总额已经占用了全国流动资金的 20% 多。作为国家融资主渠道的银行，由于借钱不还而形成逃债、滞债、死债的高达数千亿元之多。

社会以及企业之间的信用缺失，已经给企业造成巨大的损失，"信用缺失症"成为困扰我国企业发展的最大问题之一。

严重制约企业规模发展——民营企业的规模普遍偏小，抗风险能力弱。全国 243 万户私企，平均每户 13 个从业人员，每人平均不足 8 万元的资本金，资本的有机构成很低。投资、决策管理和风险承担集中于业主，缺乏诚信，管理落后，成为制约民营经济发展的严重障碍。

绝大多数民营企业的流动资金来源于企业主多年的积蓄以及向亲朋好友的借

贷。企业要上规模，必须扩大产能，增加固定资产投资，势必要挤占更多的流动资金；没有足够的固定资产作为抵押，银行的大门永远不会向你敞开。企业难以走规模化生产道路，一遇市场风向逆转或突发性危机，企业顿时陷入困境。

融资难成为制约中小企业发展的"瓶颈"。金融体制改革严重滞后使大部分民营中小企业缺少获得银行信贷资金的正规渠道。股票、公司债券等直接融资方式门槛过高，民营中小企业难以利用资本市场筹集发展资金。面向民营经济的信用中介服务体系还不健全，担保机构少，品种单一，企业寻保难。目前，全国信用担保机构近 1000 多家，提供的流动资金贷款 400 多亿元，远不能满足民营企业的融资需求。

假冒伪劣产品充斥市场破坏公平竞争原则——由于创业资本和流动资金的不足，一些不法商人选择了制售假冒伪劣产品。与真品相比，他们没有承担创立新的品牌所需的资金压力和过多的固定资产投入，采用劣质原材料成本非常低，以超低价轻而易举挤占真品耗费多年心血成就的市场份额。

近年来，我国年均假冒伪劣产品的产值在 1300 亿元左右。国家因此年均损失税收 250 多亿元。有关部门曾调查了国内 283 家名优企业，这些企业有 16 类 650 多个品种的名优产品被仿冒，制假企业遍及 490 个县市。另据有关方面对 146 家被假冒产品侵害的企业进行的调查，其中 23 家假冒品的销售额是真品销售额的 50% 以上，有 11 家超过 100%，最严重的一家假冒产品销售额是真品的 568%。

大量假冒伪劣商品充斥市场，形成了"坏车市场模型"（美国经济学家阿克罗夫提出的因信息不对称、市场不完全造成的市场失灵的造假经济现象），导致市场失灵。"坏车"进入市场，由于造假者与消费者对好车坏车情况信息的不对称，消费者的价格预期导致好车卖不掉，干扰了市场进入和退出规则的实施，破坏了公平竞争原则，整个市场秩序陷入混乱。市场正常的机制应是公平竞争，优胜劣汰。但由于"坏车市场模型"的影响，好车厂家为了适应这被搅乱了的市场，只好调低销售价格，甚至不惜降低质量（亦生产坏车）来节约成本。从而出现了劣质商品淘汰优质产品的逆淘汰现象，大批名优企业深受其害。

权力不正常地渗入经济活动——很多企业由于难以通过正常渠道融通资金来补充流动资金，"暗箱操作"、"权力寻租"等无视公平有序竞争权利和契约意识的失信行为逐步蔓延。

比如 2004 年以前的房地产行业，不管以何种渠道拿到土地批文，开发商就可以向银行贷款，然后用其中的大部分用于缴纳土地的出让金，办理相关证件；项目开工，建筑单位垫资修建；开始预售期房，启动银行按揭贷款程序，售楼资金回笼，资金链条由此相连。这当中，政府相关部门和银行贷款至关重要，也是部分实力不济或资信度不够的企业挖空心思着力打通的"关节点"，灰色交易及腐败问题由此产生。

国内股市的长期低迷根源在于上市公司经营状况普遍疲软，一些上市公司在上市之前就已经经营不善，负债累累，通过虚假报表在上市审查程序中蒙混过关，上市之后大肆"圈钱"来填补借贷"黑洞"。舍本逐末，一旦经营亏损就制造题材增配股再次"圈钱"，仅 2003 年下半年，便有 40 余家上市公司先后发布公告，宣布将原定投向新建项目的募集资金，改变为补充流动资金或偿还银行借款，单项最高涉及金额多达 7000 万元。无须过多解释，仅轻描淡写的一个公告，上千万元的资金便摇身一变，"消失"在投资者的视线之外。

此外，"非法集资"、"融资欺诈"、"坐庄现象"、"黑幕基金"以及地方保护主义等现象，造成了金融市场，特别是资本市场的混乱和萎缩，严重损害了广大消费者和股民的利益，动摇了广大民众参与经济活动的信心，极大影响了消费者的消费欲望、消费预期和投资热情，阻碍和干扰了各类市场的健康生长和经济社会的协调发展。

地下钱庄扰乱金融秩序——有贷必有借，国内众多民营企业融资渠道不畅，以从事非法吸收公众存款、非法借贷拆借、非法高利转贷、非法买卖外汇等非法金融业务的地下钱庄由此滋生。地下钱庄的贷款利息通常比银行正常利息高出 3～5 倍，而具有吸引力的是，国有银行一般按企业所抵押固定资产评估价值的 60%～70% 的比例发放贷款，在地下钱庄这个比例可以达到 85% 甚至更高，而且贷款手续简便。于是，一些企业不惜以高利贷的方式急于缓解流动资金紧缺压力。

民营企业高息负债后财务支出增大，生产成本提高，利润率下降，有限的增值难以支持到期债务，不得不再次借入高利贷，形成恶性循环，影响发展后劲。

2003 年 8 月，福建省公安厅一举捣毁 18 家地下钱庄，收缴现金和冻结涉案银行账户资金近 5000 万元，其中最大的一家地下钱庄储备金有 2000 万元之多，年高利贷和非法买卖外汇的营业量高达 1000 亿元之巨。地下钱庄目前已蔓延到全国的大多数省份，它既无情地吞噬掉了企业创造的大半利润，又严重地扰乱了国家金融秩序。更有甚者，不少地方的此类钱庄有黑恶势力渗透，直接影响到了社会的安定。

此外，由于流动资金紧张带来的员工（民工）工资拖欠；民间借贷纠纷；供货商为讨要货款采取一些过激行为而导致的犯罪等现象，也成为当地政府相当头疼的问题。

四、谁吸走了我们的流动资金

银行惜贷的根本动因——国有银行在向中小企业发放贷款的问题上一直是如履薄冰，它们更愿意贷款给国有企业，还款较有保障，即便还贷出现困难，也是国家的钱花在国家身上。

而对于民营企业，如果顺利还贷还好说，若一旦出现差池，则银行行长的责任可就大了。就单笔贷款业务而言，向大企业放贷的风险成本低于向中小企业放贷的成本。因此对于一个理性的银行经营者来说，其最佳选择是少向中小民营企业发放贷款，民营企业中即便能得到贷款的也是少数大型民企，因为大企业在竞争中抗风险能力更强，还贷能力更大。

更重要的是，我国对信用风险防范手段缺乏、经济主体的信用意识淡薄、信用缺失现象严重，信用信息传递、披露机制不健全。我国目前还没有一个具有全国性影响力的信用监控及评价机构，信用信息透明度低、收集企业信用信息困难。这种"信息不通"、"信息不对称"给失信者以可乘之机，便于他们"打一枪换一个地方"，被查处之后仍能易地"重操旧业"。或毫不畏惧、毫无愧意地就在原地与新的契约对象、新的消费者进行不对等的一次性博弈。还有部分民营企业在获得贷款难的情况下，对已经占用的贷款故意不予偿还，导致银行企业关系更加恶化。

短期借贷作固定资产投资——湖北一个新组建的农副产品加工公司，为了事业的高起点，急不可待地购进了一大批设备。不久才发现，要安置新设备，现有的厂房远远不够，需要建新厂房。可建新厂房需要很大一笔投资，为采购设备，公司账上资金已几近枯竭。无奈之下，只得求助于银行。几经周折，总算以备料的名义，从银行贷来了一笔款子。该公司将这笔款子投入新厂房的建设当中，却忘了这是短期贷款。新的厂房刚盖完，还款的时间也到了。公司还不上银行的借款，银行就申请法院将公司原有的厂房带新盖的厂房和机器设备全给查封了。这家企业一时落入了进退无路的境地。

史玉柱后来总结自己失败教训的时候就说：我失误就失误在那时候不懂财务知识，将流动资金大量投入固定资产建设，结果使企业流动资金枯竭。企业也受此拖累，最后支持不下去了。

"小马拉大车"——民营企业为实现低成本生产，最大限度地将积累的自有资金首先用于再生产的扩大上，但是由于其规模扩张过快，配套的流动资金难以同步跟进，常出现"小马拉大车"现象。自有积累资金过快地投入到扩大再生产，削弱了企业抵御市场风险的能力。

2002 年初，广西的王勋拿出全部积蓄 10 万元办了一间小服装厂，一直维持着稳定的收益，不久前云南一家批发商找到他订了价值 70 万元的服装，这笔大单让他欣喜若狂。由于这单合同数量大，时间紧，要按期交货必须扩大产能，于是他拿出所有的资金 25 万元，房产抵押给银行贷到 20 万元，全部用于购买设备、原材料和雇用熟练工人负债经营，才惊无险地完成了这单合同。

合同虽然履行了，但扣除贷款利息后利润却所剩无几，固定资产投入使服装厂出现了 16 万元的资金缺口，扩大生产后，工厂的生产经营流动资金需求量也上涨到了 20 万元，沉重的负担令王勋无法承受。

过高估计市场容量——在经济快速增长的时候，人们容易信心超支，对未来市场估计过于乐观，藐视投资风险，从而形成投资泡沫，一旦有风吹草动，泡沫瞬间破灭，投资者就会陷入危难和困境。投资者应从风险与收益平衡的角度考虑企业的投资导向，选择合适的投资项目，并且将投资规模控制在适度的范围内。

2000 年，国家药监局发布文件规定：在 2004 年底以前，天然胶瓶塞将全部退出药品包装市场，取而代之的是丁基胶瓶塞。顿时资本闻风而动，全国陆续建成了 20 多家专业生产丁基胶瓶塞的医药包装企业，行业实际生产能力迅速膨胀到年产 250 亿只的规模。

而事实上，目前现实市场需求还不到 50 亿只，即使按照文件规定，今年底完全实现丁基胶塞替代天然胶塞，市场容量仍不会超过 150 亿只。产能过剩导致企业竞相压价。据湖北华强公司总经理刘承理介绍：目前市场上，20 毫米规格的丁基胶塞最低已经到了 4 分多一只，而其公司的正常生产成本就要 5 分 6 厘一只，这还不包括 17% 的增值税应计入部分。生产越多亏损越多，不生产又没饭吃。长此以往，流动资金也消耗殆尽，更不要说收回投资了。

误入投资陷阱——曾以成功运作《学习的革命》的科利华公司，其所在的朝阳产业每年以翻一番的速度在急速扩容。有优秀业绩支撑的科利华公司流动资金状况曾经很好。

为了进一步巩固在行业内的领导地位，作为民营企业为了拓宽融资渠道，科利华决定借阿城钢铁的壳上市配股融资，当时阿钢的真实情况是企业已停产多时，负债累累，为了隐瞒真相，在科利华去考察的前一天，钢厂才点的火。而这一切科利华全无所知。一旦全面入主，在操作配股过程中，科利华才发现原有报表里埋了很多 "地雷"，首先是大股东欠上市公司 4 亿元，科利华最初并不知道大股东欠账会影响配股，于是就用科利华产权大楼抵押来还债。接下来又有近百起官司平地而起，原来以为阿钢还不了债的债主们又纷至沓来，稀里糊涂的，科利华又被掏走了4000万元。即使如此，其配股和增发依然均告失败，为其收获颇丰的教育软件业由于资金断流也是一蹶不振。科利华总裁宋朝弟很是无奈：就差一口气，我倒过这口气，资金融进来，我只要手里有资金，去运作教育软件市场是没有问题的。近段时间，网络教育突然之间起来了，按理说，我们是网络教育的龙头啊，没钱使不上劲，怎么办？你只有看着。

多元化降低了抗风险能力——自1997年以来一直被誉为彩电业黑马的乐华，在2001年突然将投资触角伸向空调、手机、洗衣机、音响、复读机、热水器、消毒柜、饮水机、电风扇、排气扇甚至光缆等众多领域，有限的资金被拆分成若干细流，乐华赖以起家的彩电业本身又是竞争过度激烈、微利的行业，资金链顿成紧绷态势。

更糟糕的是，在资金准备不充分的前提下，乐华紧接着在其主业实施大规模渠道革命，即其中低档彩电部分采取OEM和综合供货方式，主要精力转向高端产品。彩电业几无利润可言的低端产品已经成为企业的"软肋"，应该说乐华高层的大方向是没有错的，殊不知此举被舆论误读为乐华将抽身彩电业，传言严重损害了人们对乐华彩电的购买欲望，自2002年初以来，乐华彩电单月回款额一路暴跌至千万元左右，而在2001年其单月回款都在1亿元以上，延续生产的流动资金告罄，2002年10月乐华90%的彩电生产线被迫停产，十多个新产品事业部也因没有后续资金支持而胎死腹中。原乐华公关部经理杨惠勇说："企业发生危机如能及时启动危机公关程序，是可以化险为夷的，由于没有运作资金，不少巧妙的危机公关策划被搁置案头，只能眼睁睁看着危机到了不可收拾的地步。"

上游价格上涨绷紧资金链——一直发展平稳的我国饲料业2003年突然遭遇寒冬，原材料价格的暴涨挤干了惯有的饲料行业销售毛利，以豆粕为例，8月底的平均价格还在每吨2200元，到9月底就涨到了每吨2400元左右，半个月后又涨到3100元，南方个别地区一度涨至每吨3800元的历史高位。而赖氨酸更是从每吨1万多元涨到了每吨近5万元。据中国饲料工业协会副秘书长王随元说："2003年整个行业阶段损失有90亿元，通常在利润方面也就60亿元，这样相抵还要亏损30亿元，损失相当惨重，直接导致全行业范围的资金链断裂，全国12000家饲料企业中，50%的小型饲料企业和20%的中型饲料企业已经被迫停产。"

生产周期太长导致应收账款增加——生产周期过长是重型机械工业企业无法回避的问题。大型成套设备生产周期一般需12～24个月，用户预付金仅有10%～20%，需大量流动资金垫付才能维持生产经营。流动资金不足，靠贷款维持生产，每年又要支付较大数额的贷款利息，使利润本来就低的重型机械企业经济效益更加低下。比如，按照国际惯例，锅炉产品的付款方式是 1:8:1，即合同生效后用户预付总金额的 10%，产品投产后应按工程进度直至全部交货后再付 80% 货款，根据合同约定最后再付 10% 的质量保证金。

企业生产流动资金严重短缺，造成生产组织困难、效益低下。在 20 世纪 80 年代前后，一重、二重、沈重、太重、中信重机 5 个国有大型企业，其销售收入合计仅为 11.6 亿元，有流动资金 4.92 亿元。2002 年这 5 个企业销售收入为 44.6 亿元，而流动资金反而只有 1.63 亿元。

五、哥德巴赫猜想的解法

流动资金不足问题困扰着大批企业生存发展，政府也在千方百计为企业减负。集中清理"三角债"、"债转股"以及废止多项行政事业性收费等政策的逐步施行，使一批企业的流动资金紧张局面部分得到缓解。

在银行信贷"瓶颈"方面，近一两年来，中央及国务院一些部委及社会组织（包括各地方）围绕诚信开展了许多工作，全国性的信用体系的雏形正在建立。打击恶意欠债等失信行为的惩罚力度日益加大。各地政府为扶持中小企业的发展，又相继成立了中小企业贷款信用担保基金，部分解决了信用评级问题，相对降低了中小企业的信贷门槛。

解铃还需系铃人，要解决流动资金不足还得从企业自身经营运作环节入手，尽量降低应收账款和缩短账期，把握市场风向，减少非理性库存，健全财务制度，减少无谓的流动资金占用，拓宽其他融资渠道，吸纳新的投资者增资扩股壮大实力，树立良好信用口碑。在此，一些好的办法供大家借鉴。

外包加工减少资金固化——事例：姜立是一家科技公司的老板，专业生产电脑摄像头，经营多年积累的资金周而复始地投入到生产环节，无法抽出更多资金用于研发和品牌再造，至今没有摆脱与杂牌为伍的窘境。两年前，他把中间的生产、包装环节则统统外包给其他企业来代为加工完成，有限的资金全部投入到了最能产生核心竞争力的产品开发和市场营销方面。现在姜立的产品在行业内颇具影响，年销售额也比两年前增长了 450%。

提示：一个生产企业的元器件、零部件的采购，员工的工资、保险，生产线的维护、升级等占用多少流动资金，外包就能省出多少流动资金。像姜立这种以产品开发和市场营销为重点的哑铃型公司，在国内越来越受到众多创业者的青睐。将需要占用大量资金建造厂房、添置设备、配备人手等业务环节外包给其他企业，不仅避免了企业为增强实力，扩大产能所背负的沉重压力，而且也能够省下一笔现金让企业在资源有限的情况下，周转灵活。

把握大企业提供的信贷担保——事例：上海的刘燕 3 年前开了一间小卖部，去年 8 月，她想在附近新的居民区开间小型超市来扩大经营规模，她算了算，投资起码得 10 万元，这样将会影响到小卖部的进货款项。正在犹豫不决之时，上海浦东发展银行与联华便利集团签约，推出了面向创业者的"投资 7 万元，做个小老板"的特许免担保贷款业务，由于联华便利为合作方为创业者提供了集体担保，创业者自己不必再提供担保，浦发银行可向每位通过资格审查的申请者提供 7 万元的创业贷款。刘燕获悉后立即递交了申请，两个月后，她顺利从浦发银行领到了贷款，如愿开起了自己的小超市，结余下来的自有资金补充了流动资金，小超市经营得游刃有余。

提示：一般情况下，要向银行贷款必须自己提供担保或者抵押，现在银行为了拓展信贷业务，充分考虑了创业者寻找担保的实际困难，纷纷主动寻找担保方，为有意创业的人提供免担保贷款。这种信贷业务种类繁多，手续简便，但是一般都是有较强的时效性，而且不同的银行可提供的贷款额度也不尽相同，创业者可到各大银行进行咨询。

争取特许经营总部提供的支持——事例：王成现住家附近的卤味店生意非常红火，便考虑开家卤味店。但是，要开一家自做自卖的卤味店不仅投资较大，还要顾及采购、加工、销售等方方面面，况且自己又不懂卤味熟食的制作技术。于是他以加盟的方式开了一家"不老神鸡"的连锁店。因为加盟连锁经营，实行的是货物配给制度，王成为此不仅省下了添置制作卤味的 5 万多元设备费用，又省下了数千元的成本周转资金，公司考虑到他是下岗工人，还免去了他近万元的加盟费用，实际上王先生等于获得了 6 万多元的资金扶持，他自己只花了 1.8 万元就开起了一间别人要投资七八万元才能开起来的品牌卤味店。

提示：俗话说：背靠大树好乘凉。有许多大公司为了扩大市场份额，正纷纷选择连锁经营的方式来扩充自己，为了有效而快速地扩大连锁经营的覆盖面，他们广泛吸收个体业主加盟经营。为此他们常常会推出一系列优惠待遇给加盟者，这些优惠待遇或是免收加盟费或是赠送设备，等等，虽然并不是直接的资金扶持，但对缺乏资金的创业者来说，等于获得了一笔难得的资金。

房产质押借贷，贷得比银行多——事例：黄宏明的饭店需要扩建，经过初步测算，最少需要 40 万元，而自己仅有 20 万元。余下的 20 万元资金缺口，他准备以个人住房向银行抵押贷款。谁知 30 万元买来，6 万元装修的房子，经过银行评估折旧下来最多只能贷 10 万元。银行的朋友建议他：如果有有钱的朋友，可以去做"房产质押借贷"。

于是，黄宏明找到相熟的王总，说明来意。王总对这种既无风险又有利息的借款很爽快，两人简单签了一个三年的借款协议，随后又到房产交易中心办了公证。两天后，黄宏明指定的账户上收到了王总划来的 20 万元人民币。

提示：所谓"房产质押借贷"，是指借款方如果担心资金回收问题，可以到房产交易中心办一个公证手续，表示该房产不能再次抵押，一旦还款无力，将以房屋产权作抵。这种做法一方面消除了借款方风险，另一方面因不涉及房屋产权过户，程序费用相对要低得多。

典当融资化解资金危机——事例：张先生几年前来上海发展，与上海的某开发商合作在西郊开发别墅项目。项目上马后，一期房产建设顺利完工，张先生一面开始一期房产销售，一面准备继续进行二期开发。然而，一期房产销售不佳，资金回笼受阻，合作开发商不愿低价销售套现，而试着向银行融资，也因银行融资政策发生变化未果。在面对剩余工程费、银行贷款利息、员工工资待付的情况下，他找到当地一家典当行，经咨询后，决定以几套已完工的别墅抵押贷款 500 万元。

拿到这笔"救命钱"，张先生赶紧支付了到期的工程款、银行贷款利息和员工的工资。在安抚了各施工单位，挽回了银行信用，重燃员工对公司的信心后，接着，又采取了多项促销举措，加快了一期已完工房产的销售，及时回笼了资金。终于，几经努力，张先生"以时间赢得了空间"，渡过了流动资金短缺的难关。

提示：现在为解决短期资金压力去寻求典当贷款的中小企业越来越多。与银行贷款相比，典当融资的优势主要体现在借款速度快、不审核借款人的信用度和不过问借款用途等。无论是企业或是个人，遇到短期资金周转困难，典当融资的方便和快捷犹如应急小银行，而且周而复始，也可大大提高资金使用率。

六、一家玩具生产企业的流动资金管理制度（部分）

第一条　流动资金既要保证需要又要节约使用，在保证按批准计划供应营业活动正常需要的前提下，以较少的占用资金，取得较大的经济效果。

第二条　要求各业务部门在编制流动资金计划时，严格控制库存商品，物料原材料的占用资金不得超过比例规定，即经营总额与同期库存的比例按 1:2 的规定。

第三条　超储物资商品，除经批准为特殊储备者外，原则上不得使用流动资金，只能压缩超储的商品、物料以减少占用流动资金。

第四条 要严格遵守不得挪用流动资金进行基建工程的规定。

第五条 使用的基本要求：

1. 在符合国家政策和公司董事会、总经理要求的前提下，加速资金周转，扩大经营，减少流动资金的占用。

2. 对商品资金的占用，应本着勤俭节约的精神，尽量压缩。

3. 严格控制家具、用具的购置。

4. 要加速委托银行收款和应收款项的结算，减少对流动资金的占用。

5. 各业务部门每月上报经济业务报表的同时，上报流动资金使用效率的实绩，即流动资金周转次数和流动资金周转一次所需的天数。

七、品牌服装销售商的聚沙成塔

众所周知，服装行业是进行资本原始积累的较好的产业，有的企业确实存在12 个月翻 10 番的惊人业绩。但是，服装行业赚钱貌似容易，其实有太多的隐情。

服装企业是靠产品增值来体现利润点的，并用所获利润部分补充流动资金滚动发展。那么，如何避免在增值过程中的计划外损耗和不确定损失，就成了保证企业流动资金顺畅的关键问题。

欧碧倩服饰重庆公司的唐先生告诉记者，以一般的品牌零售商来计算，一件短大衣的直接成本是这样构成的，面料：60 元/米 × 1.3 米 = 78 元；辅料（胶、衬、扣等）：20 元；人工：18 元；含税直接成本为：78 + 20 + 18 = 116 元。这其中未含：企业管理和经营管理费用均摊、低值易耗品均摊、库存损失折价和利息。而一般品牌公司的定价模式是用直接成本平均加价率。比如上面的产品按 550% 的加价率来定价，即 116 × 5.5 = 638 元。在中国的大多数品牌零售企业中均按此方法定价，变化也只在于根据个人感觉进行加价率调整。最后形成了中国服装零售行业价格的普遍规律。

在零售状态下，企业预期实现的价值增值部分为 638 - 116 = 522 元。那么，要使这部分增值能够尽可能实现，企业需要做到以下几点：

尽量降低商场的倒扣比率——再严格的商场，扣率也会有 5% ~ 15% 的浮动，而且这部分浮动是在开业前就签好的，精明的商人会利用各种方法降低合同中的扣率。举例来讲：某北京高档商场的平均倒扣率是 30%，如果能将比率降到 28%，若每年流水额在 200 万元左右，则每年增加纯利 4 万元，占整个毛利增加的

3.9%，直接成本的 11%。

缩短柜货品销售周期——在很多行业中，价格与时间有非常大的关系。据调查，电脑产品每天的贬值率在 0.1% 左右，而服装行业则更高，可以达到 0.7%。也就是说，每提前 10 天卖出货品，则该产品的价值就少贬值 7%，而毛利率增加则可达 13% 左右。

提高有效产品存货率——服装生意要赚钱，最重要的是好卖的产品要能跟上，滞销的产品要能快速处理掉。前者是成功的关键，后者是失败的起因。业内人士分析，只有有效存货率达到 30% 以上的企业，才能获得零售领域的成功。

专柜上，店员最喜欢卖畅销的款式，每年最好卖的款式，往往一定被穿在模特身上。但是这种款式也是断号最快的。当很多顾客兴冲冲前来选购，却发现没有自己的号码时，企业已经丧失了盈利的机会，因此，现代营销更强调的不是每个专柜库存的绝对值，而是更强调库存的有效性。

资金循环顺畅——零售企业资金周转一般比较慢，很多经营者习惯按每 3 个月来计算一次大的资金循环，精明的品牌商，会在一次大的资金循环中，拆分出很多小的资金循环，比如，畅销款式的快速追单，一些临时搭配性产品的现货采购等，都导致了资金使用效率的提高，也就是，把 1 分钱当成 2 分钱甚至 5 分钱来"转"。货币的价值在于它的流动性，如果货币流动不能顺畅，价值利润就无法产生。

第6篇 "肥肉加螃蟹"的大餐*

最近，民营企业南洋教育集团表示，希望参与企业办学校的改制工作，特别是向铁路学校"叫板"了。一时间鼓掌的人有之，怀疑的人有之。那么，究竟南洋能不能成为时代造就的"蛇吞象"的英雄？我们可以从以下三个方面进行分析。

第一，教育产业的特征。本来，教育属于基础设施领域，特别是中小学基础教育，更是关系到祖国强盛的大计。因此，教育产业化仅仅是最近才提出的概念。教育能不能成为产业，要看市场化运作的可能性。充分市场化的产业应该有足够多的需求，同时有足够多的供给；需求方有多样的选择，供给方能有一定的盈利。现在的情况是明显的供不应求：教育主要由国家办，优秀学校短缺；家庭主要积蓄用于教育投资，作为消费热点，家长们为了孩子省吃俭用。在这之中也有独生子女政策的原因，一家一个宝贝，家长们当然舍得花钱。

不过，这种供给短缺仅仅是表面上的，实际上社会有供给资金的实力，仅仅是没有转化为实际的供给而已。君不见，幼儿园的情况已经改变，在新建住宅小区，民营或私立幼儿园由于设施先进，就是一个月2000元的托费也有很多人愿意进去；欧洲一些学校到处都是中国学生，一些东北人把中学生送出去，有的欧洲学校满世界东北口音；有的欧洲大学因为过多的不务学业的中国学生而弄得声名狼藉；北京的一些中学主管人员收取择校费每人数万元，一手交钱一手交通知书，不给发票或收据，真是彻底地黑了。天下哪里还有比教育腐败更为可耻的腐败？

国内高等教育差不多都是国立的，清华、北大是宝塔尖，造成这种畸形状况是因为国内优秀学校太少了。那么，为什么不引进国外好的大学呢？现在中国人不是支持了国外的教育产业吗？说教育部是计划经济最后的堡垒也不足为过。

---

* 参见《内部研究报告》2005年1月。

第二，企业学校的命运。企业办、社会办教育是中国特色。新一轮改革将部门所属的学校下放到地方是一次改革的机会，民营企业完全可以利用。值得注意的是，企业学校转给地方，不同行业不同地区情况差别很大。一般来说，在城市里的企业学校好办，边远山区就比较困难。总体来看，存在着两个极端情况：一个极端是企业办学条件比地方好，地方接收的积极性高但是企业方面不愿意；另外一个极端则相反，企业学校条件比地方差，企业积极而地方不愿意。

有些企业的情况比想像得更为复杂。例如，在石油行业，一些油田职工促使子女离开本地的惟一手段和途径也许就是让孩子上大学考出去，因此，企业投入较多，学校设施条件好，这些企业的经济效益的相当一部分转化为了教育设施，白白交给地方当然不干。在铁路也有类似的情况。在这些企业，说学校是负担，实际上恰好是他们最大的财富，是他们的命根子。包袱与财富看你怎么说。

第三，政府部门的作用。在当今的中国，政府是经济生活不可或缺的要素。政府的力量太强大了。不过，在一些领域政府与一些人士见钱眼开，从而使好端端的事业变味的情况也不少见。比如，许多所谓的 "大学城" 因为变相买卖土地而名声很不好了。现在搞企业学校划转，又有了政策利用的机会。如同民营企业参与国有企业改造一样，民营企业参与企业学校改造也会遇到各种历史负担问题，如危房改造、教育待遇，等等，难怪有人戏称这种划转为 "定时炸弹"！

在这之中，最关键的是 3 年移交经费每年递减。地方教育局的地位非常微妙。由于政策规定只准移交地方教育局，那么，完全存在着这样的可能性：地方教委先把企业学校收过去，得到一笔可观的转让经费后，再把企业学校交与民办学校联合改造成联营学校。这实际上是增加了改制成本，地方教育部门搜刮了一层 "油"，白白拣到好处再把包袱推出去。但是对于民营企业来说，有补贴有拨款就有机会！企业家就是冒险家，这个险不得不冒。

总的来看，中国的教育产业化已是大势所趋，教育产业有民营企业参与的可能。历史有机会，时代有可能，民营企业玩转教育改革的 "魔方" 值得一试。不过，必须清醒地认识到，民营企业是在想动别人的 "奶酪"：一是已有学校的利益；二是某些企业的利益；三是教育主管机关的利益。能不能顺利地通过既得利益者的这 "三关"，是对民营企业的严峻考验，特别是民营企业的灵活机制能不能转动政府部门的 "磨盘"，人们正拭目以待。

民办教育扩张能否"蛇吞象"

2004 年 7 月 28 日，南洋教育集团在铁道部所辖主流媒体《人民铁道》报用半版的篇幅，刊登了一则耐人寻味的广告，颇引人注目。广告称：南洋教育欲面向全国大型企业寻求办学合作伙伴，诉求主要对象是：重点中学改制和职业学院分离。合作方式可合资、股权持有、整体改制、改造老校等多种灵活方式。欲响应国家主辅分离政策，减轻企业办学投资负担……

其刊载的时间恰恰是处于铁道部主辅分离，尤其是学校剥离攻坚推进的关键时刻！进程已过大半，截至 2004 年 8 月 6 日，铁道部所属学校尚有 130 所中学和 43 所职业学校近 15000 名职工未完成向地方教育部门的移交。显然，此时南洋教育集团刊登广告的用心不言而自明：其蚕食的下一个目标竟然"杀"向了铁路，胃口是否太大了点？当前中国民办教育的扩张势力是否到了"蛇吞象"的地步？

中国教育产业市场教育资源整合"国退民进"的序幕，是否会由南洋教育集团的大胆挺进而彻底拉开？

一、几经周折探营南洋虚实

在求证南洋新的发展扩张模式是否可行之前，记者先从网上调阅了南洋教育的档案：南洋发展集团是以教育产业和高科技产业为主要投资方向，致力于发展知识经济产业体系的企业集团。自 1993 年投资民办教育，迄今已经有 10 年的历史了。

经过 10 年坚持不懈的努力和奋斗，南洋发展集团已经先后在太原、大同、洛阳、成都、青岛、大连、昆明、沭阳和济南兴办了 9 所不同风格的 15 年一贯制"南洋学校"，以及成都南洋学院、北京南洋（兴华）大学两所民办大学，构建了包括学前教育、初等教育、中等教育、高等教育等在内的适应终身教育需求的教育服务体系。

---

① 由傅东方、蒋薇编写。

截至 2004 年 8 月，南洋发展集团教育投资总额已近 15 亿元人民币，师生总数已近 2 万人，现已成为国内最大的民办教育集团之一。

这是一个资产上 15 亿元的"教育企业"，其 10 年膨胀扩张的高速度或许是近十年中国民办教育快速发展的缩影。以前南洋皆以自身投资发展为主，而这次却转变为急剧的外延扩张模式，且要吞向铁路整建制的"精锐部队"学校，其能吞得下吗？其有何政策依据？其有何运作秘诀？

记者 8 月 6 日拨通了南洋教育发展集团北京总部的电话，欲采访其"一把手"任总，其办公室的人讲老总出差了，下周再约，还不失客气。8 月 9 日上午再约，办公室人讲，任总下午才回来，记者只有耐下性子等下午。下午记者又打过去，对方讲，任总正在开会，明天再说。8 月 10 日下午记者又打过去，对方讲老总又出差了，过两天才回来。看来，民营"教育企业"老总采访一次也颇不易。记者首次采访民办教育领域便遭"冷遇"。

8 月 12 日，记者又不屈不挠地打电话过去，对方讲那你找总裁秘书许小姐。而许小姐又在不断地开会，几次寻她不着。当几近下班时分，电话终于找到了许小姐。记者讲明采访目的，许小姐首先替老总挡驾："任总一向很低调，不接受记者采访。"

记者：你们刊登大幅广告的目的是什么？不就是要引人注意吗？现在"关注"来了，怎么又拒绝了？这不是叶公好龙吗？

不管记者怎么讲，许小姐依旧是冰冷地拒绝。这更加引起了记者的兴趣：南洋又在隐藏什么呢？南洋提出该种扩张模式莫非是在"玩概念"？仅是"虚晃一枪"而无实作之意？那它干吗又要"虚晃一枪"呢？而且用半版广告的代价？为求证此答案，迫不得已，记者只得扮做"客户"，对南洋进行暗访。南洋总不会拒绝其广告诉求的客户吧？

果然，当记者扮做一某铁路学校代表前来联络联合办学事宜时，不费吹灰之力就坐在了南洋主管联合办学事宜的副总裁张更生的办公室里。

记者：张总，近几年南洋教育的发展速度与办学规模如何？为何今年改为"外延扩张"战略？

张更生：1994 年，本着"报效桑梓，造福社会"的宗旨，南洋教育创办了第一所南洋学校"山西南洋国际学校"，投资规模达 1 亿元；

1995 年，立足"育人育才，桃李报国"的信念，南洋教育创办了第二所南洋学校"大同南洋国际学校"，投资规模近 5000 万元；

1996 年，运用"集团投资、连锁办学、专家治校、滚动发展、适度产业化"

的产业模式，南洋教育创办了洛阳南洋学校与无锡南洋学校，投资规模达 2 亿元；

1998 年，依照"合理布局、持续发展"的计划，南洋教育创办了"成都南洋学校"和"青岛南洋学校"以及"成都南洋学院"，投资规模达 3 亿元；

2000 年，本着"品牌经营、规模发展"的规划，南洋教育创办了"大连南洋学校"和"昆明南洋学校"，并举办"北京兴华大学"，投资规模达 3 亿元；

2001 年，为应对"低成本扩张，开发县级市场"的未来竞争与市场细分，南洋投资控股了江苏沭阳南洋新世纪学校。

可以说，从 2001 年，南洋教育开始面对未来发展，决定与资本市场接轨，实现教育资产重组，营建了现代企业管理架构，为未来"做强、做大"南洋教育从根本上进行了战略设计，而去年国家公布的《民办教育促进法》和今年公布的《民办教育实施条例》使我们南洋的外延扩张发展战略有了实施的可能。

南洋教育深刻地认识到：伴随着中国教育事业的深入发展，在以知识经济为主导的未来产业发展格局中，全社会对教育的需求正在发生前所未有的质的变化。中国加入 WTO 以后，教育的多元化发展也必将成为不可逆转之势。教育产业的竞争和发展趋势都将迎来新的挑战和机遇。南洋教育历经 10 年艰辛创业之后，在总结发展过程中的经验与教训基础上，对南洋教育的未来发展做出了更加理性、更加超前的战略设计，以此来巩固成果，适应未来。

记者：你的意思是以前想这样做做不了，是不允许吗？

张更生：是。因为以前国家没有出台我们可以参与国立学校的改制的相关政策，今年不一样了，因为《民办教育实施条例》细则规定，除九年义务教育外，民办教育机构可以参与国立高中及职业学校的改制。

记者：为何选择这时出击打广告？是不是想收编铁路学校这一"精锐部队"？

张更生：铁路正在进行学校的剥离，我们也想看有无合作空间。

记者：除了铁路外，其他的与企业合作办学是否也在尝试？

张更生：在之前我们曾与河南洛阳一拖在谈，在湖北与航天部所属的有关学校在谈，但目前都尚未有实质进展。

记者：为何？

张更生：一拖的中小学、幼儿园俱全，全部接受包袱太重，不现实。我们想择其有品牌的高中部合作，对方又不同意。

记者：目前，大多还停留在"纸上谈兵"？其还有哪些阻碍？或哪些机会？

张更生：毕竟是才开始吗，但这一战略我们还会坚持实施下去，对我们是相对"低成本，高效益"扩张。因为我们做的是教育产业，我们当然会追求投资的效益最大化。因为都还处在探索阶段,合作双方都还须磨合。我们的机会在于当前各地方教育局教育投入资本的相对不足。面对大规模的企业学校不断划归地方,地方教育经费的不足更加凸显。比如,这次铁路学校划归地方后,铁路一次性划归地方 3 年的教育经费,递减基数不等。三年后的地方教育经费怎么办?巨大的经费缺口给民办教育的发展提供了空间。据有关地方教育部门讲,比如这次铁路学校先接过来再说,先得到三年的经费。三年后再找我们联办教育。

如果铁路学校现在找我们联办,不仅可省了这三年的经费,而且我们还同时承担其债务,各地方教育局接受是只管经费不要债务的。所以说,我们并非只在"玩概念",从长远看,我们完全有可能,因为教育产业市场化的趋势不可阻挡。

暗访南洋归来记者在思考:再过 10 年或 20 年,莫非也有办学的"混合所有制"等多种形式并存?就向民营经济的不断壮大一样,到那时已不分民办还是官办教育了?只要能办出水平不就成了?

那么,将被"蛇"吞掉的"象"又做何想法?他们能认可民办"蛇"欲吞"象"的一相情愿吗?

二、"移交大员"感慨"剥离沧桑"

8 月 5 日,记者千里奔赴河南洛阳铁路分局教委,采访被人誉为"移交大员"的教委主任王国治。他曾是记者的老朋友,谈起目前正在向洛阳地方教委移交企业学校的无奈迷惘,其感慨颇多。

记者:目前,向地方移交的情况如何?有困难吗?

王主任:移交协议刚刚草签,地方开始一直不收,说接过去是包袱。主要原因是省教委一直未表态,各地市教育局当然不敢冒动。目前整个铁路学校向地方移交已近尾声,仅剩下山西、山东、河南、广东的部分铁路学校未移交成,河南是相对较滞缓的。

记者:滞缓的主要原因是经费问题还是什么?

王主任:经费不足肯定是主要因素之一。铁路仅移交给地方 3 年的经费,且每年是递减的。地方讲,转过来后可是要包你一辈子经费的,3 年后怎么办?固定资产等学校设施无偿划拨,对方不承担遗留债务,对铁路学校的教师身份要重新核定,不承认由工人转干直接任命的教师,这在铁路已成为历史问题,还须不断与市里面协调。类似这样的协调不计其数,真是劳神费心,最近一个月的礼拜天从未休息过。

记者：会不会考虑和有实力民办名校联合办学？

王主任：起码目前不会。

记者：为何？

王主任：铁道部特别强调移交学校过程中的稳定，可以说是下了死命令吧，只准移交地方教育局。如果你"移交"民办学校，那教师心态能承受吗？肯定会引起不稳定。在移交过程中也有的中学校长讲："别交了，别去寄人篱下，我们拉出去单干，也肯定会干好。"但起码目前不行。至于移交后，地方教育局再拿我们与什么民办学校联合办学，那是另外一回事。

记者：会有这种可能吗？

王主任：难说，三年后的事谁也无法预料。现在，由于铁路对教育投入的逐年减少，铁路学校的工资水平已不尽如人意，与市里已有些距离，有种灰溜溜的感觉。据说洛阳民办南洋学校的校长月收入在 1 万元左右，将来民办与公办的联合也未必不是一个路子。

记者：你目前的心情如何？面对目前这"剪不断理还乱"的铁路学校的移交？

王主任：两个字：无奈。同时你还不得不提起精神，因为这毕竟关系着上千教职员工的未来命运。我有点像《红楼梦》中协理宁国府的王熙凤，"操碎了意悬悬半世心"，几十年铁路企业办学的"落定尘埃"由我承受和拂清；"恰一似荡悠悠三更梦"，数任教委主任何其风风光光，惟我沦为"移交大员"，岂不是黄粱一梦！目前，我的位置尚未着落，是否会被"移交掉"尚不可知。

记者安慰了他一番，与老朋友在骄阳下"知了"声中握别……

三、采访手记

完成本选题的两大主角的采访后，记者也感慨良多：从目前的状况看，南洋教育欲染指铁路联合办学已不具备任何可能性。与大企业的合作也多停留在"概念炒作上"。

南洋为什么要炒当前几乎不可能操作的概念？

南洋的张副总曾在私下对记者讲，作为民办教育的"大哥大"，他们与教育部的关系很密切，教育部对民办教育出台一些新政策时常先征求他们的意见，因此，他们也最会运用政策。这次提出新的扩张发展模式主要依据新出台的《民办教育促进实施条例》。

但最主要的是南洋敏锐地嗅到了教育产业市场化趋势越来越近的急迫足音，遥听到了于无声处的教育改制不可阻挡的滚滚春雷。

现在不能"蛇吞象",并不意味着永远不能"蛇吞象"。因此,南洋此举绝不仅仅在无谓地去盲目"玩概念",而恰恰是"用心良苦"。

这或许就是战略眼光。

而张副总裁讲到的"地方教委先把企业学校收了去,得到一笔可观的转让经费后,再拿企业学校与民办学校改制联营办学"的或然性?让记者陡然为芸芸被收编的学校担起心来:

未来,"蛇"、"象"联营的路会怎么走?

中国教育产业市场化改制的方向究竟向何处去?

四、相关链接

振兴东北老工业基地,首先要教育的振兴,否则振兴就会成为一句空话,更谈不上教育为振兴战略服务,这也是东北三位厅长的一致看法。

摘自《中新网》铁道部稳步推进"主辅分离"

1. 半年剥离 20 万人

记者从全国铁路工作会议上获悉,作为基础性改革重要组成部分的铁路主辅分离改革,2003 年取得重大突破。仅仅半年就有 20 多万人从铁路系统剥离出去。

在中国铁路 240 万人员中,从事非运输行业的就有 100 多万人,是世界其他国家铁路所没有的现象。铁路办社会,大而全,制约着铁路运输主业的发展。从去年下半年以来,中铁物资总公司、铁通公司移交国资委。部属 4 个勘察设计院、铁路局所属 38 家设计施工企业移交国资委下属的工程总公司和建筑总公司。铁路学校、医院移交工作取得重要进展,至去年年底,全路已移交中小学 225 所、幼儿园 50 所、医院 13 所,另有 94 所学校、39 所医院正在办理移交手续。

据《中国青年报》

2. 东北地区大型国企不再"办社会"学校医院剥离

据中新网报道,"东北的大国企,每年要拨六七亿元用于企业办的中小学校。这真是一个沉重的大包袱"。国务院国有资产监督管理委员会规划发展局某负责人说,针对这种情况,国家已经选择部分城市和企业进行试点,有步骤地剥离重点大企业办社会职能,将用两到三年时间解决这一问题。

据统计,东北的大国企每年用于办中小学校及公检法、医疗卫生等社会机构的开支达 80 亿元。企业办社会支出过大已经成为制约东北地区中央企业发展的一大难题。东北的企业办社会，占了全国总量的近一半，因此这次改革将优先考虑东北。据介绍，鞍钢、一汽的改革已经有了实质性进展，大多数学校已经被分离出去。

国资委要求，剥离重点大企业办社会职能，将按照突出重点、分类指导、分步实施、从易到难、量力而行及采取多种方式进行分离的原则，中央企业分离办社会职能费用由中央财政给予适当补贴。

试点地区将以中小学校、公检法机构、医疗卫生机构、幼教机构、消防机构、社区机构、社保机构、供水供电供暖机构等为主要分离对象。中小学校和公检法机构等政府行政职能机构一次性成建制移交政府管理。中央财政也将对中央企业办中小学校、公检法等行政性机构分离所需费用给予补贴，其他机构分离所需经费由地方政府与企业协商解决。

3. 国企办社会年内将消失，厂办医院、学校将被"剥离"

据《大河报》报道，记者从洛阳市有关部门获悉，今年年内，各大中型国有企业开办的医院、学校，将被彻底从企业剥离。届时，这些企业将彻底卸掉"企业办社会"负担，全力参与市场竞争。

据悉，在计划经济时代，洛阳市区内各大国有企业都各自形成相对独立的小社会，职工看病，子女入托、上学，均在本单位的医院、幼儿园、学校完成。随着市场竞争日趋激烈，这些社会包袱已成为阻碍国有企业发展的沉重包袱。

2002 年 11 月，洛阳市选定 18 家大型、特大型工业企业实施改革，从中分离85 个辅业单位，资产总额 75.8 亿元、负债总额 45.6 亿元。

4. 昆明国有企业自办学校移交地方政府

昆明卷烟厂、金沙矿业股份有限公司、昆明船舶集团公司今年与所在县区政府签订协议书，从而将所属的 12 所学校正式移交地方政府。以此为开端，昆明分离企业办学校工作将全面启动。

据介绍，经过反复酝酿的《昆明市关于分离国有企业办学校职能的实施意见》今年开始正式实施，本着先易后难原则，先在市区进行，然后逐步在全市推开，2005 年完成全市分离任务。今年 3 户企业所属学校移交各区政府管理是首批试点，年内 5 个区将有 23 所企业学校将陆续实施分离。

昆明现有国有企业自办的中小学校共 149 所，其中普通中学 56 所，小学 93所，在校高中学生 1072 人，初中学生 14267 人，小学生 29160 人。这些企业每年发生的办学最低维持费达 8000 多万元。

昆明市分离企业办校实现 5 年过渡期，即在分离后的当年，学校办学经费由企业按前 3 年经费的平均数全额拨付，从第二年起，每年按 25％递减，第六年即由政府全部承担办学经费。

5．教育厅长的难题

谈到明年的工作，三位教育厅长虽然都满怀信心，但也不约而同地提起现在面临的困难。

企业学校剥离是"振兴东北老工业基地"战略提出后，教育部门首当其冲要面对的。老工业基地要振兴，必须轻装上阵，改变以往企业办社会的状况，但是剥离的过程，却缺少相应的政策和资金支持。

"我上任后，身边有两个定时炸弹，一个是企业办学，一个是二级学院。"李军厅长就这样说，"交通部门发文，系统企业所办学校全部移交当地教育部门，但咱教育部门讲的是在职，他那里讲的是在册，让我们怎么办？"教师接收是个大问题，处理不好就会成为影响社会稳定的一个因素，但教师接收过来了，相应的财政支持却没有跟过来，教育部门也很难办。

这一难题同样也困扰着张永洲和张德祥两位厅长。张永洲说，拿黑龙江为例，企业办学校有 3150 多所，在校生 80 多万人，教职工 16 万人，占了全省的 1/3，一年支出要 44 亿元，这么巨大的资金数额，没有国家的支持，根本解决不了。为什么这么讲？一是因为教育部门确实接不过来；二是这些企业为国家作出过很大贡献，国家也应该为企业的轻装上阵提供支持。

张永洲还说，不只是教师的接收问题，企业办学校的危房改造也是一个大问题。近 5 年来，企业对所办学校基本没有再投入，甚至原有的资源还有所流失，现在黑龙江省的企业办学校 D 级危房面积有 50 万平方米，维修的资金从哪来？

来源：新华网

第7篇 冲破条块分割的"体制牢笼"*

湖北荆州、河南周口、山西省等地方铁路局的负责人士讲出了修建地方铁路的迫切愿望，读起来十分令人感动。不过，探讨发展地方铁路的问题必须放到整个中国铁路发展的大环境之中。我们可以从以下一些方面进行分析。

第一，交通的"瓶颈"。现在，中国的老百姓生活水平有了很大的提高，所谓的"衣食住行"四大方面，衣食已经基本解决，关键在住行两项。实际上，住与行两项有很大的关联性，其中行更关键。房改搞了，安居工程、经济适用房搞了，但总是"有房子没人住，有人没房子住"。在哪里也是郊区地价便宜，住得太远，交通不方便也不行。因此，住宅的本质是交通。

第二，铁路的地位。在诸多交通工具中，铁路占有独特的地位。孙中山先生早年就得出"交通为实业之母，铁道为交通之母。国家之贫富，可以铁道之多少定之；地方之苦乐，可以铁道之远近计之"，以及"今日之世界，非铁道无以立国"的结论。解放前的情况是如此，正如"林海雪原"中所说的那样"火车一响，黄金万两"。现在几位铁路局长所说的不仍然是这样吗？

第三，伟人的遗愿。孙中山曾计划要用十年时间修筑 10 万公里铁路。遗憾的是，我们这些现代人不但没有实现这一夙愿，而且连提出这一目标都不敢。我国的铁路营业里程至今只有 7 万余公里，路网密度不仅比发达国家相差甚远，就是与印度相比也落后不少。不能说铁路建设没有成绩，但是与航空、公路、水路相比，铁路建设还远远赶不上国民经济发展的需要。

第四，城间铁道部。国际上所谓的铁路，包括城际、城郊、城内三大部分。按道理，无论是国家铁路还是地方铁路也都应该包含这三大部分。日本的国家铁路既有城间的，也有城郊的，还有城内的，比如 JR 线就构成了东京都地下铁的系统并与城间、城郊铁路平滑连接。外国专家以为，中国铁路也是类似的概念，其实完全

· 参见《内部研究报告》2005 年 2 月。

不同。中国的国铁只有城际而没有城郊和城内，充其量只能算做"城间铁道部"。

第五，"一俊遮百丑"。国家铁路近年来最突出的贡献是几次提速。但是，这仅仅应对航空、公路竞争态势的"治标"性措施，不可能掩盖体制改革滞后的事实。国铁客货混运、专项建设基金、收支两条线等基本问题上没有改变。铁道部发行铁路建设债券，铁道部是企业还是政府？到现在为止，国铁并没有像样的改革方案。什么时候客货分运？解放前有京汉铁路公司，我们要不要搞干线公司？铁路改革不容易，想当年，日本国铁提出过一百条不能分割的理由。总之，国铁的问题在于不知道企业在哪里，提速不能"一俊遮百丑"。

第六，吉尼斯记录。现在来看地方铁路。地方铁路的建设不可能立足于长大干线，而更应该注重城郊和城内。重庆的单轨项目不错，那不仅是交通工具，更是很好的旅游项目。外国以铁路为纽带建设都市圈，我们的北京与天津、上海与江浙、河南郑州、湖南长沙、山东半岛等的都市圈建设得怎么样？城市地下铁的情况就更差了。北京复兴门到西单 1.8 公里用了 10 年的时间，是不是可以申请吉尼斯世界记录？

第七，部长的绝望。中央与地方的矛盾关系在铁路建设方面表现得非常充分。三（水）茂（名）铁路是主要靠借款修建的铁路。一开始叫铁道部与广东省联合的合资公司。铁道部出桥出车，广东省出政策，从银行借款。按照规范建立现代企业制度时产生困难，铁道部要控股，广东省要占大头，最后国务院领导拍板 45% 对 55% 才算完事。北京城铁是郊区铁路，铁道部想参加，最后不得不退出。正所谓"强龙压不住地头蛇"。与地方较量太累了，不玩了。

第八，梦幻磁悬浮。日本 1964 年建成世界第一条高速铁路，到 1989 年改革时没有出现过一起技术事故。中国的高速铁路酝酿 10 多年，先是在京哈、京广、京沪中筛选，后来选定京沪。10 多年前"四委一部"就有过方案，还进行了专家论证，至今仍然遥遥无期。这两年又冒出来个磁悬浮方案，造价多少？运行价格多少？这种事情要由科学家与官员决策？这是中国决策无能的典型。

第九，股份制轮回。美国的股份制是从铁路开始的。第二次世界大战后，一些发达国家对铁路实行了国有化，20 世纪 80 年代，又开始了民营化。许多国家的铁路又改为股份制，正好完成一个轮回。中国再在后面走相同的路？计划经济讲排队，现在地方建铁路还等待中央拨款，铁路的特点是网络性，干线"卡死"支线很容易。因此，仅仅是建设还很不完整，就算是白给一条铁路，也可以让你过不了轨。铁路必须从资产关系（过轨价格）与资本关系（利润分享）两方面来安排利益关系。

　　总之，地方铁路的建设与国铁改革有着密切联系。资产关系与资本关系要同时解决。股份制是一个利器。条块分割的生产关系阻碍了生产力的发展，现在到了彻底打破这个体制牢笼的时候了。

地方铁路助力城市大交通

　　今年1月8日，国务院出台了《中长期铁路网规划》，不仅对未来中国铁路发展规划了宏伟蓝图，也为各省市地方铁路建设拉动大交通网络体系的建立指明了方向。

　　目前，中国都市正在悄然涌动势不可挡的地方铁路建设潮，作为点的城市与铁道线的交通串起来，城市的动脉勃然涌动，城市经济的走向也将沿着外延扩张的铁道线伸向远方，变内向型经济为外向型经济；都市的居民生活也将更便利地流动起来，轻松便捷地走出家乡，去饱览"外边的世界真精彩"。

　　看似仅串起偏远、边缘地带城市的地方铁路建设，实际上在城市大交通网络体系中扮演着不可或缺、举足轻重的角色，在某种程度上讲，它是都市发展的血液和大交通建设的龙头。

　　近日，记者连续走访了湖北省荆州地方铁路局、河南省周口地方铁路局漯阜铁路有限责任公司、山西省地方铁路局，从对三位局长、总经理的访谈中可管窥地方铁路如何助力城市大交通的呼声、规划设想与实战操作效果，清晰地听到新世纪、新时期各地地方铁路快速发展建设的急迫足音……

一、不让铁路成为荆州人永久的遗憾

　　记者前不久见到荆州市地方铁路管理局局长钟思平时，在采访中他讲得最多的主题就是：富庶的江汉平原岂能无一条贯穿其境与外部世界连通的铁路，千古历史文化名城荆州交通网络中铁路又怎能是空白点？千万莫让铁路成为荆州人永久的遗

_____

　　① 　由傅东方、蒋薇编写。

憾——就此主题和地方铁路与城市大交通的关系记者与钟局长进行如下的采访对话。

记者：钟局长，您如何看待城市与大交通建设的关系？

钟局长：城市发展到一定规模时，一定要考虑构筑与之相适应的、完善的综合交通体系。交通是城市的基础，是国民经济的动脉，是经济发展的"先行官"、"加速器"。城市的繁荣进步与科学合理的交通是分不开的。也可以说，城市的进步是从路开始的，路给城市带来无穷的生机。在城市建设中，必然会提到大交通这个概念。大交通并非指特定的某种运输方式，而是一个综合交通体系。

记者：何谓综合交通体系？铁路在其中居于何种地位？

钟局长：何谓综合交通体系？李鹏同志担任总理时，在《建设统一的综合运输体系》一文中，有一段明确地论述："我国交通运输应该以铁路为骨干，公路为基础，充分发挥水运，包括内河、沿海和远洋航运的作用，积极发展航空运输，适度发展管道运输，建设全国统一的综合交通运输体系。"

在现代运输业中，铁路是最普及、最受人喜爱、大众化、先进的运输方式，是在长期的社会经济条件下形成和发展起来的，并逐渐形成了自己的运输生产形式、技术经济特点与合理适用范围。因而具有运输能力大、安全程度高、运行快、运营成本低、能源消耗少、污染轻、全天候以及适应性强等一系列优势而备受青睐。马克思称铁路是"工业的先驱"。列宁说："铁路是一个重要环节。"民主主义革命先驱孙中山先生是热情发展中国铁路事业的创导者。在他早年进行革命时，就认真考察研究世界各国铁路事业的发展过程及铁路建设与经济发展的关联作用，得出了"交通为实业之母，铁道为交通之母。国家之贫富，可以铁道之多少定之；地方之苦乐，可以铁道之远近计之"的结论。

因此荆州无铁路，其经济发展的快慢与居民生活的苦乐可知一二。

记者：当前，我国铁路发展现状如何？

钟局长：孙中山先生曾说："今日之世界，非铁道无以立国。"他曾计划要用十年时间，修筑 10 万公里铁路。遗憾的是，由于种种原因，孙中山建设 10 万公里铁路的夙愿，至今也未实现。据有关资料显示，我国的铁路营业里程，至今才刚达到 7 万余公里。无论是按国土面积所占比例计算，还是按人口所占比例计算，我国均远远不及美国、英国、法国、德国、意大利、日本等国，甚至还落后于南非、印度、波兰等国。

记者：荆州当前的铁路发展现状如何？

钟局长：荆州地处江汉平原腹地，自古就是江汉平原上人流、物流的中心，是闻名于世的老商埠，古今都曾经有过辉煌的历史，在城市建设和经济发展中起过"领头羊"作用（曾是全国卫生城市、全国明星城市、全国经济体制改革试点城市等）。时至今日，荆州与同等规模的城市相比，发展的步伐慢了，速度落后了，影响力减小了，地位下降了。一个重要的原因就是铁路交通运输太落后而影响了荆州的发展。

记者：铁路发展滞后城市就发展缓慢？

钟局长：综观全国的交通示意图，不难发现，在偌大的江汉平原，没有一条贯通的铁路干线，仅靠倾地方微薄财力修建的荆沙铁路这条标准低、条件差、功能不健全的支线在维持运输。《经济日报》记者来荆州看到这种情况后，曾于2001年7月26日在该报发表过一篇题为《周边铁路密如网，惟独两湖一寸无》的文章，呼吁要尽快改善江汉平原和荆州市铁路交通落后的状况。

铁路交通的落后，给荆州人民的生产生活带来了诸多不便。我们作一个粗略的统计，在全市近700万人口中，每年因公因私外出的人按100万人次计算，由于荆州没有客运火车，需乘汽车到武汉等地转乘火车，这往返费用仅按人平均100元计算，全市一年多花出费用就是1亿元。这还不包括在当地购买火车票加价费用和在外地停留期间吃住所消费费用。

记者：铁路发展滞后已影响到居民的生活质量，对当地经济发展是否也有影响？

钟局长：由于荆沙铁路是地方铁路性质，要受多种因素制约，不能有效地满足荆州市工农业运输的需求，在这方面所产生的费用就更大了，原修建荆沙铁路时，专家们就预测，到目前铁路年运量要达到400万吨。而实际上荆沙铁路的最高年运量仅150万吨。有些运量都流失到了武汉、岳阳、荆门等铁路交通发达城市。所流失的运量一年仅按200万吨、每吨货物转运费的增加值仅按100元计算，一年就要增加支出2亿元。此外，铁路对拉动地方经济的作用更是不可忽视的。

记者：江汉平原的战略位置如此重要，难道有关专家对兴修铁路没有过动议设想？

钟局长：关于修建铁路，在荆州历史上有过几次大的机遇，但都由于种种原因，而失之交臂。最早的一次是1914年7月25日，中国与英商宝林公司订立的《沙兴铁路贷款合同》，修建自湖北沙市跨长江经湖南常德、辰州（今沅陵）、阮州（今芷江）、贵阳至兴义，以及常德到长沙的支线。合同签订后，仅数日欧战爆发，合同未得履行而废止。

第二次是1965年初，正当西南铁路建设高潮初起之际，毛泽东主席向铁路建设总指挥部副总指挥吕正操发出了修建川汉铁路的电报指示。毛主席在电报中建议川汉铁路的战略走向，是从重庆出发经彭、酉、秀、黔，沿湘北穿过江汉平原至武汉。此方案在路网规划上填补了"两湖平原"（江汉平原和洞庭湖平原）铁路的空白，布局合理。但由于地形复杂、造价太高，当时的中国财力难以承受，铁道部与西南铁路建设总指挥部研究后，以铁道部名义向毛主席送上了请示报告，内容为：由于修建川汉铁路造价太高，拟作为第二步实施方案；第一步方案先修建襄渝线，也可以达到从重庆通往武汉的目的。毛主席认真研究报告后，同意了修建襄渝线，川汉线暂缓建设。

随后，还有两次机遇。一次是 1994 年至 1995 年期间的洛（阳）湛（江）铁路的修建，有关部门当时有两种选择方案：一种是改造既有的襄（樊）石（门）线，从枝城过长江；另一种是经荆州过长江接常德到湛江。当时常德市很积极，力争第二种方案的实现。后由于多种原因，未能引起荆州市的高度重视，常德方孤掌难鸣，加之第一方案也确实经济节省，故又一次丧失了机遇。

第四次是沿江铁路大通道的构筑。1999 年 11 月，湖北省委书记贾志杰、省长蒋祝平联名提出的《关于速建上海至重庆沿江铁路大通道的建议》。2000 年 2 月 3 日，国家计委与铁道部商讨后就贾书记、蒋省长的《建议》给湖北省政府的复函中明确表示："力争在'十五'期内尽早建设"。但历史恰恰和荆州开了一个大玩笑，沿江铁路通道在实际修建过程中，撇开了荆江段，撇开了荆州城区，偏北从宜昌、经荆门、钟祥、京山而至武汉。荆州人民的铁路梦再一次落空。正所谓"四次机遇擦肩过，长使荆人泪满襟"。

记者：千年古城荆州四次与铁路建设机遇之神失之交臂，荆州的发展建设至今还受此"瓶颈"制约，那么，荆州的地方铁路发展还有无新的机会，使荆州地方铁路助推城市大交通进而促动荆州的发展振兴？

钟局长：现在应该说是荆州面临的第五次机遇。新的省委领导班子组建后，非常重视荆州市乃至整个江汉平原的交通现代化建设。省委书记俞正声同志上任伊始就多次来到荆州，并就大力发展荆州交通现代化建设作了重要指示。省计委有关部门今年春节前还专门听取了荆州市地铁局的专题汇报。湖北省自长荆线、宜万线开工建设后，已无向国家申报的铁路建设后备项目。尤其是前不久省里召开的"两代"会上，荆州市与会人员所提"关于修建沙岳铁路"的议案，更是引起了很大的轰动。所有这些，都兆示着一个新机遇的到来。

记者：荆州能把握住这次新的发展机遇吗？

钟局长：能不能抓住这次机遇，不让铁路成为荆州人永久的遗憾，在工作的

"着力点"上，必须采取一切方式引起省委省政府主要领导的高度重视，至于从哪里接线及线路的走向倒不是主要的，只要能达到贯穿荆州城区，改善荆州目前铁路交通落后状况的目的就行了。

二、漯阜分流：城市便捷通道的极值巧解

地方铁路如何助推城市大交通网络建立、完善、发展，推陈出新使城市的经济血液鲜活蓬勃地流动起来，有时候还需要使巧劲，以巧拨千斤，把本来闲置的城市交通资源以一种新的方式重新盘活，城市大交通的活力便会骤然爆发，极大地改观相连城市的经济风貌。

河南地方铁路局周口分局漯阜铁路有限公司所辖铁路连接的两个城市漯河市及安徽阜阳市，由于漯阜铁路分流国铁货运的成功运作，珠落玉盘般使沿铁路线城市经济骤然勃兴，外出打工的民工流更加络绎不绝，浩浩荡荡涌出家乡，走向远方。

成功实施于漯阜铁路分流的"一把手"——河南地方铁路局周口分局漯阜铁路有限公司总经理徐升近日接受了记者的采访，徐升总经理娓娓道来，分解着漯阜铁路分流一幕幕难忘的分镜头，重新回味着艰辛的酸甜苦辣。

记者：漯阜分流有效盘活了城市的交通资源，目前取得的业绩如何？

徐升：近年来，漯（河）阜（阳）地方铁路紧紧抓住国铁分流运输的机遇，着力组织电煤运输，今年上半年完成货物发送量 515 万吨，货运周转量 6.2 亿吨公里，同比增长 88% 和 105%，增长幅度居全国同行业首位，创建路 25 年来最好成绩。进而也有力带动了两市工农业总产值的攀升。

记者：据说，漯阜分流的主要动因是所处地理位置的得天独厚？

徐升：漯（河）阜（阳）铁路是河南投资修建的一条地方铁路，正线全长 276 公里，是连接京广、京九国铁干线，豫西通往华东的一条重要联络线和运输通道捷径。今年元月，经铁道部批准，原由侯（马）月（山）线运输到上海、南昌铁路局的年计划运量达 500 万吨的煤炭经漯阜分流运输，年计划运量达 500 万吨。这样既缓和了国铁"吃不了"、地铁"吃不饱"的现状，减轻了京广、陇海线的压力，又使地方铁的运能得到了发挥。走漯阜直线到华东，使货物比走焦枝、上京广、绕陇海走马蹄形的圆圈近约 300 公里，减少了运费，使货主十分满意。国铁地铁联手夺"双赢"，漯阜地方铁路运量翻番，漯阜地方铁路及沿线城市的经济在不断地实施分流中迅速崛起。

漯阜铁路西接京广，东连京九，为陇海线以南 500 公里范围内与之平行的一条

东西向大通道，在京广、京九间起着十分明显的联络线与分流作用，是西部地区通往华东和东南沿海的一条最便捷的径路，曾被铁道部誉为晋煤外运的第四条通道。随着国家西部开发战略的实施和推进，它在国家路网中十分重要的经济地位和战略地位及它的承东启西作用越见明显。

这条铁路的西部，是储煤量极为丰富的煤炭生产基地，东部是能源十分紧缺的发达的经济地区，市场的需求为漯阜铁路在供需两地之间"牵线搭桥"提供了得天独厚的条件，这是漯阜铁路能够实施分流的基础，加上漯河、阜阳北两大国铁站也有一定的能力空间，为漯阜铁路分流提供了保证。

记者：城市的血液流动起来，城市的经济活力也将迸发出来，实施漯阜分流容易吗？

徐升："纸上得来终觉浅，要知此事须躬行。"漯阜分流经过了一个较为复杂的艰难历程。漯阜铁路的分流，是在开办直通运输基础上发展而来的。

从国铁分流，是一项十分复杂的系统工程。漯阜公司分流成功的道路是较为漫长的。从实践过程看，漯阜公司主要争取了省政府、市政府和全国"两全"委员、代表及新闻部门等方面的广泛的支持。该公司，积极向他们提供资料，宣传漯阜地铁的优势及其经济、战略地位的重要性，多方呼吁将这条地铁纳入路网；中国地铁协会领导也就漯阜铁路分流问题上下奔走，全力协调，并与铁道部科学研究院运输与经济研究所联合成立课题组，从 1995 年 12 月至 1997 年 9 月，就《漯阜铁路管理体制、运营机制——民干线分流运输的研究》这一课题，撰写了 34000 余字的研究报告。

漯阜铁路的区位优势、径路优势，以及运能大于运量等情况，通过多次协调会和社会各界的反映，引起了铁道部领导的高度重视。1998 年，铁道部运输局发了《关于漯阜铁路、漯舞线与全路开办货物直通运输的通知》，加上国内经济迅速复苏、国铁京广线郑州至漯河段、陇海线洛阳至商丘区段运能紧张，给以华东地区为运输市场的漯阜线分流造就了历史性机遇。于是，漯阜公司抓住时机，及时调整思路，千方百计地促成了由平顶山通过漯阜铁路到达淮南这条"点到点"的直通运输转线路，并发展为由西部相邻线通过该路到达华东各通道的"线到线"的大范围分流。

记者：漯阜分流的本质突破是在哪一年？

徐升：2001 年以后，我们公司组织争取分流的专职人员，在向郑州铁路局、铁道部、地铁协会反映情况、寻求理解与支持的同时，经过反复测算，本着运距最短、减少路网车流折角和成本最低的原则，在不增加货主负担的情况下，提出了相对合理的分流范围，要求将焦柳线汝州至邓州间各站、京广线许昌至长台关间各站和孟宝线发往上海、南昌铁路局各站的货物，经漯阜线运输，并提出了具体方案。对此，铁道部极为重视，经过分析测算，认为我们提出的货物分流方案合理可行。考虑到漯阜铁路运能富余的实际，部运输局指定下发了运营货计［2001］1561号电报，按照这份电报精神，自2002年1月1日起，从平顶山装运到安徽、江苏等省10个到站的煤炭，由指定漯阜线为计费经路，从而标志着分流工作取得了历史性突破，也给这条地方铁路带来了年均80万吨的运输增量。进而也激活了相关城市大交通网络。

记者：漯阜成功分流，是否得益于运输信息资源的开发利用？

徐升：运输信息资源的开发利用，对扩大分流区域和拓展市场空间起到了至关重要的作用。漯阜公司充分发挥在有关煤矿、国铁车站设立办事机构的优势，密切关注煤炭市场和国铁运输政策的动向。尤其是2003年，漯阜公司在全力以赴组织好平煤、议煤分流的同时，得知铁道部要增加晋煤外运量的消息后，迅速组织运输口的同志对争取侯月线分流的可行性进行认真研究，并向有关部门报送了可行性研究资料。为此，郑州铁路局、河南省政府分别向铁道部提出争取侯月线分流意见，起草了《漯阜线扩大直通运输分流方案》，决定在原有直通分流基础上，根据货物流向，在分侯月线、焦柳线、孟宝线、京广线，根据货物流向划定"分流半径"，并决定与上海铁路局、南昌铁路局管内相应区段各站相互间装运的重车，不分"黑货白货"，均经漯阜线运输，分流范围涉及四个铁路局的多个分局。据初步预计，分流支点增加后，漯阜线今年新增运量将达到300万吨至400万吨。

记者：漯阜分流的目标是取得国地铁"双赢"，及城市交通资源重新盘活的"多赢"，您怎样看？

徐升：实现分流，是漯阜铁路自1989年6月2日全线正式开通那一天起，就一直成为全路员工努力追求的目标，也是修建这条地铁干线的初衷。但是，在分流过程中，必须注重它的科学性与合理性，以"双赢"为原则，处理好方方面面的关系。

首先要抓好时机，进行科学合理的分流。2002年，郑州至洛阳东图定客车51对，货车63对，货流密度达6552万吨，创历史纪录。而漯阜线能力利用率此前不足60%。正是在这种国铁"吃不了"，地铁"吃不饱"的情况下，我们才抓住时机，全力以赴争取大范围分流的。同时，漯阜铁路被指定为分流经路后，既腾出了陇海线的能力、缓解了郑州枢纽的压力，又使地铁运能虚縻得到了有效补充，达到了国、地铁"双赢"。

其次要兼顾货主利益。晋东南、豫西货物通过漯阜线分流，比通过其他任何经路发运都近，多则近 300 公里至 400 公里，少则近 40 公里至 100 公里，符合货物运输最短经路原则，使社会总消耗大为减少。漯阜铁路用户遍布皖、苏、浙、赣、沪、闽等华东 5 省 1 市。用户是"上帝"，我们为其提供的不仅仅是运力和服务，而是时刻站在用户的角度去考虑他们的利益问题。为此，他们也给用户算了一笔账：侯月线按莲东、焦柳线按宝丰、京广线按新郑至阜阳支点计算，经漯阜地铁比经国铁分别近 52 公里、316 公里和 129 公里，每吨货物运费分别少支付 0.3 元、11.24 元和 2.27 元。通过算账对比，使货主逐步接受了漯阜线这一运输通道。

分流的实施，使漯阜公司的运输生产形势发生了巨大变化。今年 3 月，货物周转量首次突破 1 亿吨公里大关。此后，货运量连创新高，今年上半年完成了 515 万吨，货物周转量达 6.2 亿吨公里，相当于过去一年或一年半的工作量。

分流不仅提高了经济效益，而且也已经迫使人们不得不重新审视这条铁路运输能力的适应情况。自去年开始，由股东出资入股，同时争取国债和银行信贷，对漯阜铁路进行了技术改造。可以看出，分流促成了企业技术装备的改善，技术装备的改善又促进了分流能力的进一步扩大，这种良性的循环局面，使企业步入了快速、健康、持续发展的轨道。也架起了国地铁紧密合作的桥梁，使相连的城市经济血液在铁路促动大交通的有力分流中更为快捷地有力搏动，极大地带动了地方经济和区域性经济的发展振兴。

三、串起乌金项链联动山西煤城

山西作为全国能源输出大省，其煤炭外运量占到省际贸易量的 80%，焦炭出口占到全国焦炭贸易总量的 70%，世界总量的 40% 以上，山西的大同、太原、阳泉等城市及众多的县乡镇的经济增长点几乎都与得天独厚的煤炭资源有关。山西的这些城市像散落的乌金项链，分布在幅员辽阔的黄土高原。而现有的运力资源又根本无法满足不断增长的货运需求，特别是近年来随着新一轮经济建设周期的加快和资源开发能力的提高，城市扩张中的铁路运输"瓶颈"问题日益突出。

山西的城市发展呼唤着铁路大交通的"紧急输血"。山西煤城的乌金项链急需铁路大交通的银线串联，连通血脉，滚动发展。山西地方铁路集团有限责任公司担当重任，首当其冲。前不久，记者就地方铁路发展如何助力城市大交通的问题采访了该公司新上任的总经理边荣军。

记者：目前，山西一些城市的发展遇到了铁路交通"瓶颈"，作为山西地方铁路集团有限责任公司"领军人物",对此你有何对策及发展新思路?

边总:当前,为了缓解山西铁路运输紧张的局面,铁道部在山西加大了投入,加快了国铁干线的改造和建设。但作为本省的地方铁路如何才能找准定位、抓住机遇,在服务山西经济的同时发展自己呢?我认为地方铁路不仅是国家铁路网的延伸和补充,某种意义上讲更是国铁的上游和源头。我们再不能"等、靠、要",而是要立足现有运力资源,提升固有行业优势,围绕国铁大通道,建设自身路网规模。

记者:目前山西的地方铁路发展状况怎样?对城市区域经济的带动效果如何?

边总:山西的地方铁路走过了近 20 年的发展历程,先后修建的神河、孝柳、阳涉、武墨、沁沁、宁静六条地方铁路,设计总里程 620 公里,通车里程 555.3 公里,运营里程 474 公里,这些铁路正在山西区域经济中发挥着重要作用。特别是公司为解决山西中南部运力紧张而加紧建设的墨(镫)左(权)铁路,线路全长虽然仅有 25.665 公里,但对于优化山西地方铁路路网结构却犹如画龙点睛之笔,是武墨铁路的延伸。该线路建成投入运营以后,将使太焦线和武左线相连接,形成山西省中南部经太焦线、武左线、阳涉线、邯长线、邯济线,与京广线、京沪线、京九线交汇,直达沿海港口的铁路运输出省大通道。这将是平行于石太线的山西南部第二条东西向铁路,目前工程进展顺利,2004 年底线下工程可望完成,2005 年上半年开始铺架,2006 年站后工程完工投入运营。

记者:这样讲,若点睛之笔完成后,山西将贯通联动,进而串起城市的乌金项链?

边总:是的。该线的修建不仅对于改善沿线地区因交通不便而制约资源开发,而且对改变地方经济发展的被动局面具有特别重要的意义。它可以有效地缓解石太线的运输压力,提高太原、阳泉、吕梁、晋中、临汾等市的货物流通量,使山西煤城的乌金流动起来,有力激活山西区域经济发展的血脉。

记者:完善当前的通道血脉后,山西地方铁路是否会进一步优化路网结构,形成城市乌金流动的良性循环?

边总:这正是我们山西地方铁路即将发展实现的战略目标。目前,静乐至古交镇城底铁路和沁(县)沁(源)铁路连接南同蒲线或侯月线的可行性研究已经完成,即将开始立项报批,力争"十一五"期间能够分批开工建设。静乐至镇城底铁路的建设,将使宁(武)静(乐)铁路通过岚县、娄烦与古交相连,形成一条与北同蒲并行的环线,铁路沿线城镇货物可通过北同蒲和太古岚线从南北方向分流,从而有效地缓解太原枢纽的压力,这对改善山西铁路运输状况和改变晋西北老区面貌都具有重要的意义。

将沁（县）沁（源）铁路与南同蒲线和侯月线相连可大幅度缩短我省中南部地区通过东南出省通道发送货物的距离，有效缓解铁路运力紧张的状况，并可节约运输成本；将沁（县）沁（源）铁路向南延伸与侯月线相连，可使沁（县）沁（源）铁路通过资源腹地，向南分流。

记者：这样就会铁路银线连煤城，乌金滚滚流四方？

边总：规划建设中的静乐至古交镇城底铁路贯穿西山煤田和宁武煤田的腹部，地方铁路可谓发展潜力巨大，区位优势明显。这就需要山西地方铁路加快新线建设，优化路网结构，整合运力资源，形成地铁大路网，从整体上提高山西地铁乃至全省铁路的路网能力，进而从根本上解决山西铁路运力紧张的矛盾。一旦珍珠般的山西煤城被我们规划中的铁路网串起来，将使山西的大交通体系更为完善畅达，山西煤城经济发展也将更上一层楼。

唐代著名诗人王之涣曾登上山西境内的鹳雀楼放眼未来："欲穷千里目，更上一层楼"。这正是当前山西地方铁路蓬勃欲兴的发展写照。面对当前中国都市滚滚潜涌兴起的新一轮地方铁路发展潮，未尝不是中国经济新一轮快速发展的先兆。

国民经济发展的"先行官"蓬勃涌动了起来，而且地方铁路的"先行官"在激活区域经济的布局中空前地活跃，空前未有地助力地方城市大交通网络体系的完善、构建，中国城市在未来 10 年的空前高速发展可窥全豹于一斑。

第8篇　体制搭台　管理唱戏*

在中国，铁路是一个具有明显特殊性的行业。秦皇岛地方铁路改制的实践为中国铁路改革进行了很好的探索。从其经验看，至少有以下一些问题值得进一步深入讨论。

第一，老铁路与新体制。秦皇岛地方铁路最早是在新中国成立前遗留下来的小铁路，1984 年才扩轨改造为标准轨铁路，由于长期亏损，不得不寻找解决问题的出路。在党的十五届四中全会、党的十六大的指引下，他们确定了深化企业改革的方针。2003 年初，经彻底改制实现了"国退民进"。企业的历史悠久，现在则形成了全新的体制，焕发了青春。一个企业历史悠久是好事，但是要看体制是否新。秦皇岛地方铁路的变化说明，老企业也可以采取新的体制，那么，反过来，一个新企业可不可能是老体制？

第二，企业置换与职工置换。在具体做法上，他们抓住产权制度改革这一关键，积极做好国有资产退出等工作，通过"全员持股、法人控股"的改制形式，顺利地实现整体出售和全员买断。实际上，这种企业性质和职工身份的"双置换"也是其他国有企业改制时普遍遇到的问题。那些仅仅考虑企业名称的改变，忽略或者回避职工身份转变的改制是不彻底的，多数都将遭遇失败。

第三，体制基础与管理创新。公司在体制问题基本解决后，进行了大刀阔斧的管理创新，实施许多原来体制下不能做、不敢做或做不成的措施。也许有的人会想，同样的管理方法，为什么原来的企业就不能做到呢？把这些管理方法运用到原来的企业中去不就行了吗？不改革单加强管理不就行了吗？显然，加强管理不可以"照猫画虎"或者"东施效颦"。体制不是学来的，而是发自内心的。以前我们一直说职工"当家作主"，那个"主人"是空洞的概念还是严格的法律概念？实践证明，职工是不是股东结果大不一样。可以认为，体制是基础，管理是这个基础上的表

---

　* 参见《老铁路缘何焕发生机》，载《经济日报》2005 年 5 月 13 日。

现。换句话说，体制搭台，管理唱戏。

第四，当前经营与长远发展。企业不仅要考虑当前的经营，更要谋求将来的长期发展。该公司规划逐步淘汰蒸气机车，实现动力内燃化，实施市区线路改造工程，采用先进技术，等等。这些都将为公司做强做大奠定了坚实的基础。企业就是要"嘴里吃着一个，手里拿着一个，心里想着一个"。搞短期行为的企业没有什么前途。

第五，地方铁路与国家铁路。在中国，所谓的"地方铁路"是指地方投资建设的铁路，这些铁路属于"地方国营"的性质，并不是"国务院统一所有"的国有资产。同样，所谓的"合资铁路"并不是中外合资，而是中央与地方的合资。因此，铁路是较早地实现了"分级所有"的部门。秦皇岛地方铁路是一块很好的"改革试验田"。那么，国家铁路是否应该向地方铁路学习呢？

第六，自然垄断与行政垄断。我们必须进一步深化对国有经济"有进有退"的再认识。许多人可能认为，基础设施是应该加强的领域，特别是铁路，更一直是国有经济一统天下。秦皇岛地方铁路公司的经验表明，就是在铁路领域也可以实现"国退民进"。铁路尚且如此，其他基础设施领域的改革就更要加快速度了。

案　例①

秦皇岛地方铁路改制探析

2003 年以来，在河北地方铁路系统，在全国地方铁路行业，秦皇岛地方铁路因"国退民进"改制，引起了极大关注。中国地方铁路协会，以及山东、四川、宁夏、江苏、湖北等省份地方铁路单位，先后赴河北调研。

困则思变

秦皇岛市铁路管理处是由河北省政府 1951 年成立的秦皇岛长城铁路管理处演变而来，所辖铁路是该省地方铁路中惟一在新中国成立前遗留下来的柳江、长城铁路的合并体，1984 年该线扩轨改造为标准轨铁路。作为一个集沧桑与辉煌于一身的国有老企业，曾为秦皇岛市地方经济发展作出过很大贡献。然而，在市场经济体

---

① 由马士勇、郭峰、闫志英编写。

制下，半个世纪沉淀下来的管理理念和经营机制，却使企业自 1995 年以来运营效益逐年下滑，虽经多次内部改革，仍难以遏制下滑之势，至 2002 年底，累计亏损已达 180 万元。如何适应形势的发展，如何在改革中走出困境，如何谋求企业长远发展之计，成为现实而迫切的问题。

困则思变。党的十五届四中全会提出的国有企业改革新思路，成为秦皇岛地方铁路管理处突破思想障碍的引线。2001 年 3 月，该处按照国家和省、市的有关政策规定，开始运作企业改制。党的十六大确定的深化国有企业改革方针，为该处突破体制障碍提供了"催化剂"。2003 年初，该处确定采取"全员持股、法人控股"的改制形式，并经市政府批准，实现了"国退民进"。

变则新生

一个吮吸着计划经济体制乳汁成长起来的铁路运输企业，要实施"国退民进"，不同于一般意义上的流通领域企业改革，而且这在河北省铁路行业尚无先例，必须"敢为人先，勇于做第一个吃螃蟹的人"。在具体操作中，该处抓住产权制度改革这一关键，积极做好职工身份置换、国有资产退出等工作，顺利实现整体出售、全员买断。2003 年 3 月 25 日，"秦皇岛地方铁路有限责任公司"注册成立。

不破旧则难立新。公司进行了大刀阔斧的改革，实施了多项原经营机制下不能做、不敢做、做不成的措施：二级管理机构由原来的 17 个精简为 11 个，在职职工由改制前的 684 人减员至 413 人；企业用车实行"瘦身"改革，只留 1 辆小型面包车备用，并实行计价收费；企业用电实行了"车站用电量承包制"、"非车站用电计价制"等制度；职工宿舍按照院校教学与福利设施相分离的做法，由原来无偿使用"变脸"为有偿租住；电话费、差旅费、取暖费等做到了总量控制、责任到人……一系列有力措施，使企业新的经营机制迅速确立，管理明显加强，年节约成本费用 98 万元。

同时，职工主人翁意识明显增强。说主人话、办主人事、尽主人责，有效地促进了企业经营管理。至 2003 年底，企业已基本走出困境，在货运量、货周量较上年同期分别下降 12%、6% 的情况下，职工劳动生产率上升 5.8%，收入上升 4%；公司净资产收益率达到 34.8%，实现利润 80.1 万元，较原企业效益最好的 1992 年增长 60%，显示了股份制企业的旺盛生命力。

生则图强

通过企业改制和管理创新，在原经营机制下裹足不前的秦皇岛地方铁路，基本革除了国有企业的沉疴痼疾，实现了脱胎换骨般的新生，焕发出了新的活力。新生的秦皇岛地方铁路有限责任公司，已将目光转向可持续发展战略，着手技术创新，谋求企业长远发展。

　　按照发展规划，公司将购置内燃机车，逐步淘汰蒸气机车，实现动力内燃化，不断提高运输能力，满足沿线既有企业运输需求。同时，实施市区线路改造工程，并将线路与秦皇岛市北部工业区企业、首秦金属材料集团公司连接。此外，在首秦工业站采用先进技术，对车站信号、道岔采取微机电器集中控制，直接为北部工业区企业和首秦公司提供优质运力保障。届时，将年新增运量 550 万吨，为公司做强做大奠定坚实的基础。

　　我们有理由相信，随着社会主义市场经济体制的逐步完善，股份制铁路运输企业的优势将进一步显现，新生的秦皇岛地方铁路有限责任公司必将在区域经济建设、发展进程中发挥更大的作用，走得更远，做得更强。

第9篇　"搞死"国有企业的典型*

改革开放以来，我们有一个口号，叫做"搞活"国有企业。但是，摆在我们面前的这份案例，却是一个"搞死"国有企业的典型。在这个案例中，既表现出一定的特殊性，又反映出相当的一般性；既包含着若干偶然性，也说明了某种必然性。那么，一个好端端的国有企业，是如何一步步地被"搞死"的呢？让我们分阶段、分要素地加以剖析。

第一，集团化陷阱。湘潭电缆厂的辉煌到1992年开始走下坡路，先是联合湘潭市16家企业组建了湘缆集团（所谓的小集团），后又联合湖南省内的多家企业组建了湖南电线电缆集团有限公司（所谓的大集团）。这是一个不规范的联合体：有的绩效差的企业被捆绑了进来，有的企业自行退了出去。显然这不过是一个行政性的集团而已。在1992年以前，全国各地已经出现了类似的"集团化"浪潮。在1993年党的十四届三中全会决议关于建立现代企业制度的条文中明确指出，所谓的集团应该在产权清晰的基础上以产权为纽带建立起来的。换句话说，没有企业哪来的企业集团？湘缆集团正是这种不符合科学规律拼凑出来的组织，将国有企业带到了走向衰败的歧途。

第二，败家子天堂。国家是国有企业的所有者，国家不可能从事经营而必须选择优秀的代理人即经营管理者。到1995年陈某人上台前，企业已经亏损了2.91亿元，陈某人上台后的两年多企业又亏损了3.61亿元。尽管有的领导反对让陈上任，但是陈有后台支持，轻而易举地登上了集团的"宝座"。群众心里明镜，陈不懂得经营，就会花钱。可以认为，把企业搞糟了，企业经营者有直接的责任。但是，选择经营者的人有什么责任？国有企业有没有规范的董事会？是否有严格的程序甄别和筛选经理人员？是上级组织部门选错了经营者，还是一个好的经营者上台之后"变坏"了？国有企业如何监督"一把手"？显然，在一些国有企业中，是把那些特

---

* 参见《"搞死"国有企业的典型》，载《中国工业报》2004年10月11日。

别善于讨好上级但比一般人更自私自利、更贪心腐败的人任命到了经营层。"蛀虫"自然有责任，但归根结底问题出在那种选人的机制上。更值得深思的是，到现在为止，传统的选择机制又有多少根本性地改变呢？

第三，债权人脆弱。根据湖南省审计局 1998 年 2 月对湘缆集团的审计结果，企业实际资产负债比例为 170.59%，已经严重资不抵债。2000 年 8 月湘缆集团申请破产时报告说，目前企业总资产为 19114 万元，总负债为 98700 万元，资产负债率为 516.38%，企业已完全资不抵债。既然企业早已资不抵债，为什么债权人不能及时地要求企业破产来偿还债务呢？为什么非要等到企业自己提出破产申请才予以考虑呢？这种情况表明债权人地位的软弱。我们要建立市场经济，就是要保证债权人的权益，借债还钱天经地义。回想改革开放初期，我们搞了"拨改贷"，让企业负债经营固然有一定的道理，但是，由于没有建立现代企业制度以及资本金制度，结果后来又搞了"债转股"。这样反复的结果，造成对债权人利益的侵害，"三角债"横行，诚信缺失。在这种错误的逻辑下，似乎是借钱不还反而有理。长期积累终究造成无法医治。

第四，破产的博弈。本来，进入破产程序，应该由法院根据债权人意见进行裁决。但是，在本案中，拖拖拉拉搞出三个方案。所谓的"退出分块搞活"有利于电缆厂轻装上阵，而"分立重组破产"是将若干企业"捆绑"在一起分立出来；前者带走的资产与负债少一些，后者带走的多一些。作为主要债权人的银行，基本上否定了退出分块搞活的做法，因为电缆厂与集团已经很难分割。由于是集团破产，所以对下属企业如何处置产生不同想法情有可原，但是，必须明确处置的主体。在这个过程中，政府又参加进来，又是明确优惠政策，又是要求银行支持贷款，解决启动资金，有关部门解决工发金、帮困金，不扣老贷老息、不停发票、不冻账号、不停水、不停电、减免各种收费，等等。这样的"好心"反而把事情弄得更加复杂。不仅如此，2000 年 8 月，湘潭市经济委员会作为公司惟一股东，注册成立了湘潭电缆有限公司，接管了原湘缆集团的保全资本；2004 年 2 月，原湘缆集团及电缆厂厂区土地、房产、设备等通过拍卖，由湖南华菱线缆股份有限公司买走。总之，在这期间，政府费尽心机，但这种做法是否减弱了法院与债权人的作用？

第五，职工的悲哀。在"文化大革命"前，职工被称为"企业的主人"。在本案事例中，职工究竟处于什么地位非常清楚。职工同意分立情愿自救也好，上诉拦门也好，召开职工代表大会也好，实际上没有什么作用，因为企业不是职工所有的。他们所能得到的仅仅是未安置前的每月 100 元基本生活费，最后的结局是各自书写一份自愿接受安置书，在领取 2 万元不等的安置费后走人。在计划经济时代，职工并没有与国家签订什么协议，现在改制了，买断工龄每年应该多少钱，没有这个价格。现在为什么不再说他们是企业的主人了？他们被雇佣的本质暴露无遗。

第六，政府的功能。企业的发展离不开政府，企业走向破产，政府当然有责任。搞集团化、任命经营者不都要政府决定吗？就是到了破产程序，政府的力量也依然太强大了。破产拍卖有私人企业和香港的企业欲参加进来，为什么要拒之门外？市宣传部长甚至于对记者说什么"你到这里来捅娄子，叫你吃不了兜着走"。这是否有一些像"黑道"上的话？我们的企业制度不规范，法律不健全，新闻监督更弱。这些都是教训。当事人认识到了这一点了吗？

这个案例说明，不科学的企业制度是没有前途的制度，走向破产是历史的必然。"亡羊补牢犹为未晚"。如果不能汲取教训，那么更多的流失将是不可避免的。

①

湘缆集团破产全记录

前言：一个行业内曾排名前三强、最高年产值 20 亿元、利税达 3000 多万元、有过 40 多年辉煌历史的电线电缆企业，在经历了组建集团、贪污腐败、决策失误、破产纷争后，轰然倒下了。这种倒下，带着一种英雄迟暮的苍凉。悲剧总让人痛心良久，当人们冷静下来，回首往昔，细细咀嚼的时候，发现这幕悲剧中，最让人瞩目和深思的元素，是集团的组建和破败，腐败的滋生和缺少监督。除此之外，我们还不得不重提这个话题：除了市场之手，政府之手应该如何伸？而这幕悲剧的高潮，是企业在面临危机时，多种不同意见的"交火"：是继续融资救活企业，还是破产拍卖关门走人；是一竿子破到底，还是分立重组破产。而在这种纠缠和纷争中，最让人揪心的是职工们的悲情和无助：除了接受事实，别无他途。记者在采访中，内心时时起伏，情不能遏！为了保护采访对象，文中所有受访者的姓名都被略去……

---

　① 由隆啸、李嘉编写。

一、河东河西

2004 年 9 月 6 日和 7 日，湖南省湘潭市阴暗的天空上不时飘下一些带着初秋凉意的雨丝，300 多名原湖南电线电缆集团公司（以下简称湘缆集团）的职工心情复杂、一些人还痛哭失声，他们在领取了 2 万元不等的安置费后，就永远和集团公司脱离了关系。在 10 月到来之前，还有 3500 多人面临着痛苦抉择：要么接受集团破产后命运的安排，去领取一次性安置费；要么继续等待，盼望奇迹出现。这种盼望的代价，是自 2000 年 8 月以来每月 100 元的基本生活费也将不再被发放。雨丝洒落在工人们的身上，似乎更增添了一丝悲凉的色彩，在领到一次性安置费往家走的时候，看到曾经辉煌现在还很气派的厂区，一些职工依然忍不住低声嘀咕：只要按照上面"破集团不破电缆厂"的思路，在银行核销了 10 多个亿的呆坏账后，凭借品牌和技术优势，以及 50 多年来闯下的名号，电缆厂还是可以救活的。然而这种美好的愿望，自 2000 年企业宣布破产后，就永远不可能实现了。而且就在 2004 年 5 月 27 日，作为湘缆集团核心部分的湘潭电缆厂（围墙内），已经以 1.35 亿元的价格卖给了湖南华菱线缆股份有限公司。

1. 辉煌

"电缆厂以前简直可以用'金山银山花果山'来形容，厂里堆满了铜和铝，制成品堆积如山，火车直接开到了厂里。"一位职工这样神往地向记者介绍。这位职工所说的电缆厂是指湘潭电缆厂（以下简称电缆厂），它始建立于 1951 年，1952 年投产，主要生产铜铝线缆制品。近半个世纪以来，该厂以先进的设备、精良的技术和优质的产品，蜚声海内外，尤其是在国内和东南亚享有盛名，产品销路一直很红火，一度是湘潭乃至湖南的利税大户，明星企业。"以前我们厂里很兴旺，国家、省市的领导经常来视察，兄弟单位也经常来学习交流，我们的福利也很好，水、电费都有补助，生活物资也有发放，子女就业也不成问题。"职工这样介绍电缆厂以前的美好光阴。

厂里的职工告诉记者，"1984 年以前，历届老厂长以身作则，为政清廉，带领全厂职工把厂里搞得红红火火，厂里平均每年上交国家利税 5000 多万元，占全省机械行业和全市企业的 10%，成了国家的纳税大户，跨入了全国机械行业 500 强（排 375 名），工厂规模在全国 1000 多家电线电缆企业中排名第三，能按国际国内标准常年生产 5 大类、41 个系列、108 个品种、15000 多个规格的电线电缆产品。" 8 月 8 日，记者在湘潭市建设南路看到，原电缆厂的厂房依然气势庞大，从东往西沿着厂房的围墙走，要用 20 多分钟才能走到尽头。而四周围绕厂房的，是众多的家属区和原来的一些分厂和附属企业。

2．破败

由于电缆厂效益好，产品需求旺盛，1992 年，在"做大做强"的口号下，电缆厂联合湘潭市等 16 家相关企业，组建了湘缆集团。随后，位于湖南其他市的衡阳电线厂、衡阳电线电缆厂、涟源电线厂、湖南电线厂等多家企业联合湘缆集团组建了湖南电线电缆集团有限公司，它与湘潭市的小集团的差别是多了"有限"两个字。由于这种"做大做强"的行政和人为色彩较浓，集团并没有成为真正意义上的集团，在运作一段时间后，先后有一些企业退出大集团。而历届集团的领导，实际上只管理湘缆集团这个小集团的事务，而对大集团，最多只是例行公事地"检查和巡视"而已，各种生产要素并没有做到最优组合和配置。在做大做强的过程中，一些濒临破产和长年亏损的企业也被"组建"到集团。也许当时的决策人的本意是想通过效益好的企业带活一批绩效差的企业，而结果是这些企业最终担当了拖垮的角色，成为了企业继续发展的累赘和绊脚石。

事实上，上述原因只是湘缆集团在历经 41 年的辉煌后最终倒下的因素之一，一些企业领导人的贪污腐败和决策失误才是湘缆集团的"致命杀手"。"1995 年担任湘缆集团董事长兼总经理的陈海燕，在短短 2 年多时间里，吃里扒外，竟将一个明星企业家底掏空"（地方媒体报道语）。"根据湖南省审计局 1998 年 2 月对湘缆集团的审计结果，企业累计明亏、暗亏高达 6.72 亿元，剔除这一部分亏损后，企业实际有效资产 7.31 亿元（不含 1998 年 3 月至 12 月 10 个月新发生的亏损），实际资产负债比例为 170.59%，严重资不抵债"（据《中国银行武汉分行关于湖南电线电缆集团公司改制情况的调查报告》）。而据职工反映，湘缆集团在陈海燕上台前，已经开始走下坡路。当时集团的领导人，在全国各地开设了 200 多家分公司，由于经营管理不善，这些公司普遍出现了亏损。"陈海燕的前任亏损 2.91 亿元，陈海燕在 2 年零 9 个月的经营中又亏损 3.61 亿元"（据当地媒体）。

3．拯救

如何寻找湘缆集团的出路，使企业走出困境？其时，湘缆集团身上最重的包袱是超重的资产负债。尽管如此，湘缆集团并不是无药可救。从 1998 年上任的董事长兼总经理朱培立在 1999 年 5 月 25 日写的一份材料中可大致领略当时的情况："尽管企业陷入了前所未有的困境，但毕竟还是具有很好的产业优势，很强的技术优势和很响的品牌优势，而且目前国家扩大内需、城乡电网改造和电气化铁路建设需要大量电线电缆。许多工程项目的配套电线电缆，在设计上还注明了要使用湘缆集团等骨干企业的产品，使得湘缆集团的线缆在市场上十分走俏，要货者纷纷上门，询货电话、传真源源不断。"

然而，由于负债严重，几乎没有周转资金，从 1998 年 2 季度起，湘缆集团就变得有单无钱做。1999 年前 5 个月，企业又放弃了 1 亿元的可订合同，并有 3000 多万元的已订合同被废或无法按期交货。当时的企业领导人朱培立在写给有关领导的材料中说："由于资金制约，尽管市场很好，但企业的开工率还不到生产能力的 10%。"

为了拯救湘缆集团，湖南省、市政府和主管部门先后派工作组和服务队支持帮助企业；有关部门和各银行也都围绕湘缆集团解困进行了调查研究，并写出了详细的调查报告和解困方案，湖南省政府还多次召开扶持湘缆集团的专题会议，明确了许多支持、扶助湘缆集团的优惠政策，要求各家银行支持贷款，解决启动资金，有关部门解决工发金、帮困金，不扣老贷老息、不停发票，不冻账号、不停水、不停电，减免各种收费；理顺职工养老保险关系，实行拨付分离；对一些钻法律空子、有可能造成国有资产再度流失的经济案件暂缓受理，已受理的暂缓判决，已判决的暂缓执行；同时要求有关部门帮助企业整治周边环境；并安排省电力局对口帮困。然而，关系到湘缆集团生死存亡的资金问题一直没有得到解决，湘缆集团只有在风雨飘摇中苦苦度日。1999 年，湖南省政府以湘政（1999）2 号文件向国务院请求将湘缆集团列入 1999 年全国破产工作计划，申请核销银行呆坏账 6.8 亿元。

经过多方的共同努力，2000 年 5 月 12 日，"全国企业兼并破产和职工再就业工作领导小组"为湘缆集团下达了 20 号文——《关于下达湖南电线电缆集团公司分立重组破产项目的通知》。这个文件同意湘缆集团实施破产，并在破产项目一栏中规定了企业破产人数为 3885 人，2000 年度拟核销银行呆坏账准备金数额为 7.13 亿元，并在左下角说明：该表各项数据只涉及湘缆劣势部分，不含湘缆分立的优势部分。事实上，国家下达 20 号文的主要目的，是要卸去企业身上包袱，盘活优势资产，使湘缆集团起死回生。而情况的发展，已远不是人们期望的那样。而且，从某种程度上看，正是 20 号文的下达，加速了湘缆集团的"寿终正寝"。而围绕 20号文衍生出来的各种纷争、突变和矛盾，错综复杂，难以详述。也正是有了这些纷争、突变和矛盾的存在，使湘缆集团在宣布破产 4 年之后，甚至集团的核心资产已被拍卖了，也还有一大半的职工没有得到有效安置。

二、破产风云

湘缆集团的破产经历了"退出分块搞活"、"分立重组破产"、"一破到底"三个阶段。而这三个阶段的相互演变，时间是 1999 年 3 月到 2000 年 8 月，时间非常短，其中原因让人难以琢磨透。事实上，从分立重组破产到集团全部破产，只经历了短短三个月。

1. 退出分块搞活

"如果优势资产退出的办法能够得以继续实施，也许今天的湘缆集团会是另一个样。"现在已调任工程学院副院长的原湘缆集团最后一位领导人朱培立在集团破产后，仍然坚持这样的观点。

1998 年，朱培立可谓临危受命。当时所谓的湘缆集团就是一个烂摊子，要钱没有，欠账一大堆，问题一箩筐。在陈海燕出事后，周红旗在担任了湘缆集团半年多的领军人后，匆匆退出了。知情人都知道，湘缆集团到了这一步，问题实在太多，谁来当这里的头，都可能"吃不到羊肉反而惹得一身骚"。朱培立上任后，也意识到了湘缆集团的问题积压太多太深，他在一份材料中表示"企业用常规的办法已经不可能搞活了"。为此，他根据湘府阅（1998）122 号文件中关于"湘缆集团一定要转换机制，增强活力，搞活资产重组，对债权债务要界定清楚，实行分块搞活"的要求，于 1999 年 3 月开始，决定对湘缆集团施以特别手术。

朱培立的具体做法是，理顺湘缆集团与电缆厂的关系，明晰产权，让本来就独立核算、具有独立法人资格、资产清理后仍具有较强优势的电缆厂退出集团公司，使之独立运作，实行分块搞活。通过朱培立的努力，1999 年 4 月 8 日，湘潭市工商行政管理局为电缆厂颁发了企业法人营业执照，从形式上进行了分块，电缆厂脱离了集团。朱培立在一份材料中这样解释分块："分块保证了不让一分钱债务悬空，坚持了债务跟对应的资产走，并且合理承担债务和已有损失。分块既尊重历史，又注重现实，充分考虑了集团公司的潜亏因素。"按他的理解，电缆厂没有带走集团公司的优势资产，也没有留下劣势资产，湘缆集团在电缆厂退出后，也不会停止运作。他认为这中间要解决的问题是，处理好电缆厂对外合资产的问题，理顺相应关系。他这样表达他的观点："这种做法不属不规范的剥离优势资产，更不是逃债，是想最大限度地搞活一块国有资产，是想尽可能保全一块银行资金，是想使湘缆集团尽可能稳定，不把矛盾推向政府，同时为集团破产提供人力和物力的支持。"

应该说，朱培立这样一种尝试承担了一定风险。虽然如此，他还是咬牙带领大家干起来了，据职工反映这种做法效果出奇的好。朱培立这样描述当时的情景："分块中和分块后，企业内外都很平稳，职工观念发生了很大转变，电缆厂退出湘缆集团，涉及的债权单位都能够接受。两块的干部职工积极性都很高，分厂和车间的行政一把手都交了风险抵押金，签订了目标管理责任书，分块后企业的资金需求量由原来的 3 亿元保本（投入和产出抵消），转变为 1 亿元，创利税 2000 万元，资金来源也有银行承诺投入。我们还制定了强硬的措施,防范银行资金风险,保证不仅新息不欠,而且还在付新息的同时偿付与新息等额的老息。干部和职工为盼来了这样一条活路而欢天喜地。许多同志还将自家的积蓄交给厂里启动生产。不到半个月,销售人员接回订单 5000 万元。"

从朱培立上述的描述和记者在采访中职工们的反映看,当时这样一种"以退为进"的方法,确实给企业带来了新的希望和活力。然而,职工们脸上的笑容没有维持多久,电缆厂退出的方案就遭到了猜测和质疑。一些人开始向领导"进言",否定朱培立的做法。同时,银行部门为摸清情况,挽救电缆集团,优化信贷质量,中国银行委派武汉分行对湘缆集团进行了调查。1999 年 4 月,《中国银行武汉分行关于湖南电线电缆集团公司改制情况的调查报告》被送到了湘缆集团,这份调查报告认为退出方案的实质内容是:电缆厂从湘缆集团退出,带走一部分较优势的企业和资产,剩下的劣势企业和不良资产以及非经营性的社会部门留给湘缆集团。电缆厂退出带走优势资产 3.77 亿元,负债 2.47 亿元(其中银行负债 1.68 亿元,仅占银行贷款的 16.4%),资产负债比例为 65.4%。而将剩下的不良资产和非经营性部门留给湘缆集团,其实际资产只有 3.54 亿元,负债 10 亿元,资产负债比例高达282.49%。为此,该调查报告对"退出"方案提出异议,认为:一是湘缆集团是以湘潭电缆厂为核心组建而成的,没有电缆厂也就没有湘缆集团的存在,且在 1995年电缆厂已经停止单独的报表上报工作,因此二者的资产、负债现在是无法分开的,电缆厂无法退出;二是电缆厂"退出"并没有完全带走原来成立集团时带进来的资产和负债;三是湘缆集团(含电缆厂)的所有资产几乎全部被银行贷款所抵押,这部分资产的抵押权人有权处理抵押物,退出后电缆厂的资产也将被处置;四是没有听取债权银行的意见,没有合理分担银行债务,有悬空债务之嫌。

中国银行的四条意见,其实就是说电缆厂已是湘缆集团的重要一部分,或者可以说是湘缆集团的"顶梁柱",当初效益好的时候,其他企业正是依托它而成立集团的,现在日子不好过了,大家更离不开它。湘缆集团的活路,似乎只有在充分分担甚至过分分担集团的债务。事实上,湘缆集团要想全身而退,已经不可能了。由于没有领导愿意为这种尝试负责,作为主要债权人的银行,其调查报告又基本否定了退出分块搞活的做法,退出方案虽然得到了职工的拥护,仍然在朱培立等少数人据理力争后瞬间就走到了山穷水尽。

2. 分立重组破产

事实上,湘缆集团改制的不同意见持有者也有一些相同看法,比如,大家都认为湘缆集团实行整体破产不可取,因为湘缆集团陷入困局并非完全是其产品滞销、无市场的问题，湘缆集团生产的主导产品还是有市场、有优势的，部分设备比较精良；同时整体破产会造成债权金融机构的贷款损失和国有资产的巨额损失；集团有职工 8761 人，整体破产震动太大；同样，面对一个严重资不抵债、资金严重短缺的企业，采取维持现状，整体搞活的办法也不能使企业走出困境。

中国银行武汉分行的调查报告也肯定了上述观点，在这种状况下，中国银行武汉分行的调查报告对湘缆集团改制提出了基本思路：分离经营、资产重组、分块搞活、规范破产。这种思路的主要做法是：首先将优势资产分离出来实行独立法人、自主经营；其次对剩下的部分企业实行分离经营，盘活存量。调查报告还具体提出了四条改制意见，都围绕"分离重组破产"展开。

此后，有关部门根据银行意见，召开了会议，形成了整体方案。从《湘潭市企业兼并破产办公室的文件汇编》来看，2000 年 3 月 7 日，有关部门出台了《湖南电线电缆集团公司分立重组破产方案》，同年 5 月 29 日，省里又召开专题会议，并形成了《关于湖南电线电缆集团公司（湘潭电缆厂）分立重组有关问题的会议纪要》。同年 6 月 29 日，湘潭市企业兼并破产办公室出台了《湖南电线电缆集团公司分立重组破产具体实施方案》，这个方案在基本情况介绍里说，湘缆集团由 5 个分厂、5 个分公司、10 个全资子公司、4 个合资公司和 3 个集体企业组成。截至 1999 年底，资产总额 79383 万元，负债总额 145787 万元，资产负债率 183.7%，职工 8676 人。剔除 4 个合资公司和 3 个集体企业的资产 13430 万元，债务 18067 万元，人员 1045 人后的湘缆集团及其 10 个全资子公司的资产为 65953 万元，负债 127720 万元，资产负债率 193.7%。再剔除非经营性资产 1096.2 万元，以及相应的学校、医院职工 223 人后，资产总额为 64856 万元，债务为 127720 万元（其中，银行贷款本息余额为 93660 万元），资产负债率为 196.9%，职工 7408 人。

应该说，上述两个方案和一个会议纪要的中心内容都暗合了 2000 年 5 月 12 日，"全国企业兼并破产和职工再就业工作领导小组"为湘缆集团下达的 20 号文——《关于下达湖南电线电缆集团公司分立重组破产项目的通知》。如果这种操作能够进行下去，湘缆集团也还有一线生机。特别是《湖南电线电缆集团公司分立重组破产具体实施方案》较详细和客观地分析了现状。在这个具体实施方案中，提出了分立重组破产的总体思路：对湘缆集团的 4 个合资控股企业实行股权拍卖，所得权益纳入破产财产；集体企业实行脱钩，让其自主经营；学校等移交地方政府；将湘缆集团及其 10 个全资子公司（含电缆厂、特缆厂等）等 12 个单位和一条生产线这些可发挥效益的资产重组设立一个新企业，其资产总额为 4.2 亿元，相应带债务 3.14 亿元。对余下部分资产实施破产，破产资产总额为 2.283 亿元，债务为

9.63 亿元，资产负债率 422%，职工为 3855 人。

比较"退出分块搞活"和"分立重组破产"，我们可以看到，这两种方案都是要挽救优势资产，而将劣势资产破产。只不过"退出分块搞活"的做法是电缆厂在承担一定债务后独自退出，本质上更有利于电缆厂轻装上阵，而"分立重组破产"则是将电缆厂和其他 12 个还有一定优势的企业又"捆绑"在一起分立出来，有点"你要活就要带几个人一起活"的味道。同时，这两种方案，除了字面意思不同，其核心意义差别不大。在"退出分块搞活"方案中，电缆厂退出带走优势资产 3.77 亿元，负债 2.47 亿元。在"分立重组破产"方案中，电缆厂等 12 个单位设立一个新企业，其资产总额为 4.2 亿元，相应带债务 3.14 亿元。这两种数据对比，除了量上有一定变化外，实在不能凭此看出第二个方案比第一个方案高明多少。而且，"退出分块搞活"方案在电缆厂退出后，湘缆集团剩余资产 3.54 亿元，负债 10 亿元，资产负债比例为 282.49%，而"分立重组破产"后湘缆集团剩余资产负债率则高达 422%，"分立重组破产"后湘缆集团剩余资产负债率明显高于"退出分块搞活"。这从一定意义上说明，电缆厂独自退出，至少是承担了自己应该承担的责任。然而，仿佛应验了某种定律，"退出分块搞活"夭折后，"分立重组破产"也没有走出多远，甚至压根就没有起步，就戛然而止了。

3. 一破到底

湘缆集团"分立重组破产"的方案于 2000 年 6 月 29 日确立后，这年的 7 月 5 日，湘缆集团召开了第一届六次职工代表大会。到这个时候，湘缆集团已经能够通过核销等办法冲掉 12.8 亿元的债务了，当时的企业领导人朱培立在讲话中鼓励职工说，湘缆集团今天的局面来之不易，是各级政府和湘缆人长期不懈努力的结果，是一个特批的个案，是国家给湘缆集团的一个特殊优惠政策，只要大家齐心协力，一个新湘缆指日可待。职工代表还一致通过了《关于湘缆集团优势资产分立重组，劣势资产破产清算的决议》。

就在职工们又一次鼓足了信心，准备撩起衣袖，用行动来挽救自己奋斗了几十年甚至一辈子的厂子的时候，他们的希望再一次化为了泡影。

从记者所能见到的几份材料看，在 2000 年 8 月 24 日湖南省湘潭市中级人民法院宣布申请人湘缆集团（电缆厂及其子公司）破产还债前后，湘缆集团的破产似乎就变了味道，破产已由分立重组转为一破到底。就是说，以前不管是哪种方案，至少还是抱着"治病救人"的态度，而现在则是要将电缆集团"一刀斩于马下"。据职工们反映，2000 年 8 月 24 日破产清算组进驻后，当时工厂仍然在进行生产，"灯火通明"，随后所有生产线全部被叫停。由于当地政府 020 有关部门态度蛮横地拒绝接受采访，记者无法知道"分立重组破产"被否决和集团资产全破的原因，只能依据已获得的材料将随后发生的事件主要内容零星记录如下：

（1）2000年×月（材料字迹模糊）18日，湘缆集团申请破产，材料称：根据集团公司财务报告显示，目前企业总资产为19114万元，总负债为98700万元，资产负债率为516.38％，企业已完全资不抵债，鉴于集团公司目前现状，无力继续经营，根据《中华人民共和国破产法》，经报全国企业兼并破产和职工再就业领导小组和省经贸委同意，并经集团公司第一届职工代表大会第六次会议决议通过，特向贵院申请还债。记者将申请破产的子公司名单和《湖南电线电缆集团公司分立重组破产具体实施方案》中分立重组破产示意图进行对比，发现此次申请破产的名单基本上是分立重组破产方案中重组盘活的企业。就是说，原来确立的欲建立新企业的优势企业，此次全被列入了破产行列。同时职工反映第一届职工代表大会第六次会议决议通过的是《关于湘缆集团优势资产分立重组，劣势资产破产清算的决议》，这种一破到底的方案至少职工是坚决反对的。

（2）湖南省湘潭市中级人民法院民事裁定书（2000）潭中法破字第2—1号称：……宣告湘缆集团（电缆厂及其子公司）破产还债。

（3）湖南省湘潭市中级人民法院民事裁定书（2000）潭中法破字第2—9号称：本院在审理湘缆集团（电缆厂及其子公司）破产还债一案中，湘缆集团提出的《湘缆集团（电缆厂及其子公司）财产分配方案》于2000年11月28日提交第二次债权人会议讨论，参加债权人会议的债权人96家，代表债权1346811989.78元，表决同意58家，代表的债权额1217760560.51元，该分配方案已予通过，现清算组报请本院认可……裁定如下：对清算组提交债权人会议讨论通过的湘缆集团（电缆厂及其子公司）破产财产分配方案予以确认并准予实施……

（4）湖南省湘潭市中级人民法院民事裁定书（2000）潭中法破字第2—11号称：湘缆集团截至2000年8月24日，资产总额53335万元，其中经营性资产51055万元，非经营性资产2280万元；负债总额145374万元，实际申报债权150388万元，核定债权145374万元，按照分立重组破产规定，破产财产23476万元，债务125691万元……裁定如下：①终结湘缆集团（电缆厂及其子公司）破产还债程序。②由湘缆集团（电缆厂及其子公司）在本裁定生效后30日内，向原登记机关办理湘缆集团（电缆厂及其子公司）注销登记手续。前项工作完结后，撤销清算组。③湘缆集团（电缆厂及其子公司）破产还债程序终结后，未得到清偿的债权不再清偿。

4．"复活"

湘缆集团在破产还债程序终结后，已经不复存在了。但记者在采访中得到的信息是，原湘缆集团却以另一种形式"复活"了。

由于冲掉 12.8 亿元的债务，而核定债权只有 145374 万元，债务只有 125691 万元，而且可以获得破产财产 23476 万元，在破产后，湘缆集团总额 53335 万元资产基本得到了保全。职工反映，2000 年 8 月 24 日，由湘潭市经济委员会作为公司惟一股东，注册成立了湘潭电缆有限公司，接管了原湘缆集团的保全资本。记者无法向有关部门核实事情真相，只是看到了一份 2000 年 8 月 23 日由湘潭市经济委员会签字盖章的湘潭电缆有限公司章程，其第 11 条反映公司注册资本为 7527.9 万元，第 19 条反映股东的出资方式为：实物固定资产折价 3003 万元，土地使用权折价 4524.9 万元。

2004 年 2 月，湘潭市产权交易中心和湘潭拍卖总公司，在《湘潭日报》和《潇湘晨报》上刊登"拍卖公告"，其标的一为：原湘缆集团及电缆厂厂区（围墙内），位于湘潭市友谊广场侧，土地面积约 401702 平方米，房产面积约 96461.42 平方米，现有设备近 2 亿多元。围墙内厂区固定资产（包括土地、房屋、设备等）拍卖参考价 13500 万元。2004 年 5 月 27 日，上述标的被湖南华菱线缆股份有限公司以 1.35 亿元的价格买走。记者获悉，湖南华菱线缆股份有限公司已经准备启动电缆厂的生产线，同时记者在贴满安置文件的墙上，也看到了湖南华菱线缆股份有限公司第三期招工的告示，这或许要算一个好消息。

三、大话职工

"湘缆的职工是最好的职工"，湘缆人这样评价自己。因为湘缆人爱自己的工厂，也非常能理解政府的分立重组破产行为，在这样的集团大变动中，职工们都表示出了必要的冷静和理解。但是在湖南省湘潭市中级人民法院民事裁定书（2000）潭中法破字第 2—1 号下达，决定对集团一破到底后，湘缆人再也无法保持平静了。

1．上诉与自救

2001 年 5 月 20 日，电缆厂 4500 多人联名向湘潭市中级人民法院递交了民事诉讼状，不服"（2000）潭中法破字第 2—1 号"法院判决，要求法院撤销"（2000）潭中法破字第 2—1 号"裁定，严格按照法定程序对破产企业的主体资格重新予以界定。记者手里持有一份"不服湘潭市中级人民法院民事裁定书（2000）潭中法破字第 2—1 号民事裁定签名手印"复印件，记者无法想像红红的手印原件是怎样的一个触目惊心的模样。面对这样的诉讼，法院自然没有受理。在法院未予受理后，一些职工开始了漫长的上访之路，大量的上告材料被寄往北京。

上访和反映情况未果后，职工代表于 2001 年 11 月自发组织召开了"自救会"，并形成了"电缆厂实行职代会民主管理启动生产自救草案提要"，其基本意思是，职工要选举产生职代会，自筹资金，自主管理公司生产经营，并提出了一年内全面恢复生产，彻底解困的初步目标。此提要报政府后自然没有得到批准。

在经历了这样一些过程后，由于职工强烈反对一破到底的做法，对未安置前的每月 100 元基本生活费也十分不满，破产后的职工安置进展缓慢。记者看到一份"原湘缆集团（电缆厂）改制工作方案"和一份"关于原湘缆集团（电缆厂）职工安置的主要政策措施"，两份材料都没有签字、盖章，也没有红头文件头，它们的落款日期分别是 2004 年 3 月 11 日和 2004 年 5 月 15 日，署名是原湘缆集团（电缆厂）职工安置领导小组。由于两份材料都有 8 条职工安置方面的条文，被职工称为"前 8 条"和"后 8 条"。职工反映，这些文件都没有经过职代表大会的审议通过。事实上，到这个时候，湘缆集团既然皮之不存，职工代表大会毛将焉附！有关部门只是在把企业破产后未做完的工作继续做完而已。

由于政府部门没有接受采访，除了上述事迹，记者无法得知 2000 年集团破产后到安置工作还在进行的 2004 年，这段时间还有哪些重要的事件没有被记录。只是到了 2004 年的 7 月 5 日，职工们又上演了一场令政府十分头疼的事。

2. "拦门事件"

由于不满意政府将湘缆集团全部破产，同时大多数职工不情愿领取 2 万元不等的安置费，而在 2004 年 10 月到来之前，如果还没有书写一份自愿接受安置书，4 年来每个月 100 元的基本生活费也将不再被发放，2004 年 7 月 5 日，原电缆厂的职工将废弃的 3 辆货车挡在原电缆厂的大门口，阻止原电缆厂的新主人——湖南华菱线缆股份有限公司的车辆和行人进出。

事件在有职工将 8 分厂的电闸拉下来迫使生产停顿后迅速升级。30 多辆警车、3 辆清道车和 200 多名警察赶到了现场，随后几千名原电缆厂的职工也赶来了，双方形成对峙。当时在现场的职工这样介绍情况。由于原电缆厂的职工有的是四代同堂，当时赶到现场支持拦门的有好多都是老人和小孩，警察在与职工交谈并向有关领导请示以及宣讲了政府的有关政策后，为防止事态恶化，迅速撤离。大门依然被堵。

2004 年 7 月 7 日下午，因听说政府要派消防部队来强行疏通大门，职工像上次一样迅速集中在厂门口，到晚上 8 点多达到近万人。后来职工散而又聚，至凌晨 2 点左右方全部散去。

2004 年 7 月 9 日，在职工中颇有威信的左家初等人在与政府对话后，对群众说，政府答应 1 个月内解决电缆厂的问题，大家先把门疏通，这样当初拦门的职工又迅速将拦在大门口的废弃货车拖开。

2004 年 7 月 28 日，公安部门以谈话为由将左家初、杨震、苏秀云三人拘留。7 月 29 日，《湘潭日报》和《晚报》以"不许扰乱"为标题，报道了三人被拘留的消息。职工告诉记者，后来苏秀云因犯有心脏病被释放，左家初、杨震二人已被刑拘，到 9 月 10 日，已经被关押了 40 多天。

在经历众多的风云变幻后，原来的湘缆集团已不复存在，原来的职工在 10 月到来之前，大都将会书写一份自愿接受安置书，在领取 2 万元不等的安置费后，也会把湘缆集团暂时放在脑后，去寻找新的生活。记者采访结束即将离开，晚上的湘潭依旧灯火迷人，只有湘江河水呜咽的流淌声，让人久久难以入眠……

四、记者手记：对湘缆集团破产冷思考

历时 10 多天的采访结束了，记者由于精神高度集中，几乎大病一场。待到冷静下来从头再看看已经写出的文字，回味采访的经历，似乎还有话要说。

在 10 月到来之前，原湘缆集团的职工将全部得到安置，不管他们是否愿意。而湘缆集团也将会作为一个历史名字，只是偶尔地出现在人们的回忆里。

1. 生死一人

湘缆集团破产的结局，多少让人遗憾。然而事情的发展，仿佛也不得不如此。"不这样破你说怎么办？"这是当地一位政府官员在面对职工的质问时说的一句话。的确，湘缆集团在陈海燕上台后，它的命运似乎就注定了。事实上，综观全局，陈上任后的那几年，成为湘缆集团生死存亡的关键点。正是他的上任，导致了湘缆集团整个局面的不可收拾。"对于陈的上任，我曾经坚决反对。"一位老领导这样告诉记者。然而陈当时"可靠的关系"帮助其轻而易举地登上了集团的"宝座"。陈上任后，为了获得银行贷款，在欢迎银行部门的人时，"红地毯从厂大门一直铺到办公楼，足有 1 里远。"而大家在评价陈时，普遍反映他"是个会花钱的角，对于企业经营几乎一窍不通。"湘缆集团的从有到无，让人再一次重提那句再平常不过的话：一个好的领军人可以带活一个企业，一个差的领军人则会毁了一个企业。只是这句普通的话，对湘缆集团来说，显得那样沉重！有多少国有企业的衰亡，是缘于其领军人的"肆意妄为"？而对这些领军人的监督和考核，有多少仍然失陷在"人治"中？

2. 政府之手

"湘缆集团的破产是政府行为。"虽然没有获得采访政府部门的机会，但记者还是通过曲折的渠道，获得了上述信息。事实上，湘缆集团从"生"到"死"，都"攥"在政府部门手里。当初组建集团，是政府部门的意见，后来破产上演的一幕幕"戏"，还是政府当的导演。甚至最后那"致命的一刀"，也是政府亲手干的。在一连串的事件中，我们随处可见"政府之手"四处飞舞。在这样一种境况中，企业的领军人需要更多的能耐：因为他不仅要有赚钱的本事，还要有处理各种关系的能力。而当企业处于危境之时，一般人都无法力挽狂澜。这或许正是湘缆集团当时几种方案都不能顺利实施的根本原因：大环境决定了小企业的最终命运。

3. 国退国进

湘缆集团的破产风云，到最后以"国退国进"收场。有人说，这是地方政府在摔掉那10几亿元的债务包袱后，匆匆收场的一种最好的策略。事实或许正是这样，因为无论采取哪一种方案，都不如"一破到底"来得痛快。而"一破到底"既保证了债务的冲销，而在企业破产后，原企业的所有"用人问题"、"决策问题"、"资产外流"等问题，也就烟消云散，一笔勾销了。"他们就是要把企业弄死。"有职工这样对记者反映。当前学界"国退民进"以及国有产权的争论正在全国范围内进行，比较"国退国进"与"国退民进"，如果说后者在操作当中造成了一部分国有资产的流失，那么"国退国进"在实施中，缺失更多，因为它从一开始就是一种老思路的重复循环，在改制的大环境中，它也就更显得猥琐和一无是处。

除此之外，"国退国进"也折射出一些决策人的胆怯。知情人反映，在原湘缆集团的资产被拍卖时，有私人企业和一家香港的企业欲以3个多亿元的价格购买电缆厂（围墙内）的资产，也许是觉得国有对国有操作起来轻车熟路，也许是怕私营资本加入惹来更多是非，当时的决策人几乎没给除华菱外其他企业任何机会，拍卖自然也就是一种政府意愿下的形式。

4. 为职工歌

厂若有情厂亦哭。那么好的一个工厂，曾经那样健康地生长，那样地充满活力，那样地受职工爱戴，在经历了一次次"折腾"后，他疲惫了，他几乎没有力气再站在那儿了，就在这个时候，他又被人"捅"了一刀，于是就像座山一样倒下了，带着重重的叹息和迷茫的眼神，像刀锋一样！

其实和工厂一样叹息的，还有那8000多名职工和近3万名的职工家属，他们有的四代同厂，老老少少加起来有几十口人，他们一代又一代把青春和热血洒给了工厂，可是4年来，几十口人的家庭中，只有几个人能够领到每月100元的基本生活费。有人被迫做起了不耻的工作，有 10 多个人由于不堪生活重压，早早地放弃了生的权利。

"你到这里来捅娄子，叫你吃不了兜着走。"这是湘潭市宣传部长廖才定对记者说的话。集团破了，职工意见一大堆，作为宣传部长，不去做工作，关心职工，却要剥夺职工倾诉的权利，剥夺人民知情的权利，人民的部长，不知道现在在为谁做事？

"现在都这样了，不买断又能怎么样！"这是职工和记者说得最勉强、最委屈的一句话，然而令记者高兴的是，他们在说过这句话后，又去忙自己应该忙的事情去了……

第 10 篇　一个不可回避的问题*

　　吴敬琏先生是当今中国著名的资深经济学家，改革开放初期以大胆宣传市场经济而得"吴市场"的美名；后来因对股市的尖锐批评获得了广大股民的支持。最近。吴老师又提出了向职工划转国有资产的问题。由于这个问题过于敏感，以至于一些网站不得不把这条消息撤换下来。实际上，完全不必如此神经过敏，因为这样一来，就会更加引起人们的关注；从另外一个角度看，吴老师又"升值"了。

　　改革开放以来，我们的一个口号或者衡量标准叫做"国有资产保值增值"。这个口号看上去没有什么错误，但是，我们是处在一个经济体制转轨的历史过程之中，不仅要用一只眼睛看着资产，而且还要用另一只眼睛看着人。在计划经济时期，人们普遍实行的是低工资，养老保险部分被国家包起来，变成了国有资产。比如说二汽的建设，说是国家投资，在那之中不也有一汽或其他国有企业职工的养老保险成分吗？因此，仅仅考虑国有资产保值增值还是不够的，还必须解决职工身份的转换，还必须将一部分国有资产转换为职工的养老保险。

　　在实际操作中的相近概念叫做"买断工龄"。这在一些地方和企业早就在进行了，只不过没有全国统一规定和标准，总的来说，态度是比较消极的，比如在出售国有企业或资产时，往往是将职工一起"出售"，有一些像商品"搭售"的意思。造成这种现象的一个重要原因是国有资产管理体制的不完备，既然出售国有资产谁说了算都不清楚，那又如何考虑人的问题呢？北京有个隆福大厦，已经停业快两年了，每年干发工资就 1000 多万元，大厦说是该其上级一商局公司管，一商局公司说要纳入北京市国有资产管理委员会"打包"处理，反正是没有人管，资产没人管，人更没人管。

　　相对于将国有资产变现充当职工养老保险部分，吴老师以及其他一些人提出的

---

　*　参见《一只眼睛看资产另一只眼睛看人》，载《中国经营报》2005 年 2 月 21 日。

给职工股权的办法也是一种解决问题的思路。其特点是没有现金的流出，而是将国有股权转换成职工的股权。这是一种"国有企业部分资产变现——职工得到养老保险金——职工用这部分资金购买国有股权"的"置换性"操作。但是，这种做法必须注意以下三个问题。

第一，从保险金变成股权可能会增加风险。虽然养老保险金与股权共同之处是长期收益，但是二者有着本质的不同：养老保险金的收益是稳定的，而股权收益却存在着极大的风险性，假如没有分红，就将得不到回报，那还如何生活？

第二，实施范围问题。是本企业、本行业还是全国？目前的做法是企业"各自为战"。由于企业之间的差异很大，不同行业、不同企业的操作结果差异很大。比如石化行业 20 万人买断身份花了 200 亿元，平均每人 10 万元，其他行业和企业没有这个条件，有的企业破产了，没有多少国有资产了，可能每人 1 万元就打发走了。

第三，价格问题。如上所述，实施范围的不同，"买断工龄"的价格自然不同。就是在一个行业内，价格差距也很大。如果在全国范围内操作，把所有工龄统计出来，再把应该转换出来的资产合计出来，就可以得到全国平均的年买断工龄价格。或者变成每个人应该得到的股份。但是，究竟应该是把全国所有企业资产分别拿出来一部分卖掉还是将一部分国有企业或资产全部卖掉？操作起来非常困难。

总而言之，吴老师等人提出的"资产换股权"的办法面临着"保险金变股权的风险、实施范围、价格确定"三个基本问题。假如不考虑操作性，就仍然是一个空想。

一个值得探索的出路是透过全国性社会养老保险基金操作，具体来说，就是"设立专项社会保险基金——将一部分国有股权划给保险基金——职工解除与企业的原合同——职工与养老保险基金签订合同"。当然，保险基金入股后上市公司以及其他国有企业得有分红才行，像现在这种"穷的富的都不分"的情况自然无法运转。

在英国、美国等发达国家，职工不仅加入社会养老体系，而且还购买商业保险，在日本，生命保险公司为企业的大股东，这样，个人长期的资金变成了企业长期资金来源，其结构是非常科学合理的。我国也应该完成这种转变。

总之，我们的初步印象是，到目前为止的"重资产轻人"的观念必须改变；将一部分国有资产变成职工的养老保险；养老保险再转换成企业的股权。这些比吴老师单纯的"资产变股权"的提议要复杂得多。

吴敬琏建议向职工划转国有股权

吴敬琏日前在接受媒体采访时提出，向职工划转国有资产以缩小贫富差距，消弭社会矛盾，同时对股市的批评在他过去批评的基础上又升一级。

向职工划转国有资产

收入不平等、贫富差距过大，是目前我国社会面临的一个严重问题。现在的问题是，在新的一年里，怎样使政府缩小贫富差距的努力更富有成效？

吴敬琏认为，一件眼前能够做也完全应该做的事情，是划拨部分国有资产来偿还国家对国有企业职工的社会保障隐性负债。这件事情由于种种原因未能实现。2001年再次提出，但是阴差阳错，"划转"演变成完全不同的另一件事情——"减持"。而"减持"由于违反了程序公正的原则也不可能进行下去，于是偿还政府对职工的隐性负债问题也束之高阁了。

吴敬琏认为，向职工划转国有资产，不仅可以缩小贫富差距，消弭社会矛盾。而且有助于解决国有企业国家股"一股独大"的问题，改善我国大企业的所有制结构。

股市是没规矩的

吴敬琏在接受采访时，对股市当前状况提出了严厉地批评："股市很像一个赌场，而且很不规范。赌场里面也有规矩，比如你不能看别人的牌。而我们的股市里，有些人可以看别人的牌，可以作弊，可以搞诈骗。坐庄、炒作、操纵股价可说是登峰造极。"

吴敬琏说："2001年时还有人说我是'拽着头发却想飞出地球'，很多批评蜂拥而至。现在还有人会说股市没有泡沫吗？我们要作出预测，尤其应尽可能地保护投资者的利益。"

三点建议解决股市危机

解决股市投机性泡沫，吴敬琏提出三点建议：第一用行政的方法限制市场不是解决问题的办法。第二用妥善的方法解决全流通的问题是解决问题的好办法。第三

---

① 摘自白鸽网。

应该设计更完善的社会保险制度和创立更好的金融机构来有效地处理危机，获得好的效果。

问题的关键是股市制度缺陷

对于记者有关"现在股市已低得不能再低了，2005 年是股市关键的一年，真的能带给股民希望吗？"吴敬琏说："高低只是现象，问题的本质还是体制。"

吴敬琏认为，股市的制度安排上存在很大缺陷。所以中央工作会议上说的是对的，需要一个稳定增长的制度保障，这才是最重要的。现在是时候了，应该回过头来看看，再来总结一下十年股市的经验教训，达到一个共同的认识。

来源：《华西都市报》

吴敬琏无疑是一位极具影响力的经济学家。作为经济学界的泰斗，几年前他提出的"赌场论"曾经在股市里掀起过一场大争论。而事实也最终证明，中国股市确实充满了泡沫，是一个比赌场还不如的坑害投资者之场所。再加上吴敬琏的"全国政协委员"以及"国务院发展研究中心研究员"的身份，因此，吴敬琏的言论也就格外引人关注。也正因如此，对于吴敬琏近日提出的"应向职工划转国有资产"的建议也就轻视不得。

记得几年前吴敬琏发表"股市赌场论"的时候，面对许多市场人士及经济学家们对"赌场论"的批评指责，笔者是坚定地站在吴敬琏的这一边的，认为"赌场论"如实地反映了中国股市客观上的问题，认为那些对"赌场论"的指责是在掩耳盗铃。不过，对于日前吴敬琏在接受媒体采访时提出的"向职工划转国有资产以缩小贫富差距，消弭社会矛盾"的建议，笔者却不能完全赞同，以为该建议尚有不妥之处。

不可否认，"向职工划转国有资产"的建议确实有其积极意义一面，是有利于缩小贫富差距，消弭社会矛盾的。当前，我国的贫富差距问题十分突出，即便是在全世界的范围内，我国的贫富差距也是堪称"世界之最"的。虽然这种贫富差距称不上是"朱门酒肉臭，路有冻死骨"，但一方面一些富豪们大把大把地"玩钱"，另一方面一些贫困家庭衣食无着子女无钱上学却也是客观存在的一大事实，以至于"仇富"也成了不少老百姓的共同心理。也正因如此，缩小贫富差距，消弭社会矛盾，也就成了当今社会必须重视，亟待解决的一个问题。因此，从这个角度来看问题，"向职工划转国有资产"的建议是有其积极意义的。

但我们也应该看到，"向职工划转国有资产"的建议也还是有着不妥之处的。"向职工划转国有资产"固然可以在某种程度上给职工带来一定利益，但却不可能从根本上解决贫富差距问题。毕竟我国"人口多、底子薄"，国有资产存量有限，就算是把国有资产都分光了，也不可能让诸多贫困家庭脱贫致富。而且，我国社会的这种贫富差距并不只是存在于城市里，一些地方的农村里，农民的生活更加困难，因此，"向职工划转国有资产"了，广大的农民又怎么办？此举不仅难以缩小那些贫困农民与富人之间的贫富差距，而且还将进一步加大城乡差距。并且，我们还应看到，"向职工划转国有资产"的做法，在某种程度上还有着一种"养懒"的问题，这是不利于引导职工积极奋进的。因此，笔者以为"向职工划转国有资产"固然有其积极的一面，但更重要的还是要给广大的劳动者提供劳动就业的机会，改革职工收入的分配制度，完善社会保障制度，在广大职工中倡导"劳动致富"的观点，给广大职工提供一个"劳动致富"的机会。

而且，我们还需要看到的一个社会现实是，在当今社会里，一大批的国企职工被企业以"买断工龄"或其他方式推向了社会。在这些被推向社会的职工中，虽然不乏有人走向社会后有所作为，但更多的人却是工作、生活都并无保障。这些人曾经为国企发展作出过一定的贡献，他们把自己的青春甚至人生中绝大多数的工作时光奉献给了国企。但如今他们却被推向了社会。他们中的很多人，如今仍过着贫困的日子，可以说，他们就是当今城市里生活最困难的人，最需要得到救济、支援与帮助的人。但很显然，"向职工划转国有资产"的建议却不能使他们从中受益，因为他们现在只是"城市居民"而算不上是"职工"了。因此，笔者以为"向职工划转国有资产"之所以不妥，这部分最需要得到救助的原国企职工难以得到补偿应是一个重要原因。如果这部分原国企职工的困难问题得不到解决，那么，缩小贫富差距、消弭社会矛盾就只能是一句空话。

当然，笔者认为"向职工划转国有资产"的建议不妥，还有一个更加重要的原因在于这一建议在很大程度上损害了股市上的广大流通股股东的利益，容易引起"股民"与"职工"之间的利益冲突。因为，在当前这近 1400 余家上市公司中，有绝大多数的公司都属于国有控股公司，而这些控股股份也是国有资产的重要组成。如果把这些上市公司中作为国有资产重要组成部分的股份也划转给职工的话，那必将极大地激化股市投资者与企业职工之间的矛盾，造成职工与投资者之间的利益冲突。因为由于股权分置的原因，在目前上市公司中的这些国有资产，它们之所以能有今天的增值，其中一个最主要的原因就是流通股股东所做出的利益上的牺牲的结果。因此，在解决非流通股问题时，广大的流通股股东有理由要求包括国有股在内的非流通股股东给予流通股股东以补偿。这是解决非流通股问题的前提条件。而如果在这些企业里，这些国有股如果以国有资产的名义被划转给了企业职工，那么，这对于流通股股东的补偿问题又如何能够得以解决？这流通股股东的补偿愿望岂不是又将要化为泡影了吗？而这显然是不利于股市解决非流通股的问题。因此，"向职工划转国有资产"的建议将会使得股市对非流通股问题的解决变得更加棘手与复杂起来。

第 11 篇　2005 年的开场戏[*]

　　中国银行黑龙江省分行河松街支行 6 亿元资金不知去向案件的主角有三个人，第一位是河松街支行原负责人高山 2005 年 1 月 3 日携款出逃加拿大；第二位是东北高速公路股份公司存在河松街支行 3 亿元巨款神秘蒸发，公司董事长张晓光 1 月 15 日因涉嫌挪用公款被刑事拘留；第三位是黑龙江辰能哈工大高科技风险投资有限公司存在河松街支行的 3 亿余元资金也去向不明，该公司总经理赵庆斌在知道这件事的 1 月 13 日晚，和几个好友吃完晚饭后，回到家里就从楼上跳了下去，当场死亡。

　　中国银行是国务院确定的国有商业银行股份制改革试点，开局阶段出现这等丑闻，实在让人心急。

　　不过，这一事件只是 2005 年 1 月份一系列"高管落马"连续剧中的一幕。据不完全统计，这场"清污风暴"平均两天卷倒一位高管。

　　造成这种现象有许多原因，最重要的有以下几个方面：

　　第一，股东结构畸形。由于一些上市公司都是由原国有企业改制而来，形成了"集团公司—股份公司"的结构，"一股独大"，股份公司实际上是变相的"自己持股"。经营者把钱搞丢了是股东的损失，应该由股东来监督管理。可是，在"一股独大"的结构下，大股东想着从上市公司"圈钱"，因此忽视了对经营管理者的监督。上述"一头封闭＋一头公开"的结构总会在封闭的一端出问题，也难以发觉。与我们这种"正三角"结构不同，国外大公司往往是"倒三角"的结构，即其顶端为一上市公司，公开性就好一些。因此，中国的国有企业要想摆脱丑闻困境，必须首先从改善股东结构入手，通过多元股东制约，端正公司行为。

　　第二，抓住董事会这个层次。在国有企业中，由于只有一个股东，对董事会也非常淡漠，有的企业董事会形同虚设，有的干脆就没有。其典型代表是国有资产管理委员会从世界市场为企业招聘副总裁。那么，董事会干什么去了？总经理的责任又在哪里？中航油的总裁是上级集团的副总经理，提拔的时候，集团领导很多人不同意，但是再上一级的领导同意。现在出了事情，上边领导当然没有责任，集团公司的领导也没有责任，因为人是上边定的！最近国资委领导说要注意董事会建设，说招聘副总裁是过渡性措施。这叫"亡羊补牢，犹为未晚"。新加坡国有控股的淡马锡公司，其董事会由两部分人员构成，一半是有政府背景的人，另一部分为民间企业人士。瑞典国有企业要求董事必须具有两种基本的性质，一是能发表独立意见，二是能与大家协商。那种喜欢凌驾一切人之上的"一把手"人物不适合当董事。

第三，监事会与独立董事的失效。本来，中国公司法是抄日本的，但是日本公司有监事而没有监事会，各个监事独立工作，每个人都有检查权、临时股东大会召集权及代表公司对董事起诉的代表权。中国公司法中的监事没有那么大的权力，监事会是否为议决机构？总之，监事会所起作用不大。独立董事是美国模式，由于在中国是大股东提名，实际作用也很有限。这样，公司内部监督的力量非常薄弱。

第四，经营者约束激励机制不到位。经营者靠觉悟在工作？由于经营者明面上不能拿，就背地里拿。有多少企业家甘愿冒着掉脑袋的危险也要"前赴后继"！这个问题不可能单独解决，上级领导决策，经营者享受好处，垄断利益也由经营者享受，再就是年薪制不科学，中航油总裁把企业搞亏了几十亿元，自己每年还拿几千万的年薪！另外，利润分享制、股票期权等办法也应该探讨。

第五，法律惩罚过于宽松。科大创新的老总把 5000 万元搞丢了，只判刑 1 年。假如经营者通过造假、犯法得到的好处很大，一旦失败了损失很有限的话，那么，他们就会敢于冒险。这个道理与官员腐败一样，假如用重刑严惩，犯罪嫌疑人就会收敛一些。

第六，最重要的是国有资产管理体制的滞后，不是说"国务院统一所有"吗？因为鞭长莫及，"冰棍"化的也化了，MBO 流失也流了。就是因为国有资产管理体制建立得太慢了。包括"一股独大"、"证券丑闻"、"股价下跌"、"MBO 流失"、"高管落马"在内的种种弊端，归根结底都来自于国有资产管理体制的不完备。假如不能汲取教训，今后暴露更多更大的丑闻也是完全不值得大惊小怪的。

"高官落马"备忘录

　　新华网北京 1 月 31 日电　中国银行新闻发言人王兆文 31 日说，据初步判断，今年 1 月上旬发生在中国银行黑龙江省分行河松街支行的案件是一起涉嫌内外勾结的票据诈骗案件，涉及东北高速公路股份有限公司等数家企业的数亿元款项，黑龙江省分行河松街支行原负责人高山涉嫌参与犯罪。目前，公安机关已经立案侦查，此案正在侦查中。

　　今年 1 月上旬，中国银行黑龙江省分行河松街支行原负责人高山等突然失踪，数亿元资金不知去向。

　　王兆文介绍，上述案件发生后，中国银行黑龙江省分行当即向当地公安机关报案。中国银行总行十分重视，迅速向银监会等有关部门报告，并立即派出由业务专家组成的工作小组赶赴黑龙江，督导省分行进行案件调查、账务核对、流程检查等工作。中国银行行长李礼辉专程赴哈尔滨分析案情，研究整改措施。中国银行总行多次召开专题会议分析研究，并与外部审计师磋商，参照国外银行处理欺诈舞弊案件的有关经验，认真制定案件处理和内部控制的具体措施。根据目前调查的情况，尚未发现中国银行其他分支机构涉及此案。

　　中国银行已决定，在协助公安机关侦查的同时，采取以下措施：

　　第一，成立由行内业务专家和外部审计专家组成的内部控制专家小组，在管理层直接领导下，负责案件调查、管理流程改进和制度完善等工作。

　　第二，对上述案件以及过去发生的其他案件进行深入调查，全面分析经营管理和内部控制中的薄弱环节，改进业务流程、管理流程和组织架构，完善内控制度和防范措施，同时改进问责制度，严肃处理有关责任人。

　　第三，对全行经营性分支机构的各个关键岗位、各个重要环节、各项主要业务进行全面检查和稽核。

　　这位发言人表示，中国银行将根据案件的调查进展情况，及时披露有关信息。

---

　　①　由谢登科编写。

　　中国银行黑龙江河松街支行涉嫌诈骗数亿元资金

　　新华网北京 1 月 26 日电　中国银行新闻发言人王兆文 26 日说，2005 年 1 月上旬，中国银行黑龙江省分行发现该行所辖河松街支行的存款业务有异常表现，涉嫌金融诈骗，立即报案。中国银行董事会、监事会对此高度关注，管理层采取了必要措施，案件正在侦查之中。

　　此间有关媒体披露，中国银行黑龙江省分行下辖的河松街支行行长高山等管理人员近日失踪，河松街支行账户上有数亿元左右的巨额资金去向不明。目前，黑龙江省哈尔滨市警方已经成立专案组全力侦破此案，该行各项业务平稳、有序进行。

　　中国银行是国务院确定的国有商业银行股份制改革试点，目前各项改革开局良好。据中国银行初步统计，截至 2004 年底，该行不良贷款比率为 5.12％，不良贷款拨备覆盖率为 71.70％，资本充足率为 8.62％，上述财务指标均已达到或接近国际先进银行的平均水平。

中行 6 亿元存款神秘蒸发　支行行长举家离境外逃

　　本报综合报道　中国银行新闻发言人王兆文 1 月 26 日披露，2005 年 1 月上旬，中国银行黑龙江省分行发现该行所辖河松街支行的存款业务有异常表现，涉嫌金融诈骗，立即报案。中国银行董事会、监事会对此高度关注，管理层已经采取了必要措施。目前，案件正在侦查之中。

　　总行行长率队处理

　　而此前《第一财经日报》和《财经》曾报道，哈尔滨警方及中国银行 24 日证实，中国银行哈尔滨分行河松街支行账户上有 6 亿余元资金去向不明，而该行行长高山也失踪。据中国银行内部人士透露，中行内部对高山案高度重视，总行行长李礼辉亲自率队赶至哈尔滨处理此事。

　　2005 年 1 月 4 日，东北高速公司在河松街支行对账时，河松街支行出具的该公司截至 2004 年 12 月 31 日电脑打印的银行对账单结果显示，公司两个账户应有的存款余额近 3 亿元只剩下 7 万多元，其余存款去向不明。

　　哈市警方成立专案组

　　此外，东北高速子公司——黑龙江东高投资开发有限公司存于该行的 530 万元资金也去向不明。与此同时，河松街支行行长高山也神秘"失踪"。东北高速随即向警方报案。

　　接到报案后，哈尔滨市警方迅速成立"1·06"专案组展开调查。"失踪"的行长高山也被免去职务，暂由上级部门道里支行一副行长主持工作。

据有关人士透露，1月3日，中国银行黑龙江分行哈尔滨河松街支行行长高山全家离境去了加拿大，并且卷走了6亿多元储蓄资金。中行道里支行覃副行长说，"实际上，从去年年底起，我们一直没有见到高山。"

存款被卷老总自杀

据了解，东北高速对账发现问题后，河松街支行即向企业客户发出到银行核账的通知。结果查出，黑龙江辰能哈工大高科技风险投资有限公司所存的3亿余元资金也去向不明。

该公司总经理赵庆斌在知道这件事的当天晚上，即1月13日晚，他和几个好友吃完晚饭后，回到家里就从楼上跳了下去，当场死亡。

辰能公司注册资本6.3亿元人民币，是目前黑龙江省内最大的风险投资机构，隶属黑龙江省电力开发公司，40多岁的赵庆斌同时任黑龙江省电力开发公司副总经理。辰能公司成立后不久，便在河松街中行的前身新兴分理处开立了企业账户。

第12篇　治国先治官[*]

改革开放以来，伴随着经济建设的飞速发展，官员腐败也日益猖獗、愈演愈烈。早年在"秦香莲"的戏中曾说出"官官相护有牵连"，现在人们的感觉也差不多。社会主义市场经济的建设需要与之相适应的国家公务员体系。正所谓上层建筑必须适应经济基础的发展。因此，刚刚提请全国人大常委会会议审议的公务员法草案必将是一个非常重要的、关系到国计民生的根本性制度。在这之中，将引咎辞职制度引入公务员法草案是一个值得关注的问题。对于其中的一些条款以及社会反应，还需要认真探讨。

第一，草案规定，领导成员因工作严重失误、失职造成重大损失或者恶劣社会影响的，或者对重大事故负有领导责任的，应当引咎辞去领导职务。关于领导成员，有国家级、省部级、厅局级、县处级、科级正副职，这与现行系列没有什么区别。对"工作严重失误、失职"、"造成重大损失或者恶劣社会影响"、"对重大事故负有领导责任的"等又如何衡量？恐怕操作性较差。

第二，草案规定，领导成员不包括机关内设机构担任领导职务的人员。那么，对于机关内设机构担任领导职务的人员不就是非常宽松了吗？笔者以为，凡是国家机关体制内的领导，都需要执行一样的规定。

第三，草案规定，领导成员应引咎辞职或者因其他原因不再适合担任现任领导职务，需要由自己"引咎辞去领导职务"，假如本人不提出辞职，应当责令其辞去领导职务。既然造成了重大损失，为什么还那么温情脉脉呢？为什么不加以严处呢？"因其他原因"包括些什么？健康与年龄？为什么把造成重大损失与鸡毛蒜皮的事情放到一起？

第四，草案规定，对公务员的处分分为：警告、记过、记大过、降级、撤职、开除。公务员在受处分期间不得晋升职务和职级，其中受记过、记大过、降级、撤

　＊　参见《不明不白的引咎辞职》，载《英才》2005 年第 2 期。

职处分的，不得晋升工资档次。那么，现在受处分期间有没有晋升职务和职级的？有没有晋升工资档次的？有没有调离他用的？在某个省当官的查不出来，换一个地方才查得出来是怎么回事？

第五，草案规定，公务员辞去公职后，不得到与原工作业务直接相关的企业以及其他营利性组织、社会中介组织任职，不得从事或者代理与原工作业务直接相关的经营性活动。什么叫"直接相关"？中石化的干部到中石油算不算"直接相关"？这一条操作性也比较差。

第六，公务员法草案将聘任制引入公务员管理当中，规定机关根据需要，经批准可以对专业性较强的职位和辅助性职位实行聘任制。对于专业技术职务与行政执法职务还好理解，问题在于非领导职务中还有"正副巡视员"、"正副调研员"等非领导职务，其实质是"正部级巡视员"、"正司级调研员"之类，不过是干部级别的另外称呼而已。人民为什么必须养活那么多的官？没有了这些官天就会塌下来吗？

第七，草案规定，公务员是指按照法律规定管理国家事务和履行社会公共事务管理职能、使用国家行政编制、由国家财政负担工资福利的机关中除工勤人员以外的工作人员。同时，草案将党政机关工作人员全部纳入了公务员范围。现在的问题是，党的机关分多少级别？也是省部、司局、县处、科级？必须加以说明。

第八，据报道，2005 年中央、国家机关公务员招考，超过 54 万人通过网上报名，争夺 103 个相关部门所需的 8400 多个职位。这是公务员公开招考以来，报名人数最多的一次，可以算得上"百里挑一"。从市场经济角度看，属于严重的"供不应求"。人们看好公务员，说明这一行当"回报率"很高。这只能反映出当官的风险与收益高度的不对称。"引咎辞职"对于这些报考者来说还完全没有形成障碍。

总之，尽管有了一个草案是一个进步，但是，目前的草案对公务员规定得太宽松了，"对官松对民严"的态度没有根本性改变。这反映出传统官员是"父母官"的社会定位没有根本性改变；对于贪官污吏的惩罚离人民的期待还相差得太远太远。最重要的是，组织人事部门有什么责任？那么多的贪官污吏究竟是组织部门把坏人选上去了还是后来变坏了？如果不改变现行干部制度，仅仅是"引咎辞职"是不可能解决问题的。

引咎辞职制度引入公务员法草案

新华网北京 12 月 25 日电　"引咎辞职"制度引入刚刚提请全国人大常委会会议审议的公务员法草案。草案规定，领导成员因工作严重失误、失职造成重大损失或者恶劣社会影响的，或者对重大事故负有领导责任的，应当引咎辞去领导职务。

按照草案规定，领导成员是指机关的领导人员，不包括机关内设机构担任领导职务的人员。草案还规定，领导成员应引咎辞职或者因其他原因不再适合担任现任领导职务，本人不提出辞职，应当责令其辞去领导职务。

草案对公务员的处分作了具体规定。公务员的处分分为：警告、记过、记大过、降级、撤职、开除。公务员在受处分期间不得晋升职务和职级，其中受记过、记大过、降级、撤职处分的，不得晋升工资档次。受处分的期间，警告为 6 个月，记过为 12 个月，记大过为 18 个月，降级、撤职为 24 个月。公务员受除开除外的处分，在受处分期间有悔改表现，并且没有再发生违纪行为的，处分期满后，由作出处分决定的机关解除处分并以书面形式通知本人。解除处分后，晋升工资档次、职级和职务不再受原处分的影响，但解除降级、撤职处分的，不视为恢复原职级、原职务。

公务员法草案浮出水面　引入"引咎辞职"制度

公务员职务职级的划分与设置将结合公务员工资制度改革作较大调整。根据首次提请全国人大常委会会议审议的公务员法草案的授权性规定，公务员职级与职务的对应关系，由国务院规定。

13 易其稿 公务员法草案正式浮出水面

在经过 4 年起草砥砺、13 易稿，与近 500 万名公务员息息相关的公务员法草案正式提请 25 日开始举行的全国人大常委会会议审议。这也是我国首次专门就人事管理进行立法。

刚刚提请全国人大常委会会议审议的公务员法草案规定，公务员实行国家统一的职务与职级相结合的工资制度和正常增资机制。

---

①　由张旭东、沈路涛编写。

　　首次提请全国人大常委会会议审议的公务员法草案将聘任制引入公务员管理当中，规定机关根据需要，经批准可以对专业性较强的职位和辅助性职位实行聘任制。

　　首次提请全国人大常委会会议审议的公务员法草案规定，公务员辞去公职后，原系领导成员的 3 年内，其他公务员 2 年内，不得到与原工作业务直接相关的企业以及其他营利性组织、社会中介组织任职，不得从事或者代理与原工作业务直接相关的经营性活动。

　　"引咎辞职"制度引入公务员法草案

　　"引咎辞职"制度引入刚刚提请全国人大常委会会议审议的公务员法草案。草案规定，领导成员因工作严重失误、失职造成重大损失或者恶劣社会影响的，或者对重大事故负有领导责任的，应当引咎辞去领导职务。

　　对抗上级决定和命令，压制批评、打击报复，经商、办企业……公务员如有以上行为将受到处分。正在审议的公务员法草案规定了 15 项公务员必须遵守的纪律，即禁止公务员发生的行为。

　　公开择优竞争效能　公务员制度实施 11 年成效显著

　　2005 年中央、国家机关公务员招考，超过 54 万人通过网上报名，争夺 103 个相关部门所需的 8400 多个职位。这是公务员公开招考以来，报名人数最多的一次。

　　刚刚提请全国人大常委会会议审议的公务员法草案将党政机关工作人员全部纳入了公务员范围。按照草案规定，公务员是指按照法律规定管理国家事务和履行社会公共事务管理职能、使用国家行政编制、由国家财政负担工资福利的机关中除工勤人员以外的工作人员。

第 13 篇　永远的"越俎代庖"*

几个月以来，中央所属大型企业的领导人在进行着果断地更换，在这之中包括四川长虹的倪润峰、上海宝钢的谢企华等顶尖级企业家。最近又是一批，例如中粮集团、五矿集团、武钢集团，等等。如此大规模地"换帅"究竟有什么特点呢？

第一，从"换帅"最表面的原因上看，是年龄问题。倪润峰、谢企华年龄到了，中粮集团的周明臣 63 岁了，五矿集团的苗耕书 64 岁了，武钢集团的刘本仁 62 岁了。据说，中央和国务院的这些决定，是根据国有重要骨干企业领导人员任职年龄的有关规定作出的，根据国资委规定，副部级干部的退休年龄为 60 岁，因此，这些都是正常的新老交替。现在的问题是，决定企业领导人的最重要的指标就是年龄吗？难道没有一些到了年龄但确实是最佳人选的情况吗？或者反过来，难道没有还没有到年龄但并不是最佳人选的情况吗？

第二，在背景方面，目前正是三令五申在大型国有企业不搞 MBO 的时期，这些"老帅"大都在企业"根深蒂固"，如果弄得不好，万一搞出来个 MBO，就很不合适了。所以，及时地把这些人"剥离"出来，也是防止出其他乱子的有效手段。当然，也许仅仅是时间上的巧合。

第三，以内部提升为主。五矿集团、武钢集团都是从内部提升的，只有中粮集团是外来的。宁高宁的能力已经得到证明。至于宁高宁曾经与香港著名学者郎咸平唇枪舌剑、激烈交锋一事，也许不值得宣扬，但也在某种程度上体现了最高主管部门对郎教授"搅局"的态度。

第四，与传统做法的比较。像中粮集团这样，从企业外调来一个"空降兵"的做法人们并不陌生。很多年前，重庆特钢不行了，当时的国家经贸委从邯郸钢铁公司调来两个人，就把企业搞好了。现在的做法与当时有没有改变？基本没有。

---

* 参见《国企老总集体谢幕》，载《英才》2005 年第 2 期。

第五，党企人事一起决定。中粮集团是由中组部和国资委共同宣布的；五矿集团是由中央组织部宣布免去苗耕书五矿集团党组书记和总裁职务的；武钢集团是由中央组织部来人宣布中共中央、国务院的决定，免去刘本仁武钢（集团）公司总经理、党委副书记职务的。这种"党企联动"的模式也是世界上非常少见的。不管如何改革，这种做法没有改变。

第六，董事会的"边缘化"。本来，所谓的现代企业制度是一个分层决策的制度，股东负责选定代理人即董事，董事再聘任高级经理人如总经理或总裁。国家政府部门的性质属于股东。为什么一定要由董事直接任命总裁呢？只能表示董事会的无效。也许这些企业中就完全没有董事会。这种做法与以前国资委在全球范围内直接招聘副总裁的做法一脉相传。那么，这种由股东直接任命高级经理人的模式是否是科学的呢？非常值得怀疑。我们自己的经验或者说更多的是教训证明，这种所谓的"一把手"结构是一种非常危险的结构。

第七，不同组织的年龄规定。本来，党组织是政党组织，政府机关为行政组织，企业为经济组织。就是在企业内部，董事会成员与经理层也有所不同。那么，对其年龄是否都要作出一致的规定？总裁的年龄为多少？董事年龄为多少？董事长的年龄为多少？党委书记的年龄为多少？是否应该完全一样？国有企业到底是党的组织、行政组织还是企业组织？这种三合一的办法有什么科学性？一般来说，党的组织、行政组织的风险比较小，而企业组织的风险性比较大，其人才结构要求自然不同。目前的办法正好说明这些国有企业还不是真正地面向市场经济的企业，它们更像是一个机关。

总之，目前的"换帅"反映了国家与政府意志的坚强有力，至于是否永远会这样，现在还不敢肯定。

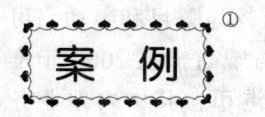

近期国企的人事变动

一、中粮集团：周明臣下宁高宁上

几年来谁来接替 63 岁的周明臣一直悬而不决。2004 年就要走到尽头，12 月 28 日下午当中组部和国资委终于在中粮集团揭开这个谜底时，业界震惊了！

没想到会是宁高宁！

作为华润集团的副董事长，这个华润的"2 号人物"曾经以不可替代的身份成为华润产业整合的灵魂。在整合啤酒、零售产业接近成功的同时，华润集团在纺织、建材、电厂、制药、地产等领域的整合还正在半途中演进。就在此时，作为这场大整合运动的核心掌控者，宁高宁的华润轨迹戛然而止。

然而细细品味国资委选帅的逻辑，不由感到，接替执掌中粮 12 年的周明臣成为中粮董事长，宁高宁实在是国资委旗下最合适不过的人选。业界期待这两个气质相似的企业领袖，会创造中粮的"无缝对接"。

宁高宁：18 年的华润人

2004 年 6 月份在《中国企业家》组织的与 GE 总裁韦尔奇的对话中，46 岁的宁高宁反复向韦尔奇追问如下问题：如果有人想重复你的成功，如何做到？一个多元化公司，分开上市值钱还是整体上市值钱？怎么解决收购后的文化冲突？权力下放的关键在于找到人才？

这也许正是在华润集中于六大产业整合时，宁高宁思索的难题。宁高宁毫不掩饰他希望能从这个将多元化做到最高境界的 CEO 身上找到答案。

当与其同时代的其他整合者比如德隆渐次消逝，尽管华润的"泛整合"模式仍备受争议，但在中国实业界，华润仍顽固且强势地辐射出影响力。在宁高宁任职期间，华润完成了从贸易到实业的转型。这个曾陷入过度多元化的企业，在 2000 年 6 月将业务构架收缩聚焦于分销、地产、科技、策略性投资四大方向，与此同时将业务

_____

①转自《第一财经日报》2005 年 1 月 5 日。

重心由香港向内地转移。当时这一转型调整在香港资本市场上颇为瞩目和轰动。可以说今天华润在六大产业的整合所具备的结构性战绩，无不与宁高宁在 2000 年推动的这两大战略拐点相连。2003 年华润集团营业额达 467 亿港币，其中内地业务达 200 多亿元，第一次超过香港业务，同时华润营业额和利润较前年都各自取得了 24%、37% 的增长。华润的转型可谓取得了初步成功，也难怪国资委对宁高宁青睐有加。

2001 年，《中国企业家》率先将"中国摩根"这顶帽子戴在了宁高宁头上，其时华润虽然已经完成了对万科股份、雪花啤酒、万佳超市等企业的收购，但还没有人试图以"中国摩根"概念来理解这位初露峥嵘的整合者，在几经辗转终于接受《中国企业家》采访时，宁高宁不讳言是"中国摩根"的概念打动了他。试图以类摩根方式来盘整华润版图的宁高宁，因此获得了业界的理解和认同。

宁高宁跨入华润之门已有 18 年之久，但不管是一开始在华润最基层工作，还是后来升至总经理之职，宁高宁总是善于全方位地在密集的商务旅行、读书生活中捕捉大量细节和信息，有的在当时看来似乎和华润做的生意并无直接关系。2003 年初从东莞归来，宁高宁惊呼这个中国制造业成长最快的城市正在迅速的荒漠化，他流露了对"中国拉美化"危机的担忧；由香港楼市的历史，他感慨在漫长的"时间廊"中，只有历史才能真正来评判企业；在土耳其看到"韩剧"的流行，他慨叹文化渗透将重新改写企业国际化路程……而这些感悟，基本上已浓缩到他这两年为《中国企业家》开辟的个人专栏的系列文章中。他那 1000 多字的短文在《中国企业家》读者中引起的反响之热烈、给人印象之深刻往往是出乎编者意料的。他的一篇写华润员工的《付洪炜》，令业内外很多人心中都曾经"灵光一闪"、颇受感动。

是的，宁高宁是一个能视野开阔、举重若轻的战略设计者。拥有一颗敏感、不乏人文气息的心灵是他区别于很多其他商人的地方。

鲜有人知，学财务出身的宁高宁曾经在白洋淀华润管理学院就华润战略与香港著名学者郎咸平唇枪舌战、激烈交锋。此后对华润战略多有批驳的郎咸平，在公开场合再不开口讲华润了。

事实上，宁高宁在进行整合的这几年，也是在不断校正和调整华润打法的偏差，包括对收购企业人事的安排、管理架构的梳理、企业文化的渗透整合、财务手段的搭配运用……华润仍然处在收购整合高难动作的完成过程中，这时宁高宁突然离开，令外界对华润能否结成正果又多了一份担心。倒是宁本人比较洒脱，他在 2001 年即对《中国企业家》杂志说："在华润只是人生的一种经历，能把自己想法完全实践当然好，做不完，去做别的事也不错，我是一个好奇心比较强的人，很愿意看新东西。"

周明臣老而弥坚。2003 年初接受《中国企业家》采访时，周明臣为他的退休生活曾作如下规划：想去看看孔圣人的出生地，想亲历唐朝最兴盛的丝绸之路，想去看看秦始皇留下的兵马俑……这个全球 500 强企业的掌门人流露出一些憧憬说："这些我只是在画报上见过，退休后就有时间安排了。"

这个 63 岁的老人是该享受一下生活的闲暇了，但即使现在在周明臣的内心里，或者退休还是来得太早了些。

2003 年周明臣曾向《中国企业家》展示了他"给我 8 年时间，再造一个新中粮"、"让中粮的发展从'跳高'到'撑杆跳'"的宏愿。在中粮中高层干部工作会议上，时年 62 岁的周明臣刚刚抛出"再造"概念时，一片哗然。在中粮内部很多人不得不承认，他们需要很费力才能跟上周明臣的步伐。周不讳言"我最怕中粮会出现'以不变应万变'的思想"，周本人奉行的原则恰恰是"以变应万变"。

从 1992 年进入中粮，周明臣便不断地打乱着这个时年 40 岁的、庞大的、与恐龙极为相似的国企早已习惯的步伐。他极具预见性地引领中粮由贸易型企业向实业转型，1993 年顶着政策障碍收购将中粮带到香港资本市场，在 20 世纪 90 年代末期将中粮庞大的产业体系收缩于四大主业：房地产与酒店、粮油贸易、食品加工及金融。周不讳言在中粮的 12 年始终处于深重的危机感中，作为对危机感的一种释放方式，他在中粮内部频频发动了各种形式的变革。

在 2004 年，中粮不仅实现了 60% 的利润完全来源于市场化业务，而且在国内创立了包括长城葡萄酒、福临门食用油、金帝巧克力以及凯莱酒店等多个著名品牌。很多中粮人都对业界对周明臣的如是评价"世界的眼光、忧患的意识，独到的改革手法"深感赞同。

这并没有使 63 岁的周明臣获得满足，进入 2004 年老帅愈老弥坚，在中粮四大主业的拓展速度更加迅疾：重组中国土产畜产进出口总公司、收购深宝恒、重组德隆旗下 ST 屯河，包括在 12 月 22 日刚刚完成与美国油商 ADM 公司的合作。

显然这一系列动作的真正目的只有一个，即进一步加强中粮的产业整合速度和深度。或者提前获知退休时间表的周明臣，在感叹时不我待同时，更加渴望为其整合梦想画上一个更完满的句号。

现在国资委将这个交接棒传给了下一位，宁高宁。相同的企业背景、类似的整合模式、两个同样具有国际化视野、对大公司的掌控进退自如的企业家，种种相似使人们对他们的对接充满期待。

宁高宁在华润整合中特色鲜明的"强势收购"手法，未来是否会在行事稳健的中粮身上复制，引人关注。华润模式能否在中粮身上得到进一步深化，或许这正是国资委用意所在。而由此将引发的中粮的机会和风险，在业内亦是仁者见仁，智者见智。

除此之外宁高宁对中粮金融领域将如何盘整亦引人关注。

一度放下产融结合梦想的宁高宁，接手中粮之后，要面对的重头戏之一即对中粮金融领域的有效整合。目前中粮在金融领域从期货、保险到银行等涉及范围极广，63 岁的周明臣多次在公开场合流露了整合金融产业的迫切心情，2003 年初周明臣更是将"到 2010 年再造新中粮"的目标，寄托于金融产业这个跳板。

在华润业务调整早期，宁高宁曾寄望华润能走一条"产融结合"的道路。为此华润在投资金融方面曾多有出击，包括曾经十分渴望与一家外资银行在中国内地成立合资银行。但最终宁高宁理智地放弃了华润金融选择。对此宁高宁很无奈："从资历和熟悉程度来讲，金融确非华润所长。"

二、五矿集团换帅：苗耕书去职周中枢接任

就在中国五矿集团收购加拿大诺兰达公司的谈判悬而未决之时，五矿集团却传来了总裁苗耕书去职的消息。

2004 年 12 月 27 日，位于北京三里河路的五矿集团大楼内，中共中央组织部副部长王东明宣布：免去苗耕书五矿集团党组书记和总裁的职务，由五矿集团原副总裁周中枢担任党组书记、总裁。

苗耕书，河北临漳县人。1966 年毕业于天津贸易学院经济贸易系，此后一直在上海市的五金矿产部门工作。1990 年 5 月起任上海市外经委副主任。1997 年 9 月起任中国五金矿产进出口总公司总裁。就在 12 月 27 日早些时候，苗耕书还以总裁身份，代表五矿集团与国家开发银行（后简称"国开行"）签署了《开放性金融合作协议》。根据协议，国开行将为中国五矿境内外收购项目提供包括短期贷款、直接贷款、联合贷款等多种方式在内的资金支持。

"苗总的这次去职与中粮的周明臣类似，属于正常的新老交替。"五矿集团旗下五矿钢铁公司的一位高层说。他告诉记者，根据国资委规定，副部级干部的退休年龄为 60 岁，而苗耕书已接近 64 岁，此时退休在情理之中。而问及苗耕书去职是否与诺兰达收购谈判有关时，该高层表示不知情。至于此次高层更替对五矿收购诺兰达谈判的影响、对五矿整体战略转变的意义，五矿集团新闻部经理张珍荣以"时机还不算成熟，不适合评价"回应。

　　五矿集团控股的上市公司五矿发展（资讯 行情 论坛）（600058）并没有对此发布相关公告。对此，国泰君安证券研究所有色金属行业分析师周明表示，五矿发展只是五矿集团的子公司，而五矿并没有集团整体上市，因此五矿发展未发布该信息可以理解。五矿的人事变动并不一定与收购有关，而苗耕书的去职也应该不会影响五矿转型的既定方针。"当然，谈判小组的成员应该会调整，这可能会给谈判产生微妙影响。"周明说。

　　根据诺兰达官方网站上提供的电子邮件地址，记者给诺兰达方面发去邮件，询问五矿此次人事变动是否会影响谈判进程；但截至发稿时，记者尚未收到诺兰达方面的回复。

　　五矿集团的新总裁周中枢刚于 2004 年 2 月升任五矿集团党组成员、副总裁，此次是他一年之中的"两级跳"。周中枢毕业于上海外国语学院西班牙语专业，曾担任南美五金矿产有限公司执行副总裁、中国驻西班牙使馆经济商务参赞，在矿业和金属行业有 10 多年的高层管理经验。"周中枢在五矿集团由一家主要从事金属贸易的公司向遍及各国的资源公司的转变进程中一直起重要作用。"五矿集团给本报发来的书面回复中对周中枢作出如此评价。"周中枢的海外工作经验及其对矿业的熟悉有望使五矿集团加速向集贸易与资源于一体的纵向整合公司转型的进程。"中华全国工商业联合会中一位接近五矿集团的理事如是说。

三、武钢集团：刘本仁换邓崎琳

　　2004 年 12 月 30 日下午，中共中央组织部有关负责人在武钢（集团）公司干部大会上宣布了中共中央、国务院的决定：免去 62 岁的刘本仁同志武钢（集团）公司总经理、党委副书记职务，由武钢（集团）公司原副总经理邓崎琳同志接任。

　　中央组织部干部五局局长周新建说，中央和国务院的这一决定，是根据国有重要骨干企业领导人员任职年龄的有关规定作出的，是一次正常的新老交替。

　　邓崎琳，1952 年出生，毕业于武汉钢铁学院冶炼专业。1970 年 7 月加入武钢，曾出任多个职位，包括武钢第二炼钢厂副厂长和厂长、武钢生产部部长、武钢总经理助理。他在钢铁工业生产与管理方面积累了 32 年的经验，曾获湖北省劳动模范称号，享受国务院政府特殊津贴，是武汉钢铁股份有限公司（武钢股份资讯 行情论坛）（600005）第一、二、三届董事会董事。

　　熟悉武钢的人认为，从曾经的总经理助理再到副总，很明显可看出来邓是刘精心培养出来的接班人。这诸多迹象也表明，邓崎琳接班是意料中的事。

据曾与邓崎琳在武钢第二炼钢厂共事过的人士介绍，邓为人较为谦虚随和，和刘本仁的脾气有点相像。12 月 30 日才宣布为老总，31 日晚他就前往炼铁厂慰问在元旦期间仍坚守岗位的工人。

武钢人对换帅表现得很平静。一位在武钢工作了多年的职工说："虽然我对新领导不太了解，但他（指邓崎琳）曾经做过总经理助理，相信他比谁都更了解'质量'和'工人'两个字。"

从 1993 年到 2004 年的 12 年间，刘本仁一手创造了武钢以质取胜的发展道路。新日铁（日本最大的钢铁集团，世界排名第二，年产能超过 3000 万吨）一位人士提供了刘在日本研修期间的信息。他说："和中国上个世纪 80 年代的许多博士一样，刘是个疯狂追求技术的人，他在这边的勤奋给人的感觉就好像偷拳。"

记者从武钢集团新闻处获得该集团 2005 年工作计划，从中可以清楚地看出，刘本仁时代以"质量"和"工人"为标志的"基本路线"，在 2005 年将不会有根本性的变化。

该计划书提到的 2005 年要抓的七项措施中，第二条和第七条分别就是："坚持新产品开发，抓紧技术改造。加大新产品的研究开发力度，大力推进科技攻关，抓紧实施技术改造。""进一步为职工办好事、办实事。"

然而，世事如棋局局新。国资委批准武汉钢铁集团与鄂城钢铁集团联合重组方案之后，邓崎琳面临的形势已经与刘本仁不同。就在他接班的第五天，2005 年 1 月 3 日，武钢集团正式证实，重组鄂钢已经基本准备就绪，只等挂牌。

武钢集团新闻处的数据显示，武钢将在 2007 年达到钢产量 1400 万吨，而目前武钢的产能还没有达到 1000 万吨。鄂钢目前的产能在 300 万吨，主要生产的是普通线材，属于市场供过于求的品种。鄂钢在 2004 年那么好的钢铁市场形势下居然只实现利润 2000 万元，比上年减少利润 4.8 亿元。而武钢 2004 年实现利润 71 亿元，利税 100 亿元。完成联合重组后，鄂城钢铁集团可以共享武汉钢铁集团的资金、技术优势和信息、营销平台，而武汉钢铁集团的综合生产能力也将进一步扩大。

武汉科技大学一位专家分析说，邓崎琳上台后面对的就是重组鄂钢，武钢将改变刘本仁时代以高技术求生存的发展模式，在未来应该会走技术和规模相结合的道路。

另有武钢内部人士透露，武钢在走海外市场的路子，海外上市一直是武钢筹集资金的梦想。2004 年全年海外市场创收 3.28 亿美元，今后海外市场将逐渐成为它的工作重点。

第 14 篇　原则的价值*

改革开放新事多。最近的一件新鲜事是上海的高官"下海"了。看上去这是比"高官枉法"、"高官豪赌"要"好得多"的消息。但是，仔细想想，其中有许多值得回味的东西。大致来说，至少有以下几个方面。

第一，突破的争论。对于上海市虹口区区长程光辞去区长职务，就任三林集团中国区总裁一事，最大的争论在于原来的规定还算不算数？2004 年 9 月，中共中央政治局审议通过的《党政领导干部辞职从事经营活动有关问题的意见》明确重申："党政领导干部辞去公职后三年内，不得到原任职务管辖的地区和业务范围内的企业、经营事业单位和社会中介组织任职，不得从事或者代理与原工作业务直接相关的经商活动。"这就是所谓的官员"下海"的"三年两不准"规定。另外，上海市 1998 年曾出台的《上海市国家公务员辞职辞退实施细则》也有类似的规定，还特别说了不得到外商企业任职。

程光无疑突破了这些规定。对于此举采取怀疑、否定的态度的依据是应该严格遵循原来的规定，不可以随意改动。相反，赞成的意见则认为，过去计划经济时代，干部是组织任命的，温州已经有所突破，上海市也应该采取灵活的机制，实现干部双向选择。

看来，必须由权威机构进行裁决了。

第二，交易的本质。这次的"干部流动"，实现了"三赢"：三林集团在中国投资广泛，得到了程光，更是如虎添翼；程光到了三林，收入肯定比原来得多，其年薪据说超过百万元人民币；上海市政府已批准了程光的辞职申请，正所谓"舍不得孩子套不到狼"，人家要的给了，为的是换回投资？至少是这样的交易吧。

因此，这次交易的本质是政府与官员用人换资金，虽然算不上典型意义上的"卖官"，但本质上就是一个"卖"。

---

* 参见《非典型意义卖官》，载《英才》2005 年 4 月。

第三，"三肯"少"一肯"。在内部告别会上，程光讲自己的离职是"三肯"："企业肯要，组织肯放，自己肯去。"这些正好是我们上面所说的"三赢"。很可惜，在这之中还差了"一肯"，就是"人民肯不肯"。中共中央的规定成了一纸空文，人民有怨气，都无动于衷、无济于事。所以，企业、组织、官员是强者，中央、人民是弱者。

第四，问题的要害。假如这个模式得以成立，一定会带来这样的格局：官员在位时为自己找好"下海"的目标，不断培育，时间一到，摇身一变。那么，人们怎么会相信他们在"立党为公"？企业之间的"公平竞争"又如何得到保证？

产生这种局面的深刻根源在哪里？在这个例子中表现出来的是，房地产企业对政府高级官员的加盟都十分欢迎，在上海，官员下海或退休后出任外资和民营房地产企业要职的不乏其人。从更广泛的意义上讲，是政府的权力太大了，有时甚至于会严重地干预了市场经济的正常运行。外商企业十分了解这一点，纷纷抓住"权力资源"的"制高点"。在"外商得到高官、政府得到资金、官员得到厚禄"的同时，却有可能失去了人民的信任。

此风不可长。禁止"下海"是治标，限制权力是治本。

案　例①

上海一正职区长"下海"

据报道：春节前，一则官员"下海"的消息在上海流传：不满 50 岁的程光其年薪据说超过百万元人民币。这一传言最近终于得到证实，上海市政府目前已批准了程光的辞职申请。

三林集团是印尼乃至东南亚最大的财团之一，公司涉及金融、地产、矿产、汽车制造、电力、交通、种植、木材、航运、建筑、旅游、保险等几十个行业，企业分布在印尼及世界各地。集团董事局主席林绍良，被誉为"亚洲的洛克菲勒"，是印尼首富。

据有关媒体报道，不惑之年的程光有着光明的仕途前景，曾任宝钢集团副总经

① 转自新华网上海频道 2 月 21 日。

理。在宝钢任职期间，就是后备部级干部，后任上海市计委副主任。2002 年程光调任虹口区区长，正常任期应到 2007 年届满。由于程光辞职十分突然，目前，上海市政府已将上海市发展和改革委员会副主任俞北华紧急调任虹口区代区长。知情人士说，即将举行的虹口区人代会的主题就是选举产生新任区长。

　　三林集团在中国投资广泛，在上海的最大一项投资就是参与北外滩开发。北外滩规划占地面积约 3.66 平方公里，位于黄浦江和苏州河交汇处。为获得北外滩的一级土地开发权，三林集团不惜出巨资，购买了中远置业的 56.16％ 股权，控股中远置业，更名为"中远三林置业集团"，戴上"红帽子"。

　　根据有关规定，官员退休后三年之内不能去民营企业任职。2001 年，上海也出台了相关政策，规定政府官员退休后，三年内不能到企业任董事长、总裁之职。对于政府官员是否可以从现职岗位辞职去外资企业就任高管，目前并没有明确说法。

　　眼下，房地产行业与政府关系密切。尤其是在以往协议出让土地时，土地出让的决定权完全在政府。尽管现在土地出让采取了"招标、拍卖、挂牌"的形式，但是，房地产开发还要牵涉到市政、规划等方方面面。因此，房地产企业对政府高级官员的加盟，一般都十分欢迎。据悉，在上海，官员"下海"或退休后出任外资和民营房地产企业要职的不乏其人。比如，主要房地产开发项目在上海长宁区的某集团，就聘用了房地产部门的不少退休领导任要职。

第15篇 产权交易所能否遏制国有资产流失*

最近，新成立的国资委决定，在上海、天津和北京建立产权交易所试点，发布中央企业的国有产权转让信息，并组织相关的产权交易活动。这是国有企业改革非常关键的步骤。消息发出后，引起一番议论，无非是肯定与否定两种极端的意见。肯定的意见认为这样可以有效遏制国有资产流失；而否定的意见则认为不一定能达到理想的效果。此外，对于设立这种机构的方式也存在着较大的争论。对于建立产权交易所能否遏制国有资产流失的问题，简单地回答能或不能都不科学。我们可以就下述一些问题展开讨论。

第一，国资流失的两种形式。在改革开放20多年的历史中，国有企业的改革一直是重中之重。在这个过程中，争论最大的问题之一就是关于国有资产的流失。相当多的意见认为，在现实中，存在着许多国有资产流失的情况，国有资产以明显偏低的价格出售给了经营者或其他主体。我们可以把这种流失称为"转让流失"。另外一种意见认为，必须注意没有交易也存在的流失，比如亏损就是流失，有人形象地把这比喻成"冰棍现象"。我们可以把这种流失称为"非转让流失"。总的来说，大家对转让流失比较重视，而对非转让流失则容易忍受。如此发展所导致的错误倾向是"不转让不流失"的荒谬观念。许多学者指出，"非转让流失"是更危险的事态，转让是终结"非转让流失"的好办法。但是，如何才能防止"转让流失"，大家的意见并不一致。

第二，价格制定的基本误区。按照一般的逻辑思维，防止"转让流失"的主要办法是制定合理的价格。似乎存在着一个科学合理的价格，高于此价格交易为没有流失，低于此价格交易则存在流失。在具体做法上，新成立的国资委还出台了规范性意见，大致上是以净资产为基础。但是，这种处理问题的办法是很不科学的。首

---

* 参见《内部研究报告》2005年3月。

先，计算净资产要求从总资产中减去负债，总资产又有许多不同的办法，如原值、现值、替代估计值，等等，其结果是不同的，假如高估了总资产，净资产也就会较高。其次，如果是卖产权，就不应该以资产为凭据，而应以利润为基础，在股票上市时是以每股盈利乘以一个叫做"市盈率"的倍数，也就是说，产权价格与盈利水平成正比，完全没有必要评估资产。此外，就算是开出了一个价格，最后到市场上也会有所改变，因为人家还要"还价"。

总之，以为存在着客观正确价格的错误在于，你要卖产权，充其量是开个价，还要允许人家讨价还价。设想马路上卖鞋的开价 888 元一双，别人不买你的，又有什么意义呢？我们的结论是，不存在着合理的价格。

第三，"一步登天"的恶果。本来，公司股票上市是企业发展的高级阶段，在国外，一般是公司有了多少年稳定的业绩，通过柜台交易、二板市场再前进到一板或主板市场这样一步一个台阶走上来的。但是，近十几年来，中国的国有企业改造成股票上市的股份公司多数是"放卫星"式的：一个工厂改为总厂，一夜之间构造出一个股份公司，集团公司为其大股东，业绩混合在一起，资金挪来挪去，结果证券丑闻不断，许多股票上市的股份公司仅仅具有现代企业制度的外表形式，实质上几乎没有任何改变。换句话说，中国不先搞地区性的柜台交易，一步跨到全国性的证交所就带来了极大的风险。现在需要的是补上这一课。最近计划设立的产权交易所有些这样的苗头，但又不完全一样。当然，柜台交易不应该仅仅处理中央企业问题，应面向各类企业。

第四，争上交易所的误区。限制在三个地方，其他地方自然会有意见，青岛也要增加进来，西部为什么没有？振兴东北也应该有。交易佣金、进场费用等有诱惑力，但是，问题的关键在于广泛地建立容纳任何类型企业的柜台交易所。各地愿意上，就允许上，交易所也存在着市场与服务的竞争，应该主要由市场决定资源的配置，而不应该主要由政府配置，那仍然是计划经济的思想观念在起作用。因此，正确的做法是广泛设立柜台交易所，国有企业与一般企业都能在那里交易。

第五，当务之急在哪里。公平、公正的交易需要交易所的中介。但是，交易主体更为重要。国有企业最根本的问题在于没有直接的主体，笼统地讲"国务院统一所有"没有任何实际的意义，直到最近才又提出中央与地方分级所有。从市场交易的一般原理看，国有企业的产权交易归根结底要有具体的卖家，谁说了算？不同当家人"拍板"的价格是不同的。这好比家里的旧洗衣机，700 多元钱买来的，还能用，如要卖出去，你开价 100 元，别人不要，你也卖不出去；收废品的还价 20 元，谁决定卖？主妇决定卖就卖了。国有企业的产权交易道理与此基本相同。假如某级政府决定卖了，上级政府说卖低了流失了，那又有谁甘愿冒掉乌纱帽的危险呢？

　　总而言之，明确出资主体比争上交易所更重要，不要再兜圈子了。

国资委在沪津京建立产权交易所试点

一、以诚信守法为尺央企产权交易锁定沪津京产权市场

http：//www.sina.com.cn 2004 年 03 月 20 日 10：12 新浪网

　　新浪网北京 3 月 20 日电　国务院国有资产监督管理委员会近日决定，暂将上海联合产权交易所、天津产权交易中心和北京产权交易所作为试点，发布中央企业的国有产权转让信息，并由其或其所在的区域性产权市场组织相关产权交易活动。

　　国资委产权管理局局长郭建新 20 日接受新华社记者采访时说，选择这三家产权市场主要考虑到它们成立时间较长，有较完善的交易规则，有较健全的监管体系、监管制度和相应的监管措施。

　　他说，选择产权市场是一个"动态的"过程。国资委要建立相应的评审制度，每年对这些市场从事中央企业产权转让的行为进行严格的评审，评审不合格的将清理出去。其他产权市场达到条件后也可以申请从事中央企业产权的转让活动。

　　根据 2 月 1 日生效的《企业国有产权转让管理暂行办法》，国有产权交易杜绝"暗箱操作"，必须"入场交易"。文件规定，负责国有产权交易的产权市场必须符合连续 3 年无违法、违规记录等 5 项要求。国资委主任李荣融日前也表示，"诚信、守法"是选择产权市场的核心标准。

　　郭建新说，申请负责中央企业产权交易的市场首先要符合《办法》规定的 5 个条件，另外应该有健全的监管秩序、监管制度、监管办法，以及比较完善的交易规则。他同时指出，为了便于监管和掌握整体情况，能够从事中央企业产权交易的机构"总体来说不会太多"。

---

　　① 由任芳、周建化编写。

对于今后产权交易市场的布局，郭建新说，构建南北两大交易市场的说法只是"市场上的传说和构想"，但目前确实出现了三大区域性的共同市场，即以上海为中心的长江流域的产权交易市场、以天津和北京为龙头的北京共同市场、以青岛为龙头的黄河流域产权交易市场。

随着调整国有经济布局和加快国有企业股份制改造成为中国国有经济改革的主要任务，国有产权交易成为一块炙手可热的"大蛋糕"。按照一位业内人士的猜测，未来 3~5 年时间，至少有 1/3 的中央直属国有资产需要进行战略性调整。目前中央直属的经营性国有资产有 6.9 万亿元，以 2.3 万亿元国有资产进场交易计算，按照目前通行的 2‰ 的标准计提交易佣金，仅此一项就有 40 多亿元的收入，更不用说相关的进场费用。

不过，对此郭建新表示，"蛋糕"的大小将取决于整个国有企业布局和结构调整、国有资本有进有退的需要，"现在不大可能有准确的数字"。

二、数万亿中央企业国资交易定点于京津沪产交所

http：//finance.sina.com.cn 2004 年 03 月 22 日 08：11 上海证券报网络版

北京消息 国务院国资委日前决定，将上海联合产权交易所、天津产权交易中心和北京产权交易所列为国有产权转让试点机构，负责发布中央企业的国有产权转让信息，并由其或其所在的区域性产权市场组织相关产权交易活动。

这意味着，国资委掌控的数万亿中央企业的国有资产目前只能在京津沪这三家产权交易机构中吞吐流转。

据了解，国资委每年将对产权交易市场从事中央企业产权转让的行为进行严格评审，评审不合格者将出局。其他产权市场达到条件后也可以申请从事中央企业产权的转让活动。

三、谨防国有资产的"二次流失"

新京报　www.thebeijingnews.com　日期：2004 年 3 月 23 日 1：59

日前，国务院国有资产监督管理委员会正式决定，暂将上海联合产权交易所、天津产权交易中心和北京产权交易所作为试点，发布中央企业的国有产权转让信息，并由其或其所在的区域性产权市场组织相关产权交易活动。至此，一直悬而未

决的国资委首批指定产权交易机构试点名单终于尘埃落定,京津沪三地也正式揭开国有资产产权交易的新篇章。在为庞大的有待调整的国有资产找到确定的交易场所欣喜的同时,我们更应该有所准备,谨防国有资产的"二次流失"。

首先是国有资产有"制度性流失"的可能,目前中央直属的经营性国有资产有6.9万亿元,而其中至少有1/3的资产也就是说至少有2.3万亿元的国有资产有交易的潜在需求。因此,哪怕只是一个小小的制度性纰漏,所导致的后果也可能使数以千万计的国有资产流失。例如,企业资产评估的标准、交易过程中资产的封存保护、交易双方资质的鉴定以及第三方的选定,等等,都有可能引起交易的制度性缺失,而这种制度性缺失所导致的直接后果便是有人可能会利用这种制度性缺失,通过系列的运作,把国有资产转移侵吞,造成国有资产的"制度性流失"。

因此,交易制度的设计专业合理相当关键。相信国资委近日完成而即将出台的第195号文件,以及即将出台的一些产权交易场所新的规范制度性文件对这种担心会有个好的解答。

绝对的"阳光"是不可能有的,例如,资产的评估、资金的清算都不可能做到绝对"阳光"的,而且,交易场所内的每一宗交易、每一位职员也不太可能都保持绝对的"阳光",这里面就蕴藏了另一种可能的形式,即产权交易场所也主动或被动参与新的"暗箱操作"也会成为一种可能。这就需要对产权交易场所和交易过程以及交易的经纪人要有良好的监督监管机制,避免"二次流失"。

此外,产权交易所的盈利性原则也让人对指定产权交易所能否有效防止国有资产的"二次流失"不无担心。实际上,这几家产权交易所并不仅仅从事国有资产的转让交易工作,为普通企业的产权交易提供平台也是他们工作的重点,而此过程中一般按照目前通行的2‰的标准计提交易佣金的交易费,以及数额不等的中介会员费用的丰厚利润是他们收入的重要来源,这就必然催生出他们的盈利性需求。

同时,虽然天津产权交易中心与上海联合产权交易所是事业单位的性质,而北京产权交易所则是股份制企业,是公司制的性质,但都有相同的盈利性目的。既要盈利,又要为国企改革、为国有资产的战略性调整提供服务,如何平衡这二者之间的关系就成为这几家产权交易所的重要课题。对困难的改组企业能不能收取交易费用,对国有产权的交易该不该以盈利性为目的,这都是需要深刻讨论以及需要在长期的实践中探索总结的问题。但有一点我们必须明确,我们一定要通过建立比较完善的交易规则、健全的监管体系、监管制度和相应的监管措施来防止国有资产的"二次流失"。

第 16 篇 另外一种政企关系*

法国总统希拉克即将率领一个庞大的工商代表团对中国进行访问，其意义是多方面的：首先是经济意义。这主要表现在一笔对华出口 90 万吨法国小麦的贸易订单，以及签署核能、交通、航空和农业等方面的 20 多项贸易合同或协议。其次是政治意义。中国与法国共同认识到，应该改变目前美国的"一极世界"的结构。至于"中欧轴心"的无形联盟能够起到多大的作用，现在还不能下结论。关于台湾问题，希拉克的态度也是积极的。

我们更加感兴趣的是这次代表团成员包括多名部长级高官和 50 多位商界领袖。虽然我们没有拿到企业家的详细名单，但是至少可以认为其中大多数的企业并不是国有企业。国家元首为什么要带领企业家来中国开拓市场，值得我们认真思考。显然，仅仅重视中国市场还很不完全。

在发展市场经济方面，法国政府与企业有着科学的分工。比如，机场、车站等基础设施领域，其所有权是国家的，但是交给民间商会去经营，效果比政府自己干要好得多。实际上，在其他一些国家，政府与企业也有清晰的职能边界，例如，美国一些港口是国有的，却分别租赁给民间经营；新加坡淡马锡公司是国有控股公司，其董事会成员一半为官员背景者，另一半为民间企业家；德国总理为争取广州地铁项目出了很大的力气，等等。

中国领导对外国企业家是重视的，例如，1999 年美国《财富》论坛在上海召开，中国国家领导人亲自接见并讲话。但是，中国领导人什么时候才能接见本国 500 强企业的企业家呢？

中国国有企业的经营者是被组织部门任命的，是有行政级别的。国有企业是被政府"搞活"的对象。国家领导人能不能带着民营企业家出访？最近已有开端。中国已经"入世"，人家政府与企业联手进来了。如果我们在国内尚且没有很好地联

---

* 参见《怎么联手走出去？》，载《英才》2004 年 11 月。

手，又怎么能联手走出去？

向法国学习改善政企关系，从领导变为服务，也应该是这次观察希拉克访华的着眼点。

希拉克总统即将访华

据《香港商报》报道，法国总统希拉克将在本周六率领一个庞大的工商代表团，对中国进行四天访问，代表团成员包括多名部长级高官和50多位商界领袖。

报道称，访华期间，希拉克将宣布一宗对华出口90万吨法国小麦的贸易订单，以及签署核能、交通、航空和农业等方面的20多项贸易合同或协议。

法国总统希拉克5日开始了他的亚洲之行，首站是新加坡，然后飞往越南出席亚欧峰会。本周末希拉克将前往北京进行为期四天的国事访问。将陪同希拉克访华的法国贸易部长卢斯坦言，他希望下周返回巴黎时，能带回至少20个大的商业和合作协议。

路透社的报道说，法国贸易商表示，希拉克周日会在北京宣布一项大宗小麦出口交易订单，相信两国已就此项交易达成了一致意见。交易订单包括50万吨法国小麦出口中国，以及另外两宗分别为20万吨可选择原产地的协议，贸易总量达90万吨。这将是近十年来法国首次向中国大量出口小麦，以平衡中法之间的贸易差。

对希拉克即将展开的中国之行，报道援引外电的评论指出，法国代表团的目的很明确，就是要同正在和平崛起的中国搞好关系。在法国看来，中国已成为目前仍被美国主导的国际秩序中一个政治和经济方面都必须优先考虑的大国。

即将再次踏上中国国土的希拉克，是已故法国传奇总统戴高乐的"忠实信徒"。在他眼里，这个世界不应由美国一统天下，而应多极化，法国或者至少欧洲应是其中一极。这种观点同中国的看法相似。

在中欧合作中，希拉克扮演了不可替代的角色。1997年，希拉克首次以法

---

① 转自中新网10月6日电。

国总统身份访华，同中国领导人签署了建立全球伙伴关系。希拉克还不顾美国和一些欧洲国家的反对，极力推动欧盟取消 1989 年以来对中国的武器禁运。今年一月，国家主席胡锦涛访问法国时，希拉克更罕见地公开批评台湾的"独立公投"是不负责任的，对所有人来说都是危险的。

希拉克九年前就任法国总统后，敏锐地意识到中国之崛起不可避免。为实现自己的政治抱负，他多次领导欧洲大打中国牌，逐步打造了被一个美国著名中国问题专家沈大伟称为"中欧轴心"的无形联盟。

国际政治学者指出，"中欧轴心"的出现，可能对全球均势产生深远影响，肯定会让美国感到苦恼，因为其中存在战略和经济的竞争。

另外，希拉克访华期间还将为中法文化年开幕活动献上一份法国文化大餐，包括法国印象派画展，以及 7 日将在北京举行的"法兰西巡逻兵"飞行表演队的飞行表演等。

第17篇 告别现代版"皇帝的新衣"*

段永基算是一位民营企业家。他敢于抨击政府职能部门低效、国家资源部门化，其勇气的确可嘉。对于他讲的几个问题，还可以进行如下的讨论。

第一，部门"中梗阻"——段永基认为，我们党和国家最高层的思维和认识总是和基层社会息息相关、紧密相连的，而有些主管部门的人士则缺乏对推进改革、落实决策的积极性、主动性，缺乏真抓实干的热情。那么，这个意思是不是说，高层与中层有着某种态度上的差异甚至于是对立呢？这种情况是否很奇怪呢？众所周知，在企业中存在着所谓的"信息不对称"和"内部人控制"等，实际上，在国家结构中，也存在着类似的情况。下边信息上边不知道，中间干部为实际控制人。在这里，我们可以发现企业与国家的某种"同构性"。总之，出现这种情况是正常的，必须承认和正视这种矛盾，有针对性地加以解决。

第二，政府职能的转变——段永基认为，市场经济与计划经济之间的根本区别在于资源配置起主导作用的是市场还是政府。我们正处于从计划经济向社会主义市场经济的转轨过程之中。政府的职能将发生根本性转变。政府要从资产所有者转为资本所有者，做好一般管理者的工作。用形象的比喻，政府要从"运动员"转为"教练员"，特别要当好"裁判员"。无论是"运动员"还是"教练员"，都会在竞争中争取胜利；而作为"裁判员"则主要保证竞争的公平公正。我们随处可以看到的情况是，政府的人对赚钱的事很感兴趣，而对维护公平公正则比较苍白无力。这就是所谓的"缺位"、"错位"、"越位"等问题。显然，角色的转换是痛苦的，也是矛盾的，因为政府既是改革的主体，又是改革的对象；政府既可能是改革的动力，也可能是改革的阻力。自己给自己"开一刀"岂是易事？

第三，市场经济的好坏——段永基引用了吴敬琏研究员的一个定义，市场经济有好的市场经济，也有坏的市场经济。坏的市场经济可以概括为贪污、腐败、低效

---

* 参见《内部研究报告》2005年2月。

率、低效益。显然，坏的市场经济不是我们所要追求的社会主义市场经济。那么，在现实的经济中，是否存在着贪污、腐败、低效率、低效益呢？这些情况又是怎样引起的呢？实际上，老百姓看得十分清楚，一切罪恶的根源大都来自于"权钱交易"。由于政府资源是惟一的、短缺的，因此，政府官员一"寻租"即将手中的权力"套现"，市场自然会积极响应。形形色色的乱收费、搞工程、价格双轨制、上项目，哪个不是经过审批的？正如段永基所说，坏的市场体制核心问题是资源分配仍然是政府掌控。所以，政府是建立好的市场经济的主要责任者。

第四，公益事业与国有企业——以前，主流意见一直认为，公益事业必须由国家来办，具体的就是由国有企业来办。诸如电信、电力、航空、铁路、公共交通、供水、供气等都应该政府办。改革开放前，一切领域都是国营企业的天下。改革开放后，情况已经发生很大变化。但是，后来提出的"有进有退"也主要是退出竞争性领域。那么，非竞争性领域或者说是基础设施领域就一定要政府单独办吗？答案是否定的。公益事业也没有必要由国家或政府包办，也完全可以由民间来办。只不过，政府对于进入这些领域的企业，要严格限制其业务范围和行为。到目前为止，在这些领域的改革还很滞后，现在，到了改革这些领域的时候了。

第五，"国有资产保值增值"的误区——现在一个习以为常的提法就是"国有资产保值增值"。这里的"国有资产"指的是实物资产或实际的投资。段永基举例说，香港政府通过拍卖来实施对土地、移动通讯经营权、港口经营权、物流金融服务业等行业的特许经营权，获得了巨大的财富。显然，这是对无形资产的运用，是将无形资产变成有形资产。其结果，政府得到了收益，调动了民间资金为政府做事。而中国大陆的情况正好相反，是将无形资产无偿地给了国有企业，再投入资金进行建设。美国国有的港口出租给民间，法国的机场、车站交给民间商会，日本的跑马场、中国澳门的赌场是公有的，但通过招标交给民间经营。就是在中国内地也有很大差别：城市 B 建一条新公交线路，要由政府出钱、出车、出人，而城市 S 则向社会招标，社会投入资金、车辆和人力，政府纯得收入。为什么会有如此对立的不同做法呢？现在流行的"国有资产保值增值"实在是一大荒谬！很像是现代版"皇帝的新衣"！

第六，一次分配的不公——政府要抓二次分配的公正。但是，一次分配的不公的情况更应注意。近年来，中国的价格结构表现出一个非常明显的趋势：凡是竞争充分的领域，价格呈现下降的趋势；凡是垄断的领域，价格就会出现上升的趋势。现在，金融、电信等垄断行业的人士获得了较高的效益，人们深感不公。铁路为什么到节日涨价而不是平时降价？为什么有线电视公司随意提价 50%？为什么中国移动还要收 50 元的月租费？这些部门的超额垄断利益是建立在牺牲、盘剥广大客户利益基础上的。人们"打着手机骂电信"是完全可以理解的。

　　总之，中国改革的核心是改革政府。比如，北京道路的根本改善靠轨道交通的建设，这又超越了一届政府的期限；想要迅速改善也很容易——改革公车体制就会立即见效，政府有这个决心吗？段永基与政府官员不同，相对地敢讲真话。中国几千年文化的沉淀中有一些不好的东西，比如阳奉阴违、欺上瞒下。高速铁路议论了多少年，计划仍然遥遥无期，主要由政府官员与科学家决策高速铁路？不考虑建设费用与将来的价格和运营成本行吗？我们需要优秀的企业家。这样的资源太少了，也许并不少而是没有用到地方吧。

段永基抨击国家资源部门化

　　"我做民营企业工作 20 年了，一个很深刻很真切的感受就是，我们党和国家最高层的思维和认识总是和基层社会每日每时都在发生的热火朝天、生机勃勃的改革浪潮息息相关，与千千万万民营经济从业人士的各种探索、拼搏、牺牲和奋斗紧密相连的。"

　　"但同时我们也感到，有些业务主管部门的部分负责人，对贯彻中央一系列推进改革的决策态度冷、行动慢、效率低、方向偏。缺乏推进改革、落实决策的积极性、主动性，缺乏真抓实干的热情。"

　　全国政协委员、中国民营科技实业家协会理事长段永基 3 月 7 日下午的发言引起委员们的思考。

　　段永基大声说，市场经济与计划经济之间的根本区别：由市场主导资源的分配。从价值创造、财富创造、经济效益的角度来看，由市场主导资源的配置也是非常必要的。

　　比如说，香港面积非常小，它的经济发展为什么会那么快、那么好？它是市场体制，市场手段在生产资源的分配中就产生了巨大的财富效益。香港政府通过拍卖

---

　　① 由徐奎松编写。

来实施对土地、移动通讯经营权、港口经营权、物流金融服务业等行业的特许经营权，获得了巨大的财富，然后再将一次资源分配中获得的巨大财富反馈给社会，推动社会经济协调发展。而我们的土地协议转让价与公开拍卖价之间有着很大的差别，这个差价应由国家得到，却被交易双方分享。

再说英国，其国土面积只相当于我国浙江省面积。英国第三代移动通讯经营权拍卖额就达 720 亿港币。而我们 960 万平方公里土地上空的电信经营权无偿给了中国移动、中国联通。香港社会从资源的市场配置中获得巨额的财富，很重要的一项用途就是分配给了公务员，创造了非常优秀、高效的公务员队伍。

因此段永基建议，从市场经济健康发展和法制建设角度来讲，资源分配制度必须改革。吴敬琏研究员有一个定义，市场经济有好的市场经济，也有坏的市场经济。坏的市场经济可以概括为贪污、腐败、低效率、低效益。

段永基认为，坏的市场体制核心问题是资源分配仍然是由政府掌控。在我们国家里，资源配置谁掌控？政府？其实是政府里的主管部门掌控着。国家资源部门化、部门资源个人化，更为严重的是这种分配过程并没有规范的、公开的、可监督的严格程序，大部分是"暗箱作业"，因人而异。

段永基说，只有改变由政府主持资源配置，而在一次分配中产生财富损失的体制，国家才能集中巨大的财力，才有能力运用二次分配手段调节社会各阶层收入过大的差距，才能为各级政府部门公务员大幅提高工资，充分调动他们的积极性和创造精神，为尽快完善社会主义经济体制，贡献全部聪明才智。

第18篇 走出投资高速增长的怪圈[*]

统计数据表明，当今的中国又开始了新一轮的固定资产投资高潮。在许多领域例如，钢铁、水泥、化工、铝材、汽车等都出现了"暂停"的叫声，房地产投资"泡沫"论的警告更是不绝于耳。本来，投资不足是令人担忧的，现在反过来，投资过多也让人感到充满风险。换句话说，投资高速增长是好事，同时也会孕育着不好的因素，我们必须冷静地加以分析。可以认为，值得讨论的问题至少有以下三个。

第一，投资的高速增长是哪里出了问题？如果说投资是配置资源的形式之一的话，那么，无非是通过市场还是政府（计划）配置资源。市场配置资源价格为主要信号。投资需要回报，利润高的行业必然吸引众多的主体进入。拿汽车来说，既然有 30% 的利润率，为什么不拼命挤进去呢？当然，最后总要有倒霉的。这时用政府来配置？以前的"三大三小三微"哪个不是计划出来的？说是汽车生产厂家过多，哪个不是经过批准的？北京可以上现代汽车，奥克斯为什么就不能上？问题的关键是竞争之后能不能退出来。国有企业的通病是进去容易出来难。国有企业有投资冲动，争投资、争项目并不是今天特有的现象吧。

总之，投资高速增长的原因：一是利益驱动，这里有合理的一面；二是主体行为不正常，没有风险顾忌。后者更加可怕。

第二，我们需要怎样的投资增长？笼统地提出一个速度指标并不科学。目前投资结构的失调或者说畸形已经十分明显。因此，实现良性投资增长的关键在于保持结构的均衡。比如，生产性投资应该与消费性投资相协调，应该从生产信贷转向消费信贷，企业应从以产定销转为以销定产。在生活资料方面，衣食基本解决，要向住行倾斜；住房结构中高档的多、适用型的少；住行相比，行更重要；城市公共交通差，特别是轨道交通最差；城间交通高速铁路建设遥遥无期。日本 1964 年就建成了从东京到大阪的高速铁路，每天单向发车 132 次，提前两个月买票，7920 次

---

* 参见《内部研究报告》2005 年 2 月。

车任意乘坐。我们高速铁路为什么长期的议而不决？为什么计划不起作用，市场也不起作用？

第三，如何才能使过高的投资增长速度降下来？投资速度过高好比一个人发烧，解决的办法无非两条：一是治标，二是治本。所谓治标就是吃一片阿司匹林，打一针退烧针，虽然可能"立竿见影"，但热度很快又会卷土重来。同样，医治投资过热最直接的办法就是动用行政手段"叫停"，但最终不可能解决问题。市场手段方面，可以让价格的作用更加灵敏，政府尽量减少对价格的干预，比如，搞经济适用房，就一定会引导人们获得价格双轨制的好处。想迅速解决公共交通问题也很好办，把公车取消就好了，造车的也会清醒一些。所谓治本就是坚决地调整结构，比如，公共交通大幅度地向轨道交通倾斜，引导各类资金投向这里。更重要的是塑造理性的投资主体。如果是花别人的钱，自己不承担任何风险，谁也会大把地花，在中国，"败家子"最不短缺。假如通过政策拿到土地，从银行借来钱，不管最后房子卖给谁，自己先捞到好处再说，谁也愿意这么干。

总之，当前的投资热似乎是表现出一些人的盲目冲动，但是，归根结底是"时势造英雄"而不是"英雄造时势"。我们必须检讨造就这些"投资英雄"的机制。本来，在市场经济中，政府的职责主要是维护市场的公平与公正，即当好"裁判员"，如果政府总想干企业的事，总想当"运动员"，这个比赛的秩序就很可能会大乱。政府不要搞乱了市场，"投资腐败"最终将会搞乱了自己。一个社会仅仅是"市场失灵"或"政府失灵"并不可怕，可怕的是"市场失灵"与"政府失灵"同时出现。在医治投资热的过程中，调整政府的行为是至关重要的。

案　例[①]

我国固定资产投资高速增长

1～2 月城镇固定资产投资实现 3287 亿元　增长 53%

1～2 月，城镇 50 万元以上项目完成固定资产投资 3287 亿元，比上年同期增长 53%。其中，国有及国有控股投资 1999 亿元，增长 55.2%，住宅投资 721 亿

---

①　根据国家统计局 2004 - 03 - 17 09：40：02。

元，增长 48.7%，按三次产业分，第二产业投资增长最快。第一产业投资 10 亿元，下降 25.1%。第二产业投资 1269 亿元，增长 78.6%，其中，工业投资 1226 亿元，增长 78.1%。在工业投资中，黑色金属开采和冶炼及压延加工业投资 167 亿元，增长了 176.2%；化学原料及化学制品业投资 97 亿元，增长 152.7%；非金属矿采选和矿物制品业投资 61 亿元，增长 137.4%；纺织及纺织服装业投资 62 亿元，增长 144.3%；电气机械及器材制造业投资 27 亿元，增长 170.3%；电力、燃气及水的生产和供应业投资 292 亿元，增长 60.7%；建筑业投资 43 亿元，增长 93.4%。第三产业投资 2008 亿元，增长 41%，其中，批发和零售业投资 38 亿元，增长 92.3%；房地产业投资（包括房地产开发、物业管理、房地产中介服务和其他房地产活动）1005 亿元，增长 43.6%；水利、公共设施管理业投资 219 亿元，增长 85.6%；教育投资 113 亿元，增长 105%。

分地区看，东部地区增长最快。1～2 月，东部地区完成投资 2213 亿元，增长 58.6%；中部地区投资 519 亿元，增长 47.3%；西部地区投资 555 亿元，增长 44.3%。东、中、西部的比重由上年同期的 65.4%、16.5% 和 18.0% 改变为 67.3%、15.8% 和 16.9%，东部上升了 1.9 个百分点。

前两个月投资高速增长的原因是：

1. 2003 年投资快速增长的惯性作用。2003 年我国固定资产投资快速增长，大量在建项目延续到今年继续施工，使今年施工项目个数增多。今年 1～2 月，施工项目达到 39968 个，比上年同期增加了 11005 个，增加项目之多，为近年少见。

2. 新开工项目继续增加。1～2 月新开工项目 7816 个，比上年增加 3002 个，比去年同期多增 1726 个。今年 1～2 月，新开工项目占施工项目的比重为 19.6%，比上年同期提高了 3 个百分点。

3. 项目施工速度加快。由于存在着对投资品价格上涨的预期，一些投资者为了减少风险，加快了工程建设的进度。有些房地产企业土地储备较多，为防止政策发生变化，也加快了开发的力度。

4. 建筑材料价格上涨。2 月份，钢材出厂价格比去年同期上涨了 22%，水泥上涨了 1.5%，有色金属上涨了 13.7%，重大设备价格上涨幅度也比较大，导致 1～2 月现价投资额增长加快。如扣除价格因素，实际投资增长会低一些。

5. 气候与节日因素使投资工作量增加。首先，2003 年冬天是一个暖冬，一些大的工程基本都没有停工；其次，今年春节时间提前，民工返城较早，有利于安排施工；第三，今年是闰年，2 月份天数比上年多一天，影响投资多增长 2.6 个百分点。

　　由于 1~2 月份投资数据占全年比重较小，因此，上述趋势尚不能说明全年走势，对今后投资的发展趋势尚需进一步观察。

　　指标说明：自 2004 年起，固定资产投资口径有所调整，城镇固定资产投资与原国有及其他经济类型固定资产投资相比，增加了城镇集体、私营个体投资以及城镇工矿区私人建房的投资，但去年的基数也按同口径作了调整，因此是可比的。

第 19 篇 挤出多余的泡沫*

这次宏观调控，钢铁是重要对象。许多钢铁企业感到调控力度大，这是完全正常的。钢铁行业反映能源原材料涨价、流动资金紧张、电力供应不足、钢铁价格回落、库存积压比较严重、预计生产效益有所下滑，等等，但是，我们应该辩证地加以认识。

钢铁行业上半年实现利润 472 亿元，增幅确实比 1～5 月份回落 22.1 个百分点；6 月当月利润比 5 月份下降 27%，比 4 月份下降 54%。不过，如果要与上年同期比，则是增长了 80.4%。因此，不能认为形势大乱了，这仅仅是过去一年多效益虚增的回归而已。

肥胖儿需要瘦身，正常的女人也可能要求减肥。中国钢铁业确实出现了过热，就必须挤出泡沫。例如，仅有 100 万人口的唐山市，除了国有的唐山钢铁集团外，正式批准注册的钢铁企业就有 56 家，没有登记的小钢铁更是多达 200 多家。难道这是正常的现象吗？

现在就对于这次宏观调控进行历史评价也许还太仓促。但是，过热之后值得进行冷静地思考。从某种意义上讲，钢铁热并不是坏事，因为我们需要加快建设，而钢铁太冷了不是好事，当然，钢铁过热也不是好事。钢铁是生产资料，那么，它都用来干什么？换句话说，它的最终产品、它的下游用户在哪里？显然，房地产热、开发区建设热、汽车热等都需要钢铁的支持。假如这些领域出现了过热的话，那么，钢铁的市场信息就会出现扭曲，钢铁过热也就是必然的了。

如果当初大上钢铁仅仅是下游产品的需要倒还有情可原，实际上，钢铁作为中间产品，自己把自己炒起来了。比如，唐山钢铁企业的产品相当一部分是用来建设钢铁厂，这样的"自我消化"不就是在搅起"泡沫"吗？情况还不止如此，建钢厂需要占地，如同房地产一样，批了地就会有人得到了中间利益，至于最后谁承担风

---

* 参见方烨：《钢铁企业笑不起来》，载《经济参考报》2004 年 7 月 31 日。

险就不得而知了。这是一种类似于"丢手绢"或"击鼓传花"的游戏。不能让这种游戏再玩下去了。

所谓泡沫的另外一个标志是：大干快上的产品都是些大路货，企业规模小，效益性差，一旦产品价格下降、原材料、电力价格上升，便顶不住了，这好比大浪淘沙，只有真金才不怕火炼。

对于宏观调控的历史作用可能有着不同的评价。比如，有人认为，这次小企业的冒出就是上次宏观调控的结果：上次为了提高价格，人为地限制和减少了产量，结果反而促使了小钢铁的出生。所以，对任何事情都需要一分为二。那些小钢铁不都是地方政府批的吗？市场失灵靠政府，政府失灵靠市场？中央政府调控地方政府？所以，我们在进行一番调控后，需要认真地总结经验教训，这样才能达到吃一堑长一智的效果。否则，"熊瞎子掰苞米"，无休止地浪费学费，是根本不值得同情的。

案　例 ①

钢铁价格近期回落

材料一：

宏观调控开始后，国家统计局利用 5000 家工业联网直报系统，对 3911 家重点企业进行了一次专项调查。从行业看，对"措施力度过大"反映最突出的是钢铁、建材和有色金属冶炼三个行业。在 107 家钢铁企业中，有 43 家企业感到措施力度过大，占 40.2%。

钢铁行业对当前三个问题反映比较突出，即"能源原材料涨价"、"流动资金紧张"和"电力供应不足"，选择这三项的企业比例分别为 38.3%、18.7% 和 16.8%。

被列为此次调控重点的钢铁行业，贷款困难明显增加。107 家被调查的钢铁企业中，有37.4%的企业感到贷款比前一时期有所困难；有26.2%的企业贷款明显

---

① 根据国家统计局工业联网直报系统。

困难；10.3%的企业银行停止了贷款；只有26.2%的企业感到与前一时期相比贷款基本正常。感到资金紧张的企业比例超过了70%。

　　钢铁企业反映产品库存增加较为明显，有36.4%企业库存增加10%以内；有18.7%的企业库存增加10%～20%；有7.5%的企业库存积压比较严重；只有37.4%的企业认为当前库存基本正常。

　　钢铁企业中有35.5%的企业预计生产效益有所下滑；13.1%的企业预计生产效益明显下滑，是各行业比例最高的。

　　（注：本次专项调查范围为全国工业联网直报企业，是各行业的主要骨干企业，绝大多数为大中型企业。因此调查反映的结论与小企业可能不尽相同）

　　材料二：

　　根据国家统计局数据统计，上半年，在39个工业大类行业中，有27个行业利润增幅比1～5月份有所回落。其中，钢铁行业上半年实现利润472亿元，比上年同期增长80.4%，增幅比1～5月份回落22.1个百分点；6月当月利润比5月份下降27%，比4月份下降54%。

　　材料三：

　　受宏观调控影响，5月份湖北全省钢铁价格普遍回落，其中影响最大的是建筑行业，价格下滑幅度最大的也是以螺纹钢为代表的建筑用钢材。从湖北省建筑用钢材主产企业鄂城钢铁集团5月份价格调查情况看，螺纹钢从上月的3270元/吨下降到本月中旬的2850元/吨；线材价格从上月的3026元/吨下降到本月的2900元/吨；小型材从上月的3600元/吨下降到本月中旬的2950元/吨。

　　由于原料价格的下降无法抵消钢材价格的下降，鄂钢集团已停止螺纹钢、热轧带钢的生产，但仍然无法改变企业亏损的现状，5月份，鄂城钢铁集团有限公司在部分停产和降低职工工资、奖金的情况下，仍然亏损几千万元。

第 20 篇　"狼"真的来了！*

这次宝洁夺得中央电视台新标王带给我们许多思考，大致可以想到以下几个方面。

第一，国有企业的参与。与往届相比，这次比较醒目的是有不少的国有企业参加。从本质上讲，企业花钱做广告，一方面是减少了当期利润；另一方面，广告可能带来收入的增加。二者综合作用的结果，利润可能会增加，也可能会减少。总之，打广告是企业的销售活动的一部分，当然具有一定的风险性。本来，企业花多少钱做广告是企业自己的事情，政府不应该干预。但是，作为国有企业情况就不一样了。因为这是在拿利润去"赌一把"。在以前一个阶段，国家甚至于作出规定，限制企业的广告费不得超过销售收入的某个比例，比如说控制在 8% 以下，等等。不过，这样做的结果又是将企业行为与政府行为不适当地搅和在了一起。企业经营者完全可以说，都是因为不让打广告，利润才这么少。所以，这次是一个进步。

第二，垄断行业的质疑。为什么有的产品需要打广告，有的就不需要？一般来说，生产资料产品不需要打广告，因为那是企业或单位购买；生活资料产品需要打广告，因为那是广大消费者购买。前者是专家购买，后者是非专家购买。特别是具有多种选择的消费品，普通消费者无法了解其质量，品牌起到相当大的作用。这时，广告是重要的促销手段。现在的问题是，在这次中标的品牌中，有许多是国有的、垄断性行业的产品，就算是通讯业有几个网在竞争，但是，那还远不是充分的竞争。老百姓并不需要看广告增加对它们的了解。比如，中国移动和中国电信，你花那么多钱打广告有什么意义？关键是把价格降下来，把双向收费取消掉！

第三，外资品牌的进入。上述两个方面有着内在的联系，随着国有经济"有进有退"的调整，国有企业更加集中在基础设施领域。这些领域的企业打广告并不那么科学合理。而这次最重要的特征莫过于外资品牌的大举进入。宝洁不是新手，这次一

---

*　参见《内部研究报告》2005 年 2 月。

举夺魁让人震惊。我国改革开放的历史进程中，"入世"是一个非常重要的里程碑，它标志着市场经济的发展大踏步地走向世界，我国最初的"两头在外"保护本国市场的政策发生了根本性变化。几年之后，外资品牌成为中央电视台新标王，而且有联合利华、高露洁、肯德基、NEC、佳能、丰田等的加盟更是标志着中外品牌本土化正进入了白热化阶段。实际上，日本丰田汽车当年登陆美国时也是用过重量级广告的"炸弹"。麦当劳进军中国市场也有广告的功劳。因此，这次的结果值得中国民族品牌百倍觉醒。

在此还想说明两点，首先，所谓的"民族品牌"也与过去的概念很不相同了，比如说汽车，东风公司与外资都是各自50%，这里还有纯粹的民族品牌吗？其次，外资之间的竞争也已经白热化了。比如，北京白石桥附近的家乐福有上百个车位，在其附近同是法国的欧尚超市将广告打到家乐福："1500个免费车位。"最近，在其不远的地方金源新燕莎 Shopping Mall 更是以60万平方米、1万多个车位独占鳌头。现在我们看到的早已不是什么民族品牌之间的竞争了，而是外国大亨之间的竞争了。

"狼"真的来了。但这也没有什么值得可怕的。君不见，北京石景山区的美国普里斯马特会员店刚刚"投降"，附近又有世界顶尖高手沃尔玛的山姆会员店开张。不管有多大名气的超市，也要面临中国老百姓"改造成小卖部"考验。在高水平的竞争中，老百姓将得到更大的实惠。

案　例①

中央电视台诞生新标王

2004年11月18日上午，中央电视台广告招标再次拉开帷幕，随着拍卖槌的声声落地，300多个价值不菲的标的物落入各个企业囊中。由于最小的加价幅度为20万元，因此每一个举牌的动作都使现场显得惊心动魄。宝洁成为央视招标的新标王，中标额度是38515万元，是央视招标历史上第一次外资企业成为标王。

到昨天晚上9点左右，这次招标总额终于水落石出，本次招标一共拍出52.48亿元，去年的招标额是44.1157亿元，今年比去年增长18.9%。

---

①　根据主要网络媒体资料编写。

统一润滑油暗争新标王

整整一上午，A 特段的竞标不间断地激烈进行。所谓的 A 特段，是指《焦点访谈》前 A 特段的 14 条 15 秒的广告。

由于 A 特段采取一次性暗标入围，每个时间单元入围投标单位为 17 家。暗标入围之后，将按时间单元顺序，从每个时间单元获得入围资格的 17 家投标单位中，按投标价由高到低依次排序，公布投标单位入围名单。之后将进行明标竞买，即由台下的企业举牌进行加价，谁的价格最高，将依次获得有利的播出位置，但最终将有三家入围的企业被淘汰出局。因此现场竞争比较激烈，基本上每单元中标企业金额都在 2000 万元以上。

而竞标牌为 111 号的统一润滑油，以 3600 万元的高位夺得了明年第一条 15 秒广告的播出权，成为了今年润滑油企业的焦点。

据悉，乳业也是热门的投放企业，上届标王蒙牛所持 60 号牌在 A 特段的 6 个时间单元中都有中标，累计标额是 14438 万元，平均每个时段投放 2400 万元。

上海家化十年后重回央视

上海家化集团 10 年没有在央视黄金段位投放过广告，但是今年一投放，在 A 特段就中标 5000 万元，显示了其在营销上的决心。上海家化联合股份有限公司副总经理王茁表示，他们将在黄金段位力推美加净和六神两个品牌。

民族品牌的崛起，使外资品牌和本土品牌展开了针锋相对的竞争。宝洁公司在招标前的呼声就很高，据悉，宝洁 2005 年将投放央视将近 4 亿元。昨天晚上 9 点，宝洁终于如愿以偿，成为历年来第一个"洋标王"。

大型国企也成了广告"玩家"

从去年开始，国有企业开始越来越多地登陆央视招标，显示了国有企业融入市场的观念在逐渐加强。央视广告部主任郭振玺向记者表示，以前参与竞标的企业几乎是清一色的民营企业，从去年开始，中国人寿保险、中国石油昆仑润滑油、中国石化长城润滑油三家国字头企业参与竞标。而今年至少有 4 个门类的企业参与了央视竞标。第一类是石化类企业，还是两个石化企业的润滑油公司。他们的广告投放预算是去年的 2 倍。第二类是通讯类企业，在 A 特段中标企业中，中国移动和中国电信分别中标。第三类是保险行业，中国人寿再次参与竞标。第四类是银行类的企业。

央视招标噱头多

与往年不同，招标现场一概充满战争的硝烟味道，许多同行业的企业相隔几米进行加价竞争，血拼的味道足以让人心脏跳动剧烈。这种气氛一直持续 10 个小时。

而今年，招标现场的噱头明显增多了，据说，为了增加现场的轻松气氛，这场招标会还有专门的导演安排了活跃现场的节目。如 A 特段第一单元招标结束后，奥运冠军田亮和罗雪娟来到现场，为 2005 年第一条广告的中标企业统一润滑油总裁李嘉颁奖，其情景模仿雅典奥运会的颁奖典礼，引起台下一片笑声。而 A 特段招标结束后，电视剧特约播映招标即将开始时，明年的黄金时间第一部电视剧《汉武大帝》的主角陈宝国来到现场，轻松的氛围充满了现场。而在中场休息时，为了让现场的企业家在激烈的角逐中有所放松，一曲活泼的《健康歌》甚至在现场响起。据透露，每个看似无心的小节目，都是经过精心安排，其目的还是让企业能够受到感染，更充分地投标。

附录：近年中央电视台"标王"简介

年 代/金 额/品 牌	夺标时	现在
1999 年 1.5 亿元步步高 2000 年 1.2 亿元同上	1998 年后，央视开始淡化标王概念，黄金时段广告由整年拍卖改为分月拍卖。当年事实上标王为步步高，它在央视投下的广告总额为 1.59 亿元，并在 2000 年以 1.26 亿元蝉联冠军	2001 年 12 月，获"2001 年家电售后服务消费者满意十佳品牌"。2002 年 2 月获国家工商行政管理总局"驰名商标"称号
2001 年 2217 万元娃哈哈 2002 年 2015 万元同上	1987 年，宗庆后借款 14 万创办杭州娃哈哈营养食品厂。到 2000 年，娃哈哈的饮料总产量已达 224 万吨，是排在它后面的中国饮料业十强第二至第五大企业之和。夺标时：以 2015 万元的价格获得 2002 年一二月份新闻联播与天气预报间的黄金时间	娃哈哈产业链越来越长——乳业、童装……品牌不断延伸
2003 年 1.089 亿元熊猫手机	2001 年，熊猫生产自有品牌手机只有 50 万部，市场表现不佳。夺标时以 2580 万元拿下 2003 年央视天气预报后、焦点访谈前黄金时间前两个月的第二个 15 秒的广告时段，随后，剩下该时段的全年 5 个单元的播出权也被熊猫以不同的价位——夺得，6 个单元共投入 10889 万元，夺得第二的另一手机厂家仅出价了 6000 多万元	2003 年 1 到 6 月销售总额 13.06 亿元，毛利 9.54%，销售量 150 万部

第21篇　年薪6万元还差一半*

改革开放20多年来，中国的经济实力有了明显的提高，人民大众生活水平也有了根本的改善。正如邓小平同志所说："发展是硬道理。"那么，整个社会的经济发展反映到个人层次应该是什么样子？经济体制改革与经济发展的方向与目标模式是什么样的？这些问题经常会引起人们的关注。

根据对发达国家的研究，随着市场经济的发展，"中产阶级"的比重逐步增加，直到成为社会的主要阶层。其含义大概有二：一是平均生活水平的提高；二是大多数人比较富裕。换句话说，中产阶级比重的增加意味着社会财富的分配从"两头大中间小"变成"两头小中间大"。当然，作为过程，总需要打破以前的平衡，用邓小平同志的话来说就是"让一部分人先富裕起来"，然后实现"共同富裕"。

在中国，讲"××阶级"太刺激了，"××阶层"要好一些。更规范的提法是"中等收入群体"。主要是党的十六大文件中提出，"到2020年，中等收入群体要达到相当的比例"。至于我们所说的"中等收入群体"是否就等于国外所说的"中产阶级"或"中产阶层"呢？暂且就把它们当成基本一样的"比较富裕的、中等生活水平"的概念吧。

现在的问题有三个：一是什么样的生活水平就算是比较富裕了，从而达到"中等阶层"了；二是能不能用收入来衡量，这样可以使问题更加简单明了；三是收入多少能算得上"中等收入"，定量说明可以避免文字的过分模糊性。

首先考虑第一个问题。关于生活水平，中国与外国情况不同，整个社会在进步，中国的"中等水平"可能永远也赶不上发达国家的"中等水平"。那么，能不能找到某种既照顾"国际标准"又符合"中国国情"的判断呢？答案应该是肯定的。回忆我们有过的一些提法，总的进化趋势是从"温饱"到"小康"。那么，达

---

* 参见方烨：《中产阶层是什么样子？》，载《经济参考报》2005年1月24日。

到"小康"的标志是什么?"小康"是否就是达到了具有国际意义的"中等阶层"?换句话说,所谓的"中等阶层"最本质的特征是什么?

我们最好把复杂的问题稍微简单化处理。是否可以这样来认识:所谓"温饱"是指"衣"与"食"的问题基本解决了;所谓"小康"是指"住"与"行"的问题基本解决了;所谓"中产阶层"是指"衣食住行"都解决后,还有能力考虑提高生活质量,能有更多的时间和能力从事学习、旅游、健身、投资与发展。

也许上述仍然是模糊的概念,比如"温饱"之时也不是没有房子住。因此,这里的"住"与"行"也得有个标准,比如人均面积以及家里能供得起一辆汽车,等等。当然,就是汽车也有不同的档次。粗略地讲,养一辆车,每年要 1 万元左右吧。

一个比较相近的概念是恩格尔系数。总的来讲,在总支出中,用于"吃"的比重越大,其生活水平就越差。用于"吃"的比重低到一定程度,就达到了"小康",再低到一定程度就达到了"中等阶层"? 这个指标肯定与上述指标方向一致、密切相关。实际情况要比单纯的"吃"更加丰富多彩。

因此,我们是否可以把所谓的"中等阶层"生活水平定义为"有能力追求提高生活质量"? 从全社会来说,在工业品基本告别短缺之后,"提高生活质量"也应该成为全社会经济发展共同的方向。

第二个问题是能不能把收入当成最重要的指标。毫无疑问,收入是生活的基础;没有收入就没有支出,也就没有生活。但是,收入不能等于支出,更不能完全等于生活水平。一方面,汇率高低影响着收入水平的国际比较;另一方面,生活消费品的物价水平直接影响消费档次和实际内容。所以,购买力评价也许更符合实际。发达国家工资水平高,物价水平也高,两个因素相互抵消,实物消费水平比如住房面积可能和我们的一些地方相差不多。有些项目中外反差很大,比如汽车,人家挣得多,汽车便宜;我们挣得少,汽车昂贵,这样我们就比人家差得太多。

就是国内也很不平衡。比如说房价,普通城市一两千元一平方米,北京、上海动辄上万元一平方米。因为北京的房子不仅仅是卖给北京居民的,而是全国买北京! 从这个意义上讲,北京奥运会之后,房价的"泡沫"也不一定被吹破。同样的道理,就是成都的新房,一半以上的买主不是成都人。其结果,大城市里居民的住房水平并不一定比小城市强。

反过头来再说车。先不去讲航空、铁路、地下铁等情况,单说家庭小轿车,受政策影响非常之大。在北京、上海等城市,对小排量车出台了种种限制性规定,这与轿车进入家庭的大趋势背道而驰。在成都却没有此类羁绊,才造就了轿车普及率高居全国第三!

总之，收入是一个重要的指标，但孤立地、绝对地看是不科学的，应该较全面地分析生活的水平和内容。

第三个问题是收入具体数量上的判定。通过问卷调查得到第一手资料是一种非常科学的态度。"6 万元到 50 万元"这个区间太大了，因为 6 万元的实力比 50 万元相差一个数量级！好在我们下面集中讨论"入围标准"在 6 万元以上。

显然，这个标准还很不够。我们仍然采用"住"和"行"的标准。先说车，就算是"经济型轿车"也得 8 万元吧。一个家庭一年的积蓄还不能买一辆车，这能算"中等阶层"吗？美国"中产阶级"的标志之一是拥有一辆"本田雅阁"，在中国 5 年不吃不喝买不到一辆这样的车能算得上"中产阶层"吗？当然，假如拿 2 万多元的吉利、QQ 等说话，可能还有些眉目。不管怎么样，6 万元的收入水平还需要再升一升，或者说轿车的价格水平还需要再降一降。

再来看住房。国外一般认为正常的房价应该在户均年收入水平的 5 倍左右。6 万元乘以 5 等于 30 万元。30 万元在中小城市可以买到不错的住房，在北京能买什么？比如三环路边一处商品房，80 万元到 200 万元一套，所谓的 80 万元的一套是建筑面积 80 平方米，使用面积大概只有 50 平方米。倾尽 15 年以上的收入只能买来一套 50 平方米的住房，这也叫"中等阶层"？

总之，6 万元标准在中小城市也许不错了，但在大城市远远不够，最少也得 10 多万元吧。当然这是动态的数字，还要看物价的走势。

我同意一些学者的观点，所谓"中产"实际上是一种思想状态，而不只是一种经济状态。君不见，某些大款活得很累，贪官污吏狼心狗肺。因此，如果过分关注收入，可能会丢失人生最本质的东西。

┌─────────┐①
│ 案　例 │
└─────────┘

6 万元标准是否成为中产的门槛

谁是"中产"？由收入和财产量化得来的数字分野，对这个群体的描摹和探究而言，究竟是原始起点，还是陷入数字化想象陷阱的开端？这并不是一个容易解答

① 根据 www.hexun.com 2005.01.18 08：33 三联生活周刊编写。

的问题。相对于"中产阶级"这个定义,中国的学者更乐于在"中等收入群体"、"中间阶层"和"中产阶层"这三种表述中进行选择和界定。中国社科院研究者张宛丽认为,对于这个群体"社会意义"的评价,远远超过对于其具体收入的考量。

把"中产"数字化

30 万份问卷,有效问卷 263584 份,诸多的数据分析之后,国家统计局城调队综合处处长程学斌给出了国家统计局目前的最新结论——"6 万~50 万元,这是界定我国城市中等收入群体年家庭收入(以家庭平均人口三人计算)的标准。"这次历时 4 个多月的抽样调查,最终的数字结论是否值得信赖?

程学斌用另一种计算解答这种疑惑:"假定完成一份问卷的成本是 20 元,30万份样本,仅仅最低人工费的支出就是 600 万元。不仅如此,沿海和东部地区的一些地方,完成一份问卷,没有 40 元根本下不来。"程学斌反问,"如果不是为了最真实的数据,有必要动用这么大的调查规模吗?"

程学斌说,原本他们想定的名称是"中产阶层研究","考虑了多种因素",最后还是选择了"中等收入群体这个十六大报告里的说法"。而只选择城市,放弃农村的样本调查,同样是考虑到中国中产阶层研究的特殊性,"这个群体在城市的比例和现实性远远大于农村",这是一个"基本判断"。

"城市社会成员中收入丰厚的家庭群体",这是国家统计局给出的界定,相对简单,将"收入"作为最主要的衡量标准,显然让他们对于这个群体的描述完全具备可"数字化"的特性。值得注意的是,按照国际通行标准,这个"收入"指的是当年获取的能用于个人支配的各种收入,其前提不一定是合法收入。

"6 万~50 万元"标准,程学斌解释,"并不只是一个单向的推导,也是用结果验证了的"。记者仔细询问了这一数据的推导过程发现,这的确不是一个简单的推导,作为任何一个非核心权力机构,甚至无法来验证它。

测算的起点还是透明的,来自于世界银行公布的全球中等收入阶层的人均GDP 起点和上限,分别为 3470 美元和 8000 美元,要将这两个数据相应地转换为中国的中等收入群体指标,牵涉到三重换算:首先是人均 GDP 和人均收入之间的换算,程学斌说,这两者之间有着相应的比例关系。根据中国社会科学院"社会形势分析与预测"课题组的研究,2004 年,GDP 的增长为 9.5% 左右,而城镇居民可支配收入实际增长率为 8.5% 左右。第二重换算是美元和人民币之间的汇率。这种换算存在的问题是,汇率仅仅只是一个国家货币的价格水平,它代表的只是国家进出口水平和竞争的平衡点,并非真实的购买力。所以还有第三重最为关键的换算指标——购买力评价标准,简单地说,就是在中国同样的生活水平,换算成其他国家需要多少钱？但是对于这个最重要的指标，程学斌只能表示歉意，因为"这个指标在我国是保密的，不能公布"。

程学斌也承认，关于购买力评价标准，我国和西方国家的计算存在差异。1993年 5 月国际货币基金组织公布了其根据购买力评价法重新估算的结果，1990 年中国人均国民生产总值 1300 美元，国内生产总值 14740 亿美元，在总量上仅次于美国和日本，排名世界第三。这个令人震惊的结论曾经引起国际社会的强烈反响，海外报刊如美国《纽约时报》、《华尔街日报》、《商业周刊》、英国《经济学家》等有影响的报刊都对这一新闻作了突出报道和评论。一时间，中国一跃而被捧为世界经济巨人。同样，用购买力评价计算中国的经济实力，美国政府有一年计算整个经济实力排名是这样的，中国 GDP 已经达到 6 万亿美元，大体相当于美国 GDP 总量的60%，相当于日本 GDP 的 1.7 倍，相当于德国的 2.7 倍，相当于英国的 4 倍，英国 GDP 总量是 1.5 万亿美元。

根据三重换算而来的收入参考标准，家庭年均收入下限 6.5 万元，上限是 18万元左右，同时考虑到我国地区间居民家庭收入差距较大，最高收入省份中的10% 高收入组的收入水平是最低收入省份的 2.5 倍，所以，最终被界定出来的标准成为 6 万～50 万元。

只是因为购买力评价标准的保密，验证推算的努力显然无法再继续下去。这种难题，对张宛丽这样的研究者而言也无可奈何，"我的一个同事，在国外参加一个会议，就曾经被国外的学者追问某些统计数据的来源的推算，那种情况当然很尴尬"。

"忽然中产"的想像

事实上，263584 份有效样本的最后结果在标准的确立中同样重要，重要到甚至并不需要取得那个保密的购买力评价标准和几重复杂推算，同样可以得出相同结论。

程学斌说，最后确定标准，"真不是一件简单的事情"，这个标准必须要考虑到20 年的发展速度，有效样本中，家庭年收入在 5 万元以下的家庭为 241746 户，占到全部比例的 91.7%，5 万元到 6 万元之间的家庭为 8471 户，6 万元到 7 万元之间的有 4747 户，7 万元到 8 万元之间的有 2540 户，如果把标准下限定为 8 万元，"那 20 年的发展，也远远达不到这个比例"，但如果定成 6 万元，"那很多人努努力就可以看到希望了"，而且按照这个标准推算，2020 年，中等收入群体的规模将由现在的 5.04% 扩大为 45%。

即便是考虑到了城市之间的差异，6 万元到 50 万元的家庭年收入的界限，看起来的确是让人充满希望的"中产"指标。但在香港中文大学社会学系教授吕大乐的界定中，收入并不能成为被强调的起点。

　　吕大乐说，在香港对于收入的讨论并不多，"这不是一个太有用的分类"，就香港而言，月薪2万元到5万元港币完全可以排到中等收入群体了，但是，"这并不等同于你就成了中产阶级"，"还要看你住的房子的房价，你的消费方式，是否住在体面的楼盘，是否有定期的度假等"，吕大乐说，香港中产阶级的特殊性，在于楼价和股市对于他们可以形成相当直接的刺激和影响，"负资产"是吕大乐描述过的香港资产阶级在金融危机中的必然结果。吕大乐认同的中产阶级概念，类似于美国社会学者赖特·米尔斯的界定，赖特·米尔斯按职业界定的方法，将农夫、小商人和自由职业者归之为老中产阶级，将随着美国20世纪公司经济的发展而产生的经理、雇佣职业者、推销员和诸多的办公室职员归之为新中产阶级起点是职业和上升方式。同样，吕大乐界定中的香港中产阶级更重要的是按职业群体划分，同时强调"他们是成功透过教育渠道和凭着学历文凭而晋升"，而这样的一个群体，对于香港社会而言，"实实在在参与建立了一个开放社会与其相关的价值和文化规范"。

　　在这样的评价标准中，吕大乐认为，香港的中产阶级最多占到人口比例的20％到25％，这个群体并非是家财万贯、生计无忧，事实上，本来一直在相对安逸的就业环境里工作与生活的中产阶级，现在也逐渐被卷入裁员、失业的漩涡。与此同时，稳定的工作环境、长期雇佣的安排及阶梯式内部晋升的制度亦随之而改变。说中产的"组织人已死"，并不夸张。吕大乐甚至还认为，即便是被称做有着庞大稳定的中产阶级的美国，按照他们的评价标准，中产阶级的比例也不过是30％到40％之间。

　　如此看来，中产究竟是什么？在物化的指标和社会意义的评价之间，不同的视角甚至可以得出差异相当大的结论，在社会学者和经济学家的研究中，普遍认为，"中产"从更广泛的意义上说，实际上是一种思想状态，而不是经济状态，或者说，起码不只是一种经济状态。地位声望、教养职业、经济收入、社会交往，这些统统都是不能回避的指标。如果过分关注收入，关注的中心实质上会发生改变。

第22篇　豪宅的折射*

　　我国正从温饱进入小康时代，衣食基本解决，住行是焦点。上个月到东北，看见一些人住房条件比北京人还好，心里很高兴。在发达国家，住房消费也是大头，富不富看房住。最近的物权法使得保护私人财产合法化，这是历史的进步。发布《中国超级豪宅排行榜》很有创意，其中折射出来的一些问题值得我们认真思考。

　　示范意义——高级车仅仅是百万元级的，高级房则是千万元级的。据了解这些超级住房的主人有律师、IT精英、房地产商、矿主、大学教授（只是一小部分）、实业家。演艺圈人士较少并不正常，歌星球星们在忙其他事？外国人极少，说是因为北京地价不比国外低，其实外国人也不个个都是大款。现在中国人家里孩子少，长大想发财入什么行当？请对照选择。所以，这个结果有示范意义。

　　特也不特——在十所提名豪宅中，北京占了五席，其他分别是来自上海、武汉、广州等地。北京有特殊性，北京是首都，全国买北京。比如，山西的煤矿主有了钱愿意在北京置办房子，浙江温州买房团一定要来北京，等等。不过，其他中心城市都有类似的情况，外地人到上海买房子的也很多，成都一半以上的由外地人买走。奥运会之后北京的房价泡沫能否破灭？现在看来不一定。

　　结构畸形——也许兴建豪宅的高潮还在后面，但是，"有人没房住、有房没人住"的矛盾却越来越突出。前不久北京西三环卖经济适用房，人们昼夜排队等候。北京以前在郊区搞过经济适用房，有的地方面积都在100多平方米，许多登记的人开着车来，一次性付齐的大有人在——需要几个证明信那很好办。在中国，贫富两极分化明显地表现在住房方面。

　　中外差异——中国人和中国人比过之后，再看看中国人和外国人比。中国的富人中大企业家十分少见。国外大企业家中不少是富翁。他们发财之后，不忘社会公益事业、慈善事业，设立个慈善基金会，比如福特基金会在中国出钱搞环境保护。

* 《豪宅里的名堂》，载《英才》2004年第12期。

有的人支持教育，比如在许多地方都有"逸夫楼"。当然，在这之中也有提高知名度从而有利于自己事业的因素。显然，中国富人构成不同，财富用途也不同。

查查来源——邓小平提出让"一部分人先富起来"，这个思想很正确，因为共同贫穷不是社会主义。对于一些人发了财，我们没有理由说三道四，比如刘翔拿奥运冠军得了几百万元，您去跑一个看看。问题在于一些国家干部也住那么高级的房子哪里来的钱？东北、福州都有这样的人。有的房地产发了大财实际上也有官员一份功劳。有的干部腐败、贪污受贿但不敢露富，不敢买房，他们把钱转到国外。单从这一点看，在国内买房的人比在国外买的人更"爱国"。

总而言之，中国人赞成一部分人先富起来，但不能容忍官员贪污腐败；法律保护包括住房在内的私人财产，但不等于财产任何来源都合法；"现代大院"之富丽堂皇确实令人咋舌，但他们的勇气和胆量让人敬佩；看得见的财富仅仅是一小部分，更有大量不明财富流失在外。这就是豪宅排名给我们的启示。

案　例 ①

《中国超级豪宅排行榜》公布

全国前十豪宅北京占五席 京城豪宅买主是谁？

"日前公布的《中国超级豪宅排行榜》十座提名豪宅中，北京的豪宅占了五席，其中单套最高价达到3800多万元"。这些每平方米高达两三千美元的豪宅凭什么这么贵？豪宅里都住着什么人？近日记者对其中部分豪宅进行了采访调查。

豪宅主人是谁：律师、IT精英、房地产商、矿主、大学教授、实业家

紫玉山庄的董事长黄紫玉称购买豪宅的业主"都属于金字塔塔尖上的人"。其中大多是来自全国各地的成功商人、企业家，也有一些扎根北京的娱乐圈人士。

爵世·玫瑰园三期销售人员介绍，来买玫瑰园别墅的人士主要是律师、IT精英、房地产商等，山西大矿主也比较多。但有一个出乎大多数人意料的地方——

---

① 根据 http://news.tom.com 2004 年 11 月 01 日 09 时 20 分。来源：人民网、南方网讯编写。

　　玫瑰园业主里大学教授有好几位，而一向被认为"有钱"的演艺圈人士却很少。销售人员对大学教授这么有钱感到很惊讶。他们分析：这些教授应该大多为研究工科的，手中承接了很多项目。另外也有些教授可能是从事教育产业的。

　　碧水庄园三期的销售人员说得更详细，她告诉记者，碧水庄园三期的别墅大约是 1700 万元一套，前来购买的主要是 IT 界商人、律师和房地产商。

　　"来买别墅的律师都是有自己的律师事务所，至少是事务所合伙人之一；而不少房地产商是在开发公寓楼的过程中挣了钱，但不愿意住自己开发的公寓，想住在更舒适的地方；香港购房者不少，因为北京地价还是比香港低；演艺圈人士特别少，只有个别顶尖级人物，因为演艺圈人士虽然收入不错，但能一下投入几千万元的不多；外国人极少，因为北京地价不比国外低，只有想长期居住在北京的才来买。"碧海方舟的销售人员也说，来买别墅的实业家多，但几乎没有演艺圈人士。

　　豪宅豪在何处：超大绿地家庭游泳池私家电梯高尔夫球场环绕

　　豪宅究竟豪在何处？获得提名的碧水庄园销售部副经理蒋女士介绍说，豪宅首先是地界好，地价贵。其次是送给业主的绿地大，公共绿地也大。这样土地成本自然很高；还有，在社区内修建变电站，建立高档会所，送给业主的高档家电，等等。在碧水庄园里，记者看到两个水质清澈的大湖。工作人员说这全是人工挖掘的，总共 430 多亩。此外每家每户外围都有 1200 平方米到 5200 平方米不等的超大绿地。"不包括前两期，仅三期的绿地修建我们就投入了近亿元。当然房屋建造成本也高，都是用最好的建材建造的高质量别墅，里面还有长 25 米的家庭游泳池。但房屋建造成本只占全部成本的很小部分。"

　　爵世·玫瑰园李岚小姐认为，顶尖设计和房屋的高科技含量也是豪宅贵的重要因素。爵世·玫瑰园三期有两点在京城豪宅里比较突出：

　　名设计——爵世·玫瑰园三期的整个规划设计由有百年专业经验的加拿大建筑公司和工程公司联手完成。加拿大皇家建筑学会主席亲自担任爵世总设计师兼总管。

　　高科技——户式中央空调：全空气系统空调，能对室内空气进行自动加湿、除尘和杀菌，使室内空气洁净度达到外科手术室的指数标准。采用加拿大枫叶品牌中央防盗及法国罗格朗可视对讲系统。中央背景音乐：音源设在厨房，各个房间设有末端，中央吸尘系统采用法国爱迪士中央吸尘系统。爵世·玫瑰园的游泳池采用世界最高技术法国环保循环系统——内循环，无地漏，全部为水自动处理系统，自动冲浪系统，除尘系统，其水质洁净、卫生可以达到 10 年不用换水。三期产品中 500 系列以上均可选择配装私家电梯，为京城首创私家电梯。

　　碧海方舟销售人员介绍，他们在 11.95 公顷的占地上，只规划了 55 幢单体别墅，这 55 幢别墅被 62 万平方米、18 幢国际标准的姜庄湖高尔夫球场所环绕，高尔夫球场中还有 2.6 万平方米的中国湖。

据说，豪宅里配有金马桶、金水龙头，但记者在碧水庄园和玫瑰园没有看到这类的东西。据业内人士说，有的楼盘真的尝试过这种做法，但不被人们认可。

"就算白送我这套别墅，我都养不起。"一位刚参观了豪宅的人一出门就大声感慨。记者算了笔账，碧水庄园与玫瑰园的物业费是每平方米每月 6 元左右，一套 1000 平方米的豪宅每年的物业费就要 7.2 万元。如果加上偌大的房间耗费的水、电等费用则更是惊人。而在紫玉山庄和碧海方舟，物业费是前者的 2 倍，就是说某些面积超过 1000 平方米的豪宅，一年的物业费就要将近 20 万元。

"这么大的房间，没两个以上佣人根本无法生活。雇佣这些人员又要有大笔开支。"碧水庄园销售人员说。

豪宅销售现场很多人也去银行按揭

"什么？美金？不是人民币啊？"一位前来看房的客人不好意思地告诉豪宅销售人员他看错了。这位先生看广告时以为是 2000 多元 1 平方米，还送这么大的绿地花园，觉得非常值。可过来一询问才弄清楚，原来是 2000 多美元 1 平方米。

动辄上千万元，这么贵的豪宅，卖得出去吗？

"卖的还是不错的，一个月能走一套就很成功。"碧水庄园销售人员说，"前两期出售率超过 80%，目前第三期出售率已经达到 50%，销售情况很不错。"

在碧水庄园和玫瑰园的售楼处，记者发现售楼电话很长时间才响一次。"这种豪华别墅销售电话不会像经济适用房那么火，甚至出现'打爆'的情况。我们每天的有效电话大约 10 多个，其他的电话都是做广告或推销产品的。"玫瑰园的销售人员说："我们新开发的爵世·玫瑰园已经卖出去 50%，连最贵的价值 3750 万元的都卖出去了。"

碧水庄园销售人员说，其实很多人买豪宅并不是一次付清，也是向银行贷款买房，每月交按揭，有些价值 1000 多万元的别墅要交 20 年的按揭，每月交 7 万多元。

国人富得流油吗？1.3 亿元豪宅标榜什么？

10 月 15 日，北京晨报披露，世界地产研究院评选出 2004 年《中国超级豪宅排行榜》，位居榜首的上海紫园单套最高售价竟高达 1.3 亿元人民币。笔者读后有一种杨过（金庸小说《神雕侠侣》中的主人公）被迫吞吃毒蛙时的感觉，恐惧、苦涩加上恶心，难以名状。

中国人真的富得流油，钞票多得没地儿搁没地儿放了吗？究竟是什么样的人要如此夸富、斗富，建设这些豪宅，住进这些豪宅？据紫玉山庄的董事长称，这些业主"都属于金字塔塔尖上的人"——成功的商人、企业家，还有一些娱乐圈的人士。碍于保密条款，这位董事长不得不忽略了炫耀的机会。但是听话听音，他话锋里所表露的绝对不是杰出青年、科技精英或者劳模英烈们站在金字塔的尖顶上。因为金字塔里已经没了法老，有的只是金子。

就在《排行榜》公布的前后，新快报刊登了一篇《纽约最贵豪宅即将放盘，叫价 7000 万成交难》的文章，文称一套位于纽约曼哈顿第五街皮埃尔酒店顶部的三层复式豪华公寓，因为开出 7000 万美元的天价，创下了历来放盘的最高价格，能否成交地产商表示怀疑。看来，即令世界首富的美国也不是随便什么成功商人、企业家，或者娱乐圈的人士就有意踊跃购买天价豪宅。虽然美国的商人、企业家，或者娱乐圈的人士比之于我们的来看似更成功，进入世界 500 强，登载世界富豪榜的人名要更多。

笔者并不是要我们的成功商人、企业家，或者娱乐圈的人士去与美国同行们斗富。因为斗富总是得不到好结果的，中国古史里的石崇就是斗富最后斗死掉了脑袋的。笔者在这里真正要攻讦的其实是夸富——现在有人称之为炫耀消费。北京市某商场曾经热销过一款英国进口的纯金手机。据说这款售价数十万元的手机，功能简单到回复手机的初创年代，但认为借此可以显示身价的购买者还是大有人在。

摩根斯坦利的一位分析师克莱尔·肯特说，在西方，人们购买名牌十分谨慎，只有那些"圈内的人"才能认出这是名牌。而在中国，人们对名牌趋之若鹜，到处炫耀，好像在说："看，我是多么富有！"克莱尔说得很直接，国人确实有这样的毛病。说到底，还是因为我们尚不够富有或者稍微富有的人惟恐人家认为自己不富有而故意显示自己的富有。说来说去，是一种暴发户的丑陋在作怪。

夸富也好，炫耀消费也罢，只要你付得出银子，缴足了税金，别人无缘置喙。问题的关键在于随着众多"问题富豪"落马，人们对于奢侈品消费的担忧已经不只是担心这些购买奢侈品的金钱存在的某些问题，更有是他们的示范和带动作用。1.3 亿元豪宅矗立在那里，它标榜的是什么？引导的是什么？它所带来的社会影响会怎样？

国内房地产业的泡沫多如银河系里的星星，这是不争的事实。在仍有大量无房、缺房户存在的现实中，在商品房结构极不合理的前提下，房地产商人们运用其大为超前的市场观念和方法，爆炒概念，大竖标杆，还自称走上了一条快速攀升的多元化之路，在大把捞钱的同时其实也是在自掘坟墓。因为市场风险已经累积达到一定程度，"是生存还是死亡？"房地产商人们显然还没有拿定主意。

　　据说，类似的豪宅还在兴建，有业内人士粗略估算，未来一至两年内，单单北京一地，单套总价在 500 万元以上的别墅，供应量就在 5000 套至 7000 套，总市值不下 300 亿元人民币。北京去年的住宅销售总额仅仅是 458.2 亿元，和市场能够消化的总量相比，这些豪宅所占有的资金比例明显偏高。可是"金字塔塔尖上的人"毕竟是人群中的极少数。

第二部分

时　评

第 23 篇　策略联盟发展的若干趋势 *

　　中国企业体制改革的目标是建立现代企业制度，这在某种意义上讲是强调企业的法人财产权，确立企业的法人性和自主经营地位，我们可以把这种趋势称为"实体化"波。同时，随着市场经济的形成与发展，一个企业又必须与其他企业结成战略伙伴关系，因而企业又在某种程度上丧失了自主权，我们把这一趋势称为"虚拟化"波。前者是企业要"确立自我"；后者是企业将"消失自我"。我们的企业正是处于这样两波叠加的历史过程之中。

　　与其他企业密切合作，这对于从"小而全"、"大而全"、"万事不求人"的传统习惯中脱胎而来的中国企业来说，确实具有相当的困难。令人欣慰的是，已经有一些企业在这方面进行了可喜的探索。下面结合全国企业管理现代化创新成果的案例考察一下在这方面的若干趋势。

一、无缝隙连接

　　企业之间协作的一个重要方面是联手做市场，比如，航空公司与饭店、电信企业开展相互奖励等。本来，铁路给人们的印象是"铁老大"，但是，一些铁路企业主动放下架子，和其他企业密切合作，提高了服务质量。例如，按照传统做法，人们乘火车到郊区旅游，先买车票上车，到景点再买门票，但是，北京铁路分局与郊区一些景点联手，让游客在北京北站买任一景点门票便可以免费乘车，这样大大地方便了乘客。当然，铁路并不会真正地免费，只不过让游客感觉很好罢了。①他们的实践似乎给人们这样的启示：企业不必要仅仅表演"独舞"，更应该学会表演

---

　　*　参见张彦宁、蒋黔贵主编：《策略联盟发展的若干趋势，企业管理创新前沿》，企业管理出版社，2005 年。

　　①　参见全国企业管理现代化创新成果审定办公室、中国企业管理协会企业管理现代化委员会编：《国家级企业管理创新成果集》（第五届至第十届），企业管理出版社，1999～2004 年。该书第 8 届成果，2002 年。

"双人舞"或"三人舞";企业不应该自己单独打市场,而应该找个"伴侣";换句话说,企业要么找一个"托",要么给别人当"托"。

广州深圳铁路公司在突破企业边界方面表现得非常突出。①广深铁路股份有限公司(简称"广深铁路")成立于1996年,是我国第一家进行股份制改造并在境外上市的铁路运输企业。1996年5月,广深铁路H股股票分别在香港和纽约成功上市。广深铁路现有总资产110亿元,净资产100亿元,运输业员工5800人。广深铁路全长147公里,主要经营铁路客货运输业务,并与香港九广铁路公司联合经营广九直通车客运业务。

广深铁路客运产品"公交化"的措施之一就是与其他交通实行快速和方便的接续,融合成高效的立体化交通体系,实行客流便捷接续,例如:

与铁路长途旅客的接续——长途客车与广深客车停靠同一站台,长途旅客下车后无需出站即可转乘广深客车;

与地铁的接续——就近地铁口设置售票口、候车室和进出通道,实行100米近距离接续;

与巴士、的士的接续——与市内的交通和交警部门协商,让巴士、的士就近候车室和出站口有序停靠,实行近距离进站,近距离疏导,近距离衔接;

与罗湖口岸的接续——在深圳车站与罗湖口岸之间,建设电动扶梯专用通道,并与售票口和基本站台连接,方便过境旅客乘坐车。

同时,他们还在许多方面与其他企业合作改进服务,显著地提高了服务水平,例如,与30多个科研单位协作进行技术开发;与交通广播电台协办交通信息节目,及时通告广深铁路客车信息;与工商银行联合开发自动售票机,旅客可在工商银行的营业网点用纸币或信用卡购票,等等。

可以看出,广深公司不仅注意自身内部工作的改进,更注意与外部主体的密切配合。其结果,实现了不同服务主体之间的无缝隙对接,使得乘客感觉就像是在一个企业中享受服务。这些事情看起来也许不大,但是,与目前国内普遍存在的"自成体系"、"画地为牢"、"鸡犬之声相闻,老死不相往来"的传统弊端相比,形成了非常明显的对照。例如,在北京,地铁归市政管,西客站归铁道部管,乘客要转乘,就必须走过那几百米的路程。广深公司的做法表明,单靠某个企业不可能包打天下,企业必须善于与其他企业合作,才能更好地提高为客户服务的水平。企业应该努力做到与其他主体密切结合,突破企业自身的边界。

---

① 参见第9届成果,2003年。

二、找个"企业保姆"

随着市场经济的发展，企业要突出自己的核心竞争力。从另外的角度看，企业不可能万事不求人，而应该将非核心即辅助业务外包给其他主体。换句话说，企业与人一样，需要找一个"企业保姆"。上海东昌西泰克公司为上海通用等公司念好"保姆经"作出贡献是一个典型。[①]他们的做法是：

交换核心业务——上海东昌西泰克公司是由东昌集团与美国西泰克公司合资设立的公司，专门为其他大公司提供物料、设施、化学品等一体化专业管理服务。上海通用汽车公司 20 多项"非核心业务"，交给第三方专业公司管理；东昌西泰克公司把上海通用汽车公司的"非核心业务"当成了自己的"核心业务"。

基本服务原则——东昌西泰克公司的指导思想是，支持客户的精益生产，提高客户的管理效率，降低客户的物流成本，同客户保持长期的战略伙伴关系，参与客户内部的物流管理系统，在任何情况下都将客户的利益放在第一位。他们明确了两条基本的服务原则：一是物料与管理服务成本以"平进平出"和"实报实销"的办法与客户结算；二是本公司的收益按照合同通过与客户分享降低的物流成本中获得。

平进平出——按照上述原则，管理服务费用包括仓库租金、计算机设备等硬件与 ERP 软件投入的摊销、员工工资等管理成本、财务成本等是固定的、透明的，由合同规定实报实销；所有间接物料从采购计划、网上询价与定价，通过供应链各个环节的整合实现供应，都是平进平出，不赚取买卖价差；价格由客户审定和批准，这就从经济利益上切断了与物料领用量之间的关系，使管理服务供应商不会产生盲目采购、重复采购、加价采购等利益驱动行为。

降低成本分享——上述办法从源头上，在每个环节的第一时间消除了采购中拿回扣的行业腐败。东昌西泰克公司的收益是按照合同通过与客户分享降低的物流成本中获得。为客户节约得越多，自己分得的也越多。根据服务的内容以及降低成本的难度，东昌西泰克公司可以分享 20% 到 30%，最多的可达 50%。

中介装置——东昌西泰克公司把该项目的全部人员分为两部分——本部（服务器、中心仓库）与现场（局域网终端、常用备料仓库），其作业流程为两端开口式，即一端开口连接客户企业，另一端开口连接供应链节点企业。东昌西泰克公司成为

---

① 参见第 9 届成果，2003 年。

了有效沟通双方需求的连接器。

双重角色——上海通用公司根据东昌西泰克公司的建议，对企业内部作业流程以及管理体制进行重组和改造，上海通用公司在某些管理领域不再设立具体的执行机构和部门，其相应的职能由东昌西泰克公司根据合同规定以及授权代为行使。在这些机构和部门，东昌西泰克公司的人员身穿着上海通用公司统一的工作服。因此，东昌西泰克公司作为上海通用公司"延伸企业"的一部分，扮演着管理服务商与客户"职能部门"的双重角色。

共同管理——实际上，东昌西泰克公司并不是自己承担所有的具体事项，它更像一个"大管家"——东昌西泰克公司把运输、包装、加工、配送等基础性服务和增值服务的大部分业务再分包给其他"二级供应商"，即对物流的各个环节进行一体化经营，实现了对供应链的整合。东昌西泰克公司与上海通用公司共同确定与调整"供应商名录"，由东昌西泰克公司负责对列入名录的供应商进行管理，每年还要评选出三名"优秀供应商"予以表扬，对不符合要求的供应商则予以淘汰。

全球网络——现在，东昌西泰克公司已与遍布全球的1000多家供应商建立了合作伙伴关系，为上海通用公司管理的间接物料达3万多种300多万件，为大型企业管理的间接物料达5万多种700多万件。东昌西泰克公司平均在1分钟之内就能完成一件物料的申领、登录和发料的过程。

增加客户价值——东昌西泰克公司努力为客户降低成本，例如，东昌西泰克公司建议上海通用公司改进物料登记流程，将各车间分别对应的5个主要供应商的物料号合并登记，仅此建议就使安全库存金额减少了近1100万元到2200万元。根据上海通用公司的测算，假如完全由自己负责管理和运作这些非核心业务，所需人员至少要700名，其中管理人员80名，而上海通用公司目前总共的正式员工也才2000名；上海通用公司在澳大利亚的相当规模的整车厂靠自己管理与运作物流业务，拥有6000多名员工。上海通用公司估计，引进东昌西泰克公司至少为自己节省的硬件投资以及人员培训、计算机系统开发等方面的投资大约有1亿多元。

总之，上海通用公司有的部门或科室没有自己的人员；东昌西泰克公司的人员穿着上海通用公司的服装，外面的人根本看不出是两个公司的职工；东昌西泰克公司为上海通用公司节约了成本就是为自己增加收入；这是深度融合、实现"双赢"的典型。

上海通用公司与东昌西泰克公司的"双人舞"告诉我们，有一些事情企业自己办不一定办得好；企业突出核心竞争力，就意味着在其他方面没有竞争力；一个公司的非核心竞争力可能正好是另外一个公司的核心竞争力；企业之间的结合、供应链的形成是不同企业核心竞争力的结合。

三、专业化网站

上面的例子反映出辅助业务外包是一个趋势，其中，特别是物流的运作，更是百货、铁路、邮政许多行业都在"伸手"的领域。比如，广东邮政为一家服装市场提供仓储、运输、结算、信息等的综合服务，似乎要把服装市场建筑体外面的事情全都包了。[①]

实际上，物流运作体系的改变离不开信息流的支持，这是又一块大"奶酪"。如果说东昌西泰克公司的网络化运作旨在构建纵向的供应链的话，那么，上海爱姆意公司建立专业化网站的实践则是发展横向的商业关系，买卖双方通过专业化网站形成了新型的交易伙伴关系。[②]

上海爱姆意机电设备连锁有限公司是由上海物资集团总公司投资控股的、沈阳机床股份等上市公司参股的公司，以机电产品经营为特色，以 B to B 电子商务平台为交易手段，集代理制、连锁制、配送制以及现代物流为一体，彻底地改变了与客户的关系和传统的经营模式。其做法主要有：

网络化运作——爱姆意公司通过电子商务平台为供需双方提供网络服务和物流增值服务，每个网络功能都按参与单位事先商定的契约授权操作，所有的网络操作都实施了加密的痕迹管理。这样不仅为买家提供了方便的信息查询、货比三家、周到的物流服务等，也为卖家提供了一个更广阔的销售平台，使供应商能在更大范围内接触客户。

会员制管理——凡愿意参加爱姆意电子商务的单位，可以申请成为其会员。会员用户可以通过网络进行"零距离采购"，即真正享受到机电产品的"零库存"服务。会员单位只需接入互联网，就能与爱姆意电子商务平台接通，客户端的浏览器能保证自己经营管理功能的不可丢失性和版本的同步更新。

连锁代理制——在企业内部取消了各个二级公司的独立法人资格，变为二级管理模式，在公司内部实行了连锁制、代理制、配送制。公司成立了进货中心，实现了进销分离、统进分销。公司除了在北京路生产资料一条街设立了 5 家连锁网点外，还在金桥进出口加工区、南部化学工业城、北部宝钢地区建立了50多家的连

---

① 参见第 8 届成果，2002 年。
② 参见第 9 届成果，2003 年。

锁网点，计划 2005 年突破 200 家。

严格进货关——进货渠道由专业网进货员提出，经过资源部人员审查批准，其产品才能进网销售。没有资源部专职人员"开锁"，进货员无法将产品登录，这样在源头上保证了入网资源的质量，防止了假冒伪劣产品的进入。这样也彻底改变了传统的各自为政、多头进货、重复备货、进人情货、赊销拖欠、资金分散浪费等问题。

两种结算制——一种是用户通过互联网完成采购行为，即在网上选择好产品、规格和数量直接下单，如需配送则点击配送，这样可以节约库存和资金，真正实现零距离交易。另一种是用户到分销网点进行采购，网点开单后直接在线结算。

走出国门去——爱姆意公司的运作模式引起了国际大企业的注意，美国通用电气公司需要在中国寻找一个机电、五金产品的集成供应商，提高对爱姆意公司的多次考察后感到非常满意，初步选定其为合作伙伴，由其向通用公司在北美的工厂集成供应机电和五金产品。

效益显著——现在，爱姆意公司网上资源涵盖 52 个大类 35000 个品种，如果按 70% 货款进货，30% 作为铺底库存进行测算的话，公司可减少流动资金 5600 万元，每年可减少财务费用 300 万元；扩展连锁店获得了数百万元的加盟费；每年可使连锁网点经营管理费节约 300 万元。

21 世纪是信息化时代，信息流的改变带动了物流、资金流的改变，催生了新型的交易方式和新型的企业间关系。"网络革命"不仅彻底地改变着企业内部的组织体系，也彻底地改变着企业外部的经营联系。以网络为纽带的"虚拟联合体"正成为企业间联合的新模式。

四、半电子商务

建设专业电子网开展 BtoB 或 BtoC 业务是一个明显的趋势。但是，正如在上面例子中所看到的那样，并不一定完全抛弃实物商店，实现彻底的电子商务，用户可以到商店去看样。换句话说，在一些领域，还需要某种过渡性措施，我们称之为"半电子商务"。在这之中的一个例子是安徽烟草公司以通过专业化改造的 PDA（掌上电脑）为媒介，实现了大公司与众多分散终端的有机结合。①

安徽烟草公司是一家集烟叶种植、复烤加工、卷烟生产与销售，以及物流、商贸、金融等领域为一体的大型企业集团，下设 6 个大中型工业企业、17 个市烟草

---

① 参见第 9 届成果，2003 年。

公司、63 个县烟草公司。2000 年初新组建的领导班子逐步探索并最终形成了一条基于信息化的传统企业"服务价值链"。其主要特征是：

三网合一——以电子商务为中轴，形成"三网一链"的架构，即商流网、物流网、信息网和服务链；以信息流的传输引导和调节物流、订单流、商流和资金流，以订单流驱动客户化的生产，显著地减少了物资与产品的库存量和资金占用，提高了响应能力；强调高效率的无缝协作链，强调服务的无边界和组织内部的无边界，即任何一个环节和工序不仅要考虑内部的业务流程和资源，更要考虑"服务价值链"的整体，消除服务界限和组织界限。

PDA 终端——安徽烟草公司信息化建设包括两个方面，一个是网络平台建设；另一个是信息系统建设。公司通过卫星网与国家烟草公司连通，通过 DDN 数据专线连接结算银行，通过宽带接入 Internet。公司到 17 个市分公司以及 5 个卷烟厂采用 2M 的数字电路，各市分公司到访销配送中心采用 64KDDN 专线，访销配送中心通过 PDA 与 40 万个零售户实现了无线连接。具体来说，在销售数据采集上，与恒基伟业合作开发以掌上电脑（PDA）为载体的中烟网通系统，作为企业客户经理与客户接触过程中记录订单和进行简单数据查询的信息工具，不仅具备了手持 POS 的数据采集功能，还具有客户资料的查询和数据分析功能。

迅速响应——这样，公司确定客户需求信息主要有三种途径：一是通过 800 电话客户自助订货；二是对有上网条件的客户开通网上订货；三是访销员上门利用 PDA 采集订货信息。在多种订货方式了解不同客户需求的基础上，访销中心将采集的信息下载到访销配送管理系统中，汇总分类后传送给配送中心，配送中心通过电子商务交易平台向烟厂订货。最后，烟厂根据库存情况决定生产作业安排，并确定物资采购种类及数量，然后通过物资采购平台，向供应商提出物资采购信息。安徽烟草公司通过信息化手段优化商流流程，减少中间环节，使得当天采集的客户需求信息第二天就能传递到工厂和供应商，提高了对市场的响应速度。

组织保障——值得注意的是，之所以能够实现这样的变化，其首要条件是减少了组织层次实现扁平化改造。原来的组织结构臃肿，管理层级多，信息不通畅，效率低下。安徽烟草公司将原来的省—县—销售—批发的组织结构进行压缩，减少了中间层，将全省 705 个批发网点整合为 111 个配送中心。在每个县只设立了一个访销中心，1～2 个配送中心。以前，县公司由县里设立和领导，体制不顺并难以解决。现在，由于业务流程的改变，信息流、物流、资金流及商流与原来的程序发生了根本的变化，传统县公司的建制也就失去了意义。这说明，生产力发展是生产关系发展最强大的推动力。

第三方物流——再有就是物流条件的整备。为了实现物流的速度快、成本低、路线优，安徽烟草公司成立了第三方物流中心（安泰物流公司），它是由各分公司的配送中心经过改制重组后成立的股份公司，负责整个公司物资、产品运输，每天对全省 40 万零售户提供全面的配送服务，加快了库存的周转，减少了积压，提高了资金的使用效率。此外，他们还开展了糖、茶等其他商品的配送，从而开始了向第三方物流的转化。这说明，现代物流业是一新兴产业，传统产业可以根据自身优势尝试涉足这一领域，传统产业企业可以向第三方物流转换。

总之，该成果说明，企业必须坚持信息化改造的基础带动作用，传统产业信息化建设是企业加强管理的必由之路，是企业现代化管理最基础的工作。同时，IT 产业与传统产业企业结合可以避免泡沫，大有作为。安徽烟草公司的业务流程优化是以数字网络平台建设为技术基础的，特别是省内区域网的建设，使得资金流、物流、商流的建设得以迅速健康地发展。安徽烟草公司从整合供应商开始，贯穿生产流程和销售流程的各个环节。在零售终端，特别开发了专用掌上电脑（PDA），形成了实用有效的半电子商务系统，从而将公司不仅与业务伙伴紧密地联系在一起，而且与广大的终端门店结成了高效运转的数字化网络同盟。

五、无形变有形

在市场经济中，特别是在某些生活消费品领域，企业的无形资产特别是产品的品牌效应十分明显，优势企业可以利用其品牌价值获得巨额回报，例如，麦当劳、双星等都成功地开展了特许经营。企业采取这种"虚拟经营"的办法，低成本地吸收了社会的资源，构建了虚拟的企业体，从而进一步扩大了无形资产的规模。一般来说，品牌价值的积累需要一定的时间和投入。但是，掌握了其中的诀窍，人们也可以大大地缩短这一过程，迅速地实现无形资产带动有形资产。上海东方书报亭就是这方面的一个典型例子。[①]

上海东方书报刊物服务有限公司成立于 1998 年 11 月 28 日，注册资本 5000 万元。上海市邮政局出资 60%，为控股的大股东，其他出资者有解放日报社、文汇新民联合报业集团、上海新闻出版发展公司等。东方书报刊物公司负责管理分布在上海城乡近 2000 个东方书报亭的连锁经营业务。公司有员工 82 人，再就业的书报亭营业员 2626 人。公司与这些书报亭以及 2000 多名营业员形成了虚拟的联合经营

---

① 参见第 9 届成果，2003 年。

体。他们的主要做法是：

零成本建亭——本来，建设一批书报亭需要投入不少的资金，但是，他们采取了另外的办法，即规定了统一的设计标准图纸，规定了选好的地点，由社会力量参与建设，作为回报，参与建设者可以取得该报刊亭的一定面积的广告代理权。这样，东方书报亭公司没有花一分钱，用未来的经营收益权置换出了实物资产。

统一标识——所有的书报亭分为两种式样，第一代是白色、圆弧形、窗口式，第二代是红色、多边形、敞开式；每个亭体正面都有"东方书报亭"醒目亭标；配备了统一的网格报刊出样架和零售工作台；制作了统一的《今日到报牌》；设置了统一的邮政信箱和废电池回收箱；营业员身穿统一的蓝色马甲，佩戴服务工号牌，实行微笑服务。

统一进货——书报亭销售的所有书报刊都由公司统一进货，从源头上堵住了盗版、黄色、反动等非法出版物流入书报亭。公司组建了专门的检查队伍，每天进行巡查和抽查，有效地防止了私自进货的不良倾向。公司市场部还定期进行销售业绩分析，进行销售品种的筛选，对有些热销的报刊与该报刊社联系，改"代销"为"包销"。

统一配送——公司采用"两级辐射"的配送结构，实行 1 天 4 个频次地向下辐射。配送中心负责制单、制签、分发、捆扎等工序；179 个配送站负责向书报亭配送。一般情况下，从配送中心运出的报刊，半个小时到一个半小时就能到达书报亭；对个别赶不上频次的热销报刊实行临时专送。

统一经营——公司明确了把书报亭建设成为文化亭、便民亭、安民亭、安全亭、文明宣传示范亭的统一经营方针。"文化亭"是以文化产品为主，以区别于一般小商铺；"便民亭"是立足街道、服务社区，逐步增加服务项目；"安民亭"是只安排下岗职工再就业；"安全亭"是提供"110"报警电话；"文明宣传示范亭"是向市民提供健康的精神食粮。公司建立了统一的经营核算体系，包括统一资产管理、统一缴纳税款、统一计付酬金等。

统一管理——每个书报亭就是一个直销门店，每亭有 1~2 名营业员。他们来自各行各业，劳动关系不在东方公司，管理难度较大。公司设立了财务数据处理中心，每个书报亭的营业员通过单向的解款磁卡向专用账户解缴营业款。公司制定了一整套的业务规章制度和《服务公约》。公司规定了统一的营业时间、规范的服务用语，配备了专职投诉处理人员。公司对报刊亭营业员每两个月培训一次；对配送员每月培训一次；对管理员每两周培训一次。

非正规就业——针对报刊亭营业相对独立、营业时间长、经营微利等特点，公司实行了一种"非正规就业"的连锁经营组织形式，其特点是：各区再就业中心成立东方书报亭服务社，把区内下岗职工组织起来，推荐到书报亭当营业员；东方书报刊公司各区分公司与各区服务社分工明确，服务社"管人"，分公司负责培训、考核，择优录取，就近上岗；营业员与服务社签订劳动协议。这一模式比较成功，后来还被国际劳工组织称为灵活用工的"上海模式"。

上海东方书报亭公司用一个品牌以及其后面的管理支持体系调动了社会的资金和劳动力，构建了一个虚拟的网络化组织。其绝妙之处在于，外人看来，它好像是一个实体的组织。

六、特许经营权

对于一般竞争性行业企业来说，竞争优势的获得与无形品牌价值的积累，需要相当的投入和时间，但是，在上述书报亭那种市场准入的领域，可能大大地减少积累的过程，迅速地实现品牌的建设与扩张。实际上，在公用事业领域，都有同样的问题。这些领域与东方书报亭相比，品牌效应的色彩并不那么强烈，更突出的是特许经营，如果说前者还属于"品牌特许经营"的话，那么，后者则可以称为"行政特许经营"。湖南电信建设农村电信网的实践是一个代表性例子。[①]

世纪之交，湖南农村电信有了很大的发展，现有人员无法负担浩繁的维护量，维护质量降低、维护成本增加，特别是以支局为基础的传统管理体制的僵化，业务集中在支局，而人员、资金受到限制，业务网点少、服务路径长、用户办业务难、交款难，坐等用户上门的结果是大量用户的欠费。显然，传统管理模式已经完全不能适应客观需要。

湖南电信公司进行了"以交换机模块为中心的农村电信支局的管理"的探索，其主要做法有：

"三代合一"——对原来的支局进行整合，成立中心支局，拆除原业务量较少的支局，以设立模块设备点为基础进行管理。模块点由社会人员负责代理经营、维护与收缴电话费，生产作业流程直接延伸到这种代营、代维、代收的"三代合一"代办点，模块设备也就放在该代办点。这样可以大大缩短通信网点与用户的距离，有利于维护管理，方便用户办理电话业务。

建点审核——建点的基本条件是模块点服务范围内用户达到 100 个以上，且附

---

① 参见第 9 届成果，2003 年。

近 5 公里没有电信营业网点。首先由支局提出建点的申请，县（市）电信局管理部门进行实地勘察、成本核算等，如符合条件则予以批准。网点场所由电信局租用条件较好的农民房屋解决，与模块机房共设一处的代办点为首选条件。

人员选聘——"三代合一"的人员由支局推荐或向社会发放招聘公告，选聘条件是：年龄在 40 周岁以下；高中以上文化程度；能从事高空作业；具有一定的电工知识；在当地关系较好；有一定影响力等。对于合格的人员要进行为期三个月的培训。

协议担保——在考试合格的基础上，县局与之签订试用协议。试用期满且合格后，与之签订正式协议。为降低对代办人员管理的风险，由代办人员提供一个资信较高的人进行担保或本人缴纳一定数量的抵押金。协议期限为一年，实行年审制度。

职责分明——代办点人员的主要职责有：模块点范围内用户装移机；线路设备维护；话费代收全额承包；收取电信费并于每天 18 点前及时上缴到中心支局；建立安装维护材料请领与使用记录，领用相符；收支两条线，不可坐扣和冲抵。中心支局负责代办人员的酬金发放，组织业务学习和开展营销活动。

科学计算——各项酬金计算非常精细，例如，基本酬金包括机房月租费与模块设备看护费；新发展电话用户以及电话安装有标准酬金；代收话费有买断与自然收取两种方式用户标准；维护有一个基数标准，超过标准的另有报酬。针对各项工作缺陷与过失有相应的扣除酬金标准。

严格考核——对代办点考核的内容包括点内用户的发展、维护线对数量、维护质量、材料管理、资金管理、话费代收歉收情况等。支局根据考核结果发放酬金，代办酬金实行全额浮动。这样就充分地调动了代办人员的积极性。

采取上述办法，使得农村电话用户量迅速增长，大大地降低了电信企业的运营成本与维护费用，每年可减少人工成本 2240 万元和建点成本 5000 万元。以前一年欠费多达 6700 万元，现在已经大为改观，服务质量明显提高。企业减少用工 800人，反过来又解决了农村富余劳动力的就业问题。

以前企业自己干不好，现在由社会干，既省钱又优质。这就是"特许经营"的魔力。企业走向社会，前途一片光明。

七、讨论与结论

在前面的例子中，企业都是不只单打独斗，不只是表演好"单人舞"，还要和其他主体一起合作，表演好"双人舞"或"三人舞"。也许，这些企业并不愿意这样做。那么，为什么会出现大量这样的情况呢？我们可以将产生上述情况的原因分析如下：

供求关系变化——随着市场经济的发展，物质产品日益丰富，供求关系发生了根本性变化，经济生活的重点从生产转向到消费，供给短缺让位于需求短缺。需求的多样化、个性化使得单个企业难以完成，企业必须与其他企业联手提高服务水平。

市场竞争加剧——随着世界市场的形成，企业竞争范围扩大了，竞争程度也比以前更加剧烈了。为了克服市场经营风险，企业必须寻找经营伙伴，发展长期关系。

核心竞争力的形成——为了获得市场竞争优势，企业必须突出自己的核心竞争力。其本质意义在于，任何企业都有自己的长处与短处，企业在某一方面有所长，就意味着在其他方面有所短。企业之间的结合是核心竞争力的结合。

信息革命的功能——企业是人、财、物的结合体，企业内部信息因为是重要的资源。由于数字处理技术、计算机技术特别是国际互联网的发展，使得信息处理能力大大提高，信息处理成本大大降低。由于许多信息很容易地穿透企业的边界，因此，企业与外界合作的成本也大大降低。这为策略联盟的发展提供了可靠的物质技术手段。

根据以上分析，我们可以展望企业发展与管理变革的若干变化：

从确立自我到消失自我——中国企业处于"实体化"与"虚拟化"的两波叠加之中，企业可能还没有来得及完全确立自我，就不得不开始消失自我了。企业必须适应这种急速的变化。

从企业竞争到供应链竞争——企业边界从清晰到模糊的结果是，所谓的市场竞争已经从单个企业之间的竞争转换到一群企业与另外一群企业的竞争，即一条供应链与另外一条供应链的竞争。

从竞争力到协同力——如果说核心竞争力主要是调度内部资源的能力的话，那么企业还必须具有调度外部资源的能力，企业应该学会从外部寻找竞争资源，一直找到竞争对手，此为"与狼共舞"。

从管理到经营——所谓管理主要是对内部资源的控制和利用，其重点是在企业内部。由于仅仅靠内部成本的降低会有极限，因此，企业应该同时看到外部，某些管理的重点也要从内部转到外部，比如客户关系管理。

从非编码到编码——企业内部许多信息处理仅仅在内部共享，往往是处于非编码状态，为了与其他企业交流，就需要实现信息从非编码到编码的转变。实际上，就是在企业的内部，这种转变也是十分必要的。

从有形到无形——企业之间的联系除了有形资产的联系外，还有无形资产的联系，这是由于对于某些最终消费者来说，无形资产的作用超过了有形资产，因此，导致了供给领域无形资产带动有形资产的情况。为此，更需要提高注意对于无形资产的管理。

从经营特许到行政特许——在一般市场竞争中，企业通过长期竞争实践获得竞争优势，利用优势地位开展连锁经营，从而实现了无形资产带动有形资产。某些垄断领域，特别是公用事业领域，政府完全没有必要自己包打天下，而采取特许连锁的办法，调动社会力量实现原来的目的。因为政府天然就具有这种垄断力。看看优势企业是如何为无形资产的增值而努力的吧。企业积累无形资产的目的是再变成有形资产获得利益。

目前政府的固定思维是什么？严格划分国有资产的界限；仅仅注意有形资产的数额；做了许多自己干不好、不该干的事情；不能放下"领导"的架子与企业平等做事，等等。现在，到了政府向企业学习的时候了。

第 24 篇　免费港澳游的秘密
（外一篇："水煮"紫荆花）*

　　2004 年秋季，北京到香港、澳门 4 天 3 晚旅游的报价一般是 1600 多元，最少的只有 1500 元。一些广告如下标明："不足一趟飞机票游遍香港。"如果说直飞香港可能不到单程的机票钱。假如从深圳过境，北京到深圳的单程打折机票曾低到过几百元，那么，一千多元的报价也仅仅够飞机票钱，除此之外，住宿、吃饭、市内交通、轮渡、公园门票全部免费，旅行社又挣什么？看上去这真是不可思议的事情。但是，事实上这样的"除了机票外完全免费"的旅游确实存在，免费住三星级酒店（个别的还可能是四星级）、免费 6 正餐 3 早餐（管吃饱）、市内大巴全陪、港—澳轮渡、香港海洋公园等景点门票全部免费！

　　现在的问题是，究竟人家挣什么？

　　首先，从整体上来分析。目前，从内地到港澳旅游手续非常方便，北京、上海等地的居民更是简单，用户口簿就行了，办通行证每人 100 元（5 年有效），签注香港、澳门每次各 20 元（3 个月内有效）。旅游到香港、澳门干什么？旅游内容非常丰富，比如在香港可以看大高楼、游维多利亚港湾、国际会展中心、浅水湾、黄大仙庙、登太平山看夜景等，特别是在海洋公园，游客可以观看动物表演、乘坐各种各样观览车等。在澳门，导游会带你去看大三巴门、妈祖庙等。另外，乘坐从香港到澳门的快艇也是很好的经历。

　　除了一般的游览外，在香港的一个重要内容是购物。导游要带你去首饰、电器、服装等专卖店。由于在香港是免税的，所以数码等产品比内地便宜。在晚上自由活动时间，自己还可以到铜锣湾、尖沙咀等"购物天堂"逛一逛。假如某位旅客在香港购物时买了一块名表花了 1 万元，就可能比其旅费要多得多。

　　在澳门导游也会带你到食品、服装、电器等专门店购物。当然，澳门的主要特色

---

　　* 参见《水煮紫荆花》，载《高层管理》，经济管理出版社 2005 年 4 月。

是博彩。赌场随便进，可以只看不玩，也可以小试身手。"赌大小"最简单，猜三个色子的总和，4 到 10 点为小，11 到 17 点为大，押对了庄家给你，押错了你给庄家。"老虎机"更简单，花 100 元换 50 个钢币，可以玩好一会儿，听到"当、当"掉下钢币的声音感觉挺不错的。再就是跑马，可以轻松地参与。显然，绝大多数老百姓不是赌徒。2003 年到澳门游客近 1200 万人，内地游客占了一半以上；2004 年估计达到 1500 万人，相当于本地居民人数的 30 倍。这个倍数在全球旅游业是很高的。

总之，香港旅游的特色是购物，可以称之为"购物旅游"；澳门的特色是博彩，可以称之为"博彩旅游"。购物的消费与博彩的花费很可能超过了单纯旅游的花费。因此，旅游价格比较低是完全有道理的，从总体上看，香港、澳门方面在旅游费用上少挣、不挣甚至于赔上一些都是合算的。这是对"免费港澳游"的总体解释。

虽然在整体上有一个估计，但是在每个经营主体方面又是怎样能平衡的呢？关于吃，正餐每桌 8 个菜 1 个汤，米饭管够，总能吃饱。饭店方面虽然赚得不多，但有稳定的客户，薄利多销总有盈利。关于住，澳门并不是只有专门的赌场，游客所住的酒店中往往就有一层游艺室，在那里可以玩大小和老虎机。酒店住宿费没挣多少，游艺室也是重要的收入来源。

在这之中，旅行社的收益，特别是导游的收益最为关键。看上去似乎旅行社和导游在"赔本赚吆喝"，实际上，他们自有来钱之路。导游挣钱主要有以下一些渠道：第一是对游客强制性收费，比如"按国际惯例"向旅客每人每天收取 20 元的小费；到跑马场（在澳门根据当天情况不同也可能是看赛狗或去黑沙滩之类的地方）每人要交 100 元。第二是带到商店的提成，每个团进入一家商店时发给每人一个号牌，购物时记录该号牌，就是该导游的业绩，以后旅行社有奖励。第三是出售纪念品，如一套纪念钥匙链 100 元、一盒"赌王"牌卷烟几百元等。令人难忘的是从香港到澳门坐船前购买紫荆花纪念品的经历（参见外一篇）。总之，导游以及旅行社挣得并不少，完全不必替他们担心。

现在来看一下游客方面的情况。虽然从总体上讲，购物与博彩的支出是大头，而对于每一位游客却有很大的不同。那么，从游客角度看，除了交的旅游团费外，主要会有哪些"额外"的支出呢？可以把这些支出分成三大类：第一类是强制性的如小费和跑马费（到了跑马场才知道，进门根本不收门票费，导游对我们每人收了 100 元，还填好了"白送"给每个人第一场各 10 元的彩票。实际上，如果自己来到场地也需要车费的）。第二类是完全自愿的，如上游艇看夜景、在车上买纪念品、在驻地游艺、看其他表演等。第三类是时间锁定消费自由，如到专卖店购物、到赌场的花费等。

　　显然，导游带你到哪里，不能不去，因为行李在车上，旅店每天一换，下一站到哪里也随时变。你可以不购物、坐到椅子上休息，但必须在指定时间上车。你可以少花钱或不花钱，但是损失了时间。当然，游客也可以尽量增加其他收获，例如观看金银首饰制作工艺等。假如想获得完全的时间自由也可以，那就报名参加"自助"旅游团，价格至少高出 1 倍。不管怎么样，自己玩的话，吃、住、交通、参观、娱乐等的支出肯定比参加旅行社组团要高得多。"时间就是金钱"在这里得到了另外的解释。

　　还有一个引起过思考的问题，香港、澳门方面对于大陆游客的"市场策略"还需要进一步调整。比如说，香港有的指定专卖店价格偏高，可以推出一些物美价廉的纪念品；海洋公园里面各项游艺机全部免费，参加游玩的人员大多秩序不好也不安全，可以考虑适当收取一点费用；澳门博彩业中老虎机比较单调，"玩大小"等100 元起点太高，应该适当降低，跑马的 10 元一注比较合适。

　　跑马不仅起点低，而且玩法简单，回馈率高：10 匹马赛跑，你可以押某一匹马跑第一，也可以押某两匹为前两名，还可以押某三匹为前三名。押错的钱按照某个规则分给押对的，当场兑换。香港跑马场为政府拥有，交给非营利性质的香港赛马会来运营。投注所得的 81% 回馈给彩民，14% 作为税收上缴政府，3% 支付日常运营（所有的工作人员开支都从这 3% 中出），2% 用于慈善事业。日本东京跑马场则是一公立的法人机构。

　　总之，如上所述的"港澳免费游"的启示在于，一般的吃、住、行等都是"手段性消费"，游览、购物、博彩等属于"目的性消费"。总的发展趋势是，"手段性消费"的价格在降低，"目的性消费"的价格在提高；前者为"鱼饵"，后者为"鱼"本身。舍不得鱼饵钓不到鱼，这个道理和"免费送手机"之类的促销措施是完全一样的。归根结底，香港、澳门的特色旅游支撑着这一旅游事业。当然，也许有人会说，广州有跑马场，北京也有跑马场，只是没有开放，人们只好到港澳来。那么，过了多少年之后，内地一些城市都有了跑马场，目前的"港澳免费游"是否将失去光彩了呢？现在就下结论还为时过早。在特色旅游上下功夫，是我们应该从"港澳免费游"中得到最深刻的体会。模仿可以提高自己的竞争力，但是只有创新才会具有最光明的前途。

外一篇："水煮"紫荆花

　　这一天旅游的首要内容是乘轮渡从香港到澳门。昨晚已接到通知：必须早起，赶到码头去吃早饭。在从香港驻地到轮渡码头的路上，不仅已经熟悉了的中巴换成了一辆豪华大巴，而且一直陪同我们的导游也换了一位新的。这位新导游给我们做了十多分钟的介绍，后来，回忆他的讲话成为了笔者这次港澳游最难忘的经历之一。

"我姓林，双木林，是旅行社市场开拓部的经理。旅行社通知我，你们这个团是非常重要的客人，所以派我来送大家。"这个戴着眼镜的小伙子一本正经的开头语，弄得我们 21 位旅客顿时感到身价倍增，虽然我们并不觉得自己是什么"非常重要的客人"。

林导很快地进入了铺垫性讲话，他主要讲了两个关键词："风水"和"善事"。"香港这个地方非常讲究风水，比如某个公司盖房子，门朝哪个方向开，老板的椅子放到哪里等，都要请个风水先生看一看"（这在我们的一些人看来不整个就是一个迷信吗！）。为了印证这一点，他还补充说："一些国家领导人出国前，往往要请风水先生算一算，假如今天不宜于出门，就得换一个日子。"

关于善事，他在讲解"做善事总能得到回报"的若干"基本理论"之后，也举了具体的例子："澳门赌王何×× 已经娶了 4 个老婆，最近又娶了一位大明星为第 5 个老婆。各位不要疑惑，何×× 是按照早先的规定，是可以取多个老婆的。他赚了很多的钱，到处做善事。结果怎么样，虽然一直都没有孩子，但是到了 80 岁喜得贵子。为了证实这个孩子是他的，还特地到美国做了 DNA 鉴定。最后结论证明孩子就是他的。"各位旅客听到这里，完全相信林导讲的都是真的了，谁也无法去美国验证有没有这回事，也没有时间考虑为什么必须到美国去做鉴定之类的琐碎情节了。

很快的林导开始进入正题。"各位旅客可能已经知道紫荆花是我们香港的区花了。紫荆花四季开放，象征着给人们带来好运。比如当年李嘉诚曾经给董建华送过三朵紫荆花，祝他官运亨通、财源滚滚、身体健康。果不其然，董建华继续当选为特首，尽管有人反对他；董建华以前就很有钱，后来更是发了大财；董建华的母亲已经 102 岁了，至今仍然健在。这些都是紫荆花的作用。"

"1997 年香港回归时，中央国务院为了表示庆贺，特地制作了一座大型的紫荆花雕塑，作为珍贵的礼物送给特区政府，就是在国际会展中心前面摆放的那个。它是由几十吨金属铸造而成的，其中有十多公斤的黄金，所以总是金光闪闪。"

接下来的一段十分关键。"香港政府为了感谢前来参加盛典的各国贵宾，特地制作了 5 万件按照国务院礼物微缩的模型，除了赠送给 4000 多位国际贵宾之外，还受到香港居民的热烈认购，价格仅仅是材料费 660 元港币。"（听到这里，笔者已

经意识到下面要讲的内容了）

　　"今天我给大家带来了一些样品供大家观赏。"然后，他讲了购买这款纪念品的众多理由。笔者给总结归纳了十条。当然，他当时并不是按照如下顺序讲的了。

　　第一，真金足银——"这个样品的材质与会展中心前面的那个完全一样"。（因此里面一定有黄金）

　　第二，最佳纪念——"大家到香港一游，总应该留个纪念，这就是最好的纪念品。无论是留给自己还是送朋友都是非常合适的"。（此条成立）

　　第三，带来好运——"前面讲过李嘉诚送给董特首的例子，各位得到这个紫荆花，将来也一定会得到好运。你们很快到澳门，拿上这个可能会有好运"。（谁不希望得到好运呢）

　　第四，爱国热情——"这个纪念品下端有个开关，一打开就能听到国歌"。大家拿着样品一试，全车响遍国歌声，人人热血沸腾！（爱国主义是多么伟大的情怀）

　　第五，积德行善——"如果买了这个东西，所得款项将交到香港政府，全部用来支援低收入人群。"（原来以为香港是富人天堂，现在倒过来了，是内地"富人"支持香港穷人，可我们不算什么"富人"呀）

　　第六，政府权威——"这个纪念品是政府惟一负责出售的，在外面根本买不到，销售所得由司机交到香港政府。"（如此严密的安排！我们没有理由怀疑司机是否如数交到了政府手中）

　　第七，高贵诚信——"本旅行社是香港十大旅行社之一，由于你们这个团很重要，本旅行社专门向政府打了报告，特批了这样一些样品"。（我们没有理由怀疑有没有十大旅行社，也不必查看哪个向政府打的报告和批文）

　　第八，不是商品——"这是一个纪念品，每人限购两个，多了没有，假如谁想要三个，可以向只要一个的人转让过来一个"。（想多买些给朋友都不行）

　　第九，最后一批——"从1997年到现在共制作了三批，这是最后一批，机会难得"。（多么难得的机遇！不过笔者难以保证哪位读者以后来香港不可能又遇到"最后一批"）

　　第十，绝对优惠——"虽然香港人买要花660港元，对于今天的各位只收100元，而且是人民币"。（哪有这样便宜的事情）

　　听完上述"一个故事、十条理由"还能说什么呢？显然，它不是普通的商品，不是到处都能见到的、可以随便买到的商品——赶紧掏钱！林导的服务还特别好。有一位旅客说听不到声音，林导赶紧跑过来，在解释说"对不起，从1997年到现在都这么多年了，电池的电跑光了"的同时，又给换了一个。

实际的情况确实是所有的游客都买下了这个纪念品。在当今社会，人们已经不缺吃、不缺穿，一般的商品也不缺。人们需要新的消费热点，愿意购买的是一种情感、一个故事、一种记忆、一种精神、一种思绪、一种体验。紫荆花纪念品及其宣传恰恰具备了这些功能。

现在，"大话"、"水煮"等用古代历史评书当今道理的各种"说事"层出不穷。"紫荆花"并没有"三国"或"水浒"那样长久的历史，但也要拿来为体验经济服务。谢谢那位导游，他的认真表演可以说是给我们上了"体验经济"的精彩一课。

第 25 篇　足球欧洲杯的启示*

　　历时半个多月的欧洲杯足球赛不仅吸引着众多欧洲的球迷，而且得到全世界各国球迷的关注。许多人认为，参加欧洲杯决赛的 16 支球队除了老牌就是黑马没有弱旅，其精彩程度远超过世界杯，因为世界杯里不得不加进去中国这样的水平太差的球队。

　　据了解，有相当多的企业界人士也在看球。企业经营与足球比赛有相似的一面：都要经受残酷的竞争。二者的不同在于，足球比赛的结果简单、胜负鲜明，必要时通过点球决一雌雄，而企业竞争的结果可能不这么单纯和明显。从本质上讲，二者都是人与人的竞争，足球比赛更为直接，球员之间有身体相互冲撞；企业竞争要以设备、材料、产品为媒介。假如我们抽象掉企业生产经营的物质因素，可以认为企业竞争本质上就是人才的竞争，做企业就是做人。因此，通过欧洲杯考察分析足球比赛的特点，就好像照一面镜子，对搞好企业人力资源管理可能会得到一定的启示。

　　第一，双重团队——优秀足球运动员大都在高水平的俱乐部队踢球。俱乐部是企业化运作，有的俱乐部还是股票上市的股份公司，球队要给股东带来经济效益；国家队的胜负代表了民族的尊严与荣誉，有特定的受益范围。国家队组成的主要根据是在俱乐部比赛中的表现；反过来，俱乐部也会根据其在国家队的表现而挑选，因此，在某种程度上讲，国家队之间的比赛不过是俱乐部比赛的"资产重组"或"人员重组"而已。虽然举办欧洲五大联赛的国家队（意大利、西班牙、德国、法国、英国）已经退出欧洲杯，但参加联赛的球员还在场上，比如捷克队的巴罗什在英超利物浦踢球、欧洲足球先生的内德维德在意甲尤文图斯效力等。葡萄牙与希腊进入决赛，并不会使两国的联赛超过那五大联赛。总之，优秀的足球运动员身在两个团队中，是位于矩阵型组织的交叉点上。那么，一个优秀的企业界人士是否也应

－－－－－－－－－－

　　* 参见《人比球重要》，载《中国经营报》2004 年 7 月 5 日。

该处于两个或两个以上的组织之中呢？

第二，国际市场——俱乐部比赛作为竞技体育已经高度国际市场化，英国切尔西队老板是俄罗斯富翁；俱乐部球员是高度国际化的，巴西等南美高手也都参加进来；球员参加国内联赛、杯赛、洲的杯赛等，一年要有近百场的比赛；国家队球员必须拥有本国国籍，但教练可以是外国人。教练的经历也是高度国际化的，现在希腊队的教练雷哈格尔是德国人，有成功地执教德甲的经验；葡萄牙队教练斯科拉里是巴西人，曾是巴西队的主教练；英国队主教练埃里克森是瑞典人，等等。同样的道理，日本索尼公司为适应全球化战略正在准备增加外国董事人选。那么，中国国有企业的职工、董事或总经理是否可以是外国人？回答这个问题的关键在于是否参加国际比赛，如果企业不参加国际比赛，什么人都行；如果参加国际比赛，人员构成就很可能需要调整。

第三，扁平结构——球队的组织呈现扁平化结构，在俱乐部是老板—教练—运动员，在国家队是国家足协—教练—球员。老板或国家足协的主要职能是找到好的主教练；主教练负责找球员、决定训练过程和比赛策略。主教练权力很大，但达不到目标就得下台。主教练直接管着的就二三十人，每个人都是反复挑选、精兵强将，一个顶一个，没有吃闲饭的。这是非常简明的一级结构。而企业组织结构更为复杂，管理链太长，再加上集团化运作，可能出现机构庞杂、人浮于事、信息传递困难的情况太多，调整起来十分臃肿笨拙。另外，国有企业的问题一方面是强调所谓的"领导班子"而弱化了个人的责任；另一方面，不适当地突出了所谓的"一把手"而放弃了必要的制约。

第四，权责明确——由于球赛的结果非常清楚，因此责任也就比较清楚。权力与责任是对等的，而且完全落实到人。老板或国家足协确定教练，教练确定球员；老板或足协官员不可以代替教练现场指挥；同样，教练员仅仅是运筹帷幄，再着急也不会自己上场参加比赛。企业的情况常常是竞争胜负结果不明显，对于垄断行业来说，没有多少经营风险，没有失败的危机，也就不需要聘请能人。再一个问题就是权利与责任混杂不清，比如有的民营企业的老板事无巨细，大权独揽，喜欢"一竿子插到底"；国有企业的传统思维倾向往往是上边有权力，下边有责任，这就是一种出了问题找不到责任人的结构。因为下边没有权利，自然就没有责任。国资委直接聘任副总裁，董事会有什么责任？总经理有什么责任？出了问题国资委哪位领导负责？权责不对等的组织是完全不科学的组织。

第五，年龄配置——科学的组织结构要求成员合理的年龄结构。教练与球员的功能不同，其年龄范围也不同，教练不可能上场去踢，要求丰富的智力和经验。欧洲杯的名帅大都在五六十岁，希腊主帅雷哈格尔 65 岁，捷克主帅布吕克纳 65 岁，克罗地亚的主教练都 72 岁了。球员则要求有充沛的体力和技术，常常是新人辈出，18 岁的鲁尼刚打破最年轻的进球记录，很快就被刷新了。国有企业的问题是"一刀切"，对董事会的年龄要求与对工人的是否应该一样？对总经理考核的最主要指标是否是年龄？如果不进行这样的区分，很可能的结果是，不应该主要限制年龄的位置换上了不最合适的人，应该启用年轻人的地方又因为年龄问题给压抑住了。

　　第六，高度流动——虽然国家不能变动，但是俱乐部的股东是流动的，教练是流动的，球员更是高度流动的。球队内部也有竞争，荷兰球星克鲁伊维特是世界级大牌球星，在本次比赛竟然没有上场的机会。教练没有完成任务就得辞职，球员转会如同家常便饭。实际上，球员"下岗"也不一定是坏事。正所谓"人往高处走，水往低处流"。企业的组织惯性是僵化，本来应该是"因事设人"却逐步演变成了"因人设事"，部门之间"鸡犬之声相闻，老死不相往来"。许多老职工在传统国有企业一干就是一辈子。有的国有企业看上去更像政府机关，职位层级明显，不少人一心向往垂直向上提升。特别善于讨好领导的人员在市场经济中或在真正的企业里未必是个人才。这样的国有企业也不会有市场竞争力。

　　第七，用其所长——俗话说："千里马好找，伯乐难寻。"因为某个球员在这个球队没有发挥好，没有得到使用，换一个队可能会光芒四射。比如捷克的巴罗什在英国利物浦队并没有得到重用，名气也没有欧文大，但是在国家队中却大放异彩；葡萄牙队的波斯蒂加在英超比赛表现平平，却在关键时刻挽救了葡萄牙；希腊的查里斯特亚斯在德国布莱梅队只是替补，却为希腊立了大功。所以，主教练就必须知人善任，做到人尽其才。在企业里是否有压抑人才、打击人才的现象？企业应该是用人所长还是用其所短？是不是一些企业在为别人培养力量？是否有的人在一个企业发挥不好而换了个地方却表现出色？企业敢不敢保证每个人在本企业里都得到充分的发展？

　　第八，资产运作——球员是俱乐部最重要的资产，俱乐部球队可以买卖球员。球队付给球员工资为运营成本和费用，而转会费则是一笔一次性的交易价格。假如某俱乐部用 1200 万欧元买入某球员，后来又以 1500 万欧元价格卖出，一进一出就赚了 300 万欧元。在这里，所谓的转会费在俱乐部企业资产方面就是与球员签约的权利。这是一种人力资源资产化或无形资产有形化的运作。球员租赁也是常有的方式。一般的企业还没有这样重视人力资源，还没有采用类似的办法。在一般企业，所谓资产主要是设备、材料和产品，人员不在资产之列。企业更多考虑的是人力资源资本化而不是资产化。既然人力资源最重要，为什么不能衡量其价格并加以记录或转让呢？人员租赁不是可以的吗？现在还有的经营人才或老板让别人评估出了个人身价值多少亿元，那么，这样做的目的是什么？这位老板是否希望或可以转会到其他企业为别人打工呢？

第九，灵活战术——虽然在比赛中有一些成型的模式或队形，但必须在规范与灵活中进行变动。比如进攻是最好的防守，许多队为保守付出代价，因此要鼓励进攻，但在一定条件下需要以逸待劳，打好防守反击；一般情况下采取 442 或 352 队形，但有时就要大胆采取 253 队形，用 3 个前锋去冲击；每个人在场上有基本位置，但一些球员如菲戈、齐达内等也会积极跑位、左右扯动；练习射门时往往是面对球门，而在实战中要求抓住机遇、不拘一格，所以才有瑞典队易卜拉辛莫维奇的匪夷所思的进球。踢球是艺术，管理无常式，管理也是艺术。管理的精髓与灵魂在于创新。

第十，球星效应——人们爱看球星，这里不乏某些女性假球迷借机尽情欣赏英俊的帅哥。大牌球星是"双刃剑"，没有大牌，名气上不来；有了大牌，价钱高不说，管理难度增加不少。俗话说，"一山不容二虎"，西班牙皇家马德里就弄来了六大巨星。有的队将相失和很难办，球员可能在俱乐部赛中消极怠工，用失败的结果让教练下台，这叫"做掉教练"。在场上，能不能把大牌球星换下去也让教练冒极大的风险，如果获胜平安无事，如果输了则是罪魁祸首。法国的齐达内、英国的贝克汉姆一直留在场上，最后全队惨败；葡萄牙的菲戈被换下时自然对教练不满，但全队取得了胜利。在企业里，权利责任常常是不明显的，有时候会"屁股指挥脑袋"。一些职工和干部维护自己的既得利益，当然不愿意下场。这时必须听一个人的，该换球员坚决换，换错了教练下岗。假如权利责任没有到个人，胜负也不很明显，大家都是"主人"，那么得到一个非常可笑和可悲的结果也就不难理解了。

第 26 篇　　在"郎顾斗法"的背后[*]

深更半夜,一位行人看见几个人从仓库的墙头翻身而出,背上大口袋夺路而逃。行人拼力追赶,与那些他认定的"盗贼"们理论。后来双方准备对簿公堂……

近来,一场"儒战群雄"的好戏正在中国上演。"儒家"郎咸平成了"孤胆英雄";"群雄"则是海尔的张瑞敏、格林柯尔的顾雏军、TCL 的李东生以及德隆甚至于北大方正、清华紫光、三九集团等顶尖企业和企业家们。郎教授揭露这些明星有"偷窃"国有资产的嫌疑,企业家们奋力反驳,其中尤以顾雏军最为坚决。社会评论五花八门,双方支持者势均力敌、旗鼓相当。还有人为郎教授打抱不平,责怪其他经济学家龟缩一旁,太不够意思。

仔细一想,声明"抓贼"者与被指定为"盗窃"者要打官司讨公道,虽然他们的胆量值得敬佩,但实际上却是一件非常滑稽的事情——因为被盗仓库的财产主人并没有出来说话。假如主人盘查之后说并没有发现被盗,揭发者又如何应对呢? 换句话说,既然不是为郎家自己的财产,你如此这般"冒着生命危险"多管闲事又何必呢?

如果说这场大戏的主角都是时代的英雄的话,那么,不要忘记历史的规律是"时势造英雄",而不是"英雄造时势"。郎顾们不过是把改革开放以来一直争论的话题戏剧化、尖锐化罢了。他们仅仅是前台表演的演员,成就这部大戏的真正的主角还待在幕后。

这部大戏的滑稽之处在于仓库的主人保持沉默,很可能一直沉默下去。显然,国有资产是否流失了必须由国有资产的主人回答。普通住家居民的新双缸洗衣机几百块钱买来的,用几年旧了之后卖给收破烂的只得到几十元或十几元算不算"家有资产流失"? 马路商店卖鞋的挂出"跳楼价"算不算流失? 为什么很少听到"个人资产流失"或"法人资产流失",却总是听到"国有资产流失"? 人们完全有理由怀

---

[*] 参见《在"郎顾斗法"的背后》,载《资本市场》2004 年第 11 期。

疑，国有资产是一类比较容易流失的资产，或者说国有资产处于容易流失的状态。

长期以来，大多数经济学家坚持认为，国有资产的所有主体"缺位"是国有资产流失的总根源，是经济体制改革的根本性课题。郎教授矛头指向知名企业家，责怪企业家们的尽职道德有问题。这与当代中国主流经济学家们的基本判断有着明显的不同。对此我们没有兴趣向郎单独再次说明。

现在让我们集中讨论国有资产为什么会那么容易流失。在这个问题上认识的分歧时间已经很长久、思想很难统一了。

第一，流失与交易。许多人认为，流失与交易密切相关，流失伴随着交易，或者说在交易中容易流失。实际上，所谓的流失有两种情况：交易流失与非交易流失即使用流失。前者引起人们关注，后者常常被忽略。实际上，使用中的流失更为大量和经常，只不过人们已经司空见惯、习以为常罢了。可以认为，亏损就是流失。"冰棍现象"就是自然而然地流失殆尽。某些企业出现大黑洞还不算流失？资不抵债的企业谁负责了？谁跳楼了？公车是国有资产吗？谁能保证没有公车私用？能够防止公车私用就能防止国有资产使用中的流失。可惜的是，"只要不转让就没有流失的嫌疑"的错误思想已经根深蒂固，国有资产在"不转让不流失"的糊涂理念下流失了许多，在"不转让不流失"的幌子招牌下造就了一大批的蛀虫。

第二，所有者缺位。既然是转让，就是所有者的行为。不同的人处理态度不同，不可能完全一致。确实有经营者"自买自卖"的情况，他们当然会廉价地把国有资产卖给自己，这一点非常可以理解也很正常。问题在于个人或企业的资产能随便让别人"自买自卖"吗？别的国家的国有资产也可以让经营者"自买自卖"吗？这些资产转到经营者手中后还能让他们所雇佣的人再模仿表演一次"自买自卖"吗？大概不能。因此，问题的关键在于建立健全国有资产管理体制。全部的国有资产都归国务院统一所有？改革开放前有些地方国有企业比如邯郸钢铁公司，后来都归国务院管理，建立现代企业制度归根结底是国有产权的明晰。可惜的是，这个问题长期以来没有得到相应的重视，成立过国有资产管理委员会被撤销了，现在又新成立了。就是到现在为止，国有资产分级所有的体制也没有真正确立。假如负责出售国有资产的人员出售之后，可能会被上级认定"流失"从而影响到自己的"乌纱帽"的话，那么，最妥善的办法就是不出售。山东出了个"陈卖光"，到底是英雄美名还是贼犯罪名？在这样的大是大非问题面前怎么可以黑白颠倒呢？

第三，价格的确定。既然我们要调整产业结构，要"有进有退"，国有资产交易就不可避免。为防止交易中的流失，国资委规定不得低于每股净资产。这是底线，只要高过这一价格成交，就没有流失的嫌疑了。看上去这是一个适合各种情况、解决一般问题的"灵丹妙药"。可惜的是，问题没有这样简单。如果是卖资产，需要评估，也有各种办法；如果是卖股权，先资产评估，再减去负债得到净资产，那也仅仅是开价，是否让人还价？如果你对资产评估得过高、开价太高，人家不买又如何成交；假如拍卖要看市场范围，你内部处理或小范围拍卖自然不公平不科学；说到产权的价格，应该是与资产无关而与利润有关，此为"市盈率"的道理。综上所述，我们的结论是，没有合理的价格，随着购买者范围的不同和市场操作过程的不同，成交价也完全不同。那种规定统一尺度的做法仍然是"越俎代庖"习惯的翻版，仍然是淡化所有者主体传统的延续，因而是不成立的。

第四，历史的负担。在成交价格的确定方面，国有资产管理部门总要考虑到单位职工这一历史负担问题，回避、拖延是普遍的现象，最好的结果是把这个负担完全转嫁到新所有者方面。这看上去很像商店里令人恼恨的"搭售"。实际上，这种改革成本并不应该由新所有者独自承担。既然原来国有企业职工的工资、保险等已经转化为国有资产了，那就应该由全部国有资产来承担而不应该由那个企业的资产承担。所谓"买断工龄"也没有统一的价格。大庆油田的标准是每人每年补 4000多元，平均每人可得 10 多万元，后来又出现了闹事。这本来就是两碗水难以端平的事情。没有条件的地方，发给 1 万元也就打发走了。全国各地各行各业规定统一价格可能吗？问题的关键不仅仅在于一次性的价格，而在于后续市场化的平稳过渡。长期以来，把"国有资产保值增值"放到首位的观念，忽视了改革成本的负担，忽视了以人为本，忽视了国有资产向人力资源的"反哺"。不迅速果断地用存量资产解决这个问题，国有企业老职工就总摆脱不了"人质"的命运，就总会作为"定时炸弹"而威胁整个改革的进程。

第五，经营者问题。在国家与大家（职工）中间有企业家（经营者）问题。不管是什么所有者，只要是两权分离，就会有信息不对称，就会出现"内部人控制"。对经营者的激励也是个非常敏感的问题，也不存在着简单地"高出平均工资多少倍"统一的价格。张瑞敏该得多少谁研究了？在中国，问题就表现得更加极端，就好像在"走钢丝"：要么是所有者（政府）的超强控制，要么是放任自流，经营者"自买自卖"；要么从表面上要求经营者"个个是雷锋"，要么是经营者暗地里拿多了落得个身败名裂、前功尽弃。这个平衡点根本没有找到过。实际上，外国企业也有类似的矛盾，解决的途径之一是透过董事会的提名、审计、薪酬等专门委员会。在我们改革的过程中，不适当地移植了机关干部管理模式，片面地突出了"一把手"和一个"领导班子"，其结果往往是对"一把手"上边管不着、下边管不了。新的国资委搞过"全球招聘副总裁"等创新，但忽视了董事会的作用，现在开始提出加强董事会建设问题，算是找到门了，确是一大进步。

第六，经营者收购。既然两权分离后难以激励和监督经营者，那就莫不如干脆由经营者持股，让他们自己激励自己、自己监督自己。这在某种程度上是对现代企业制度的"哲学否定"。在中国，传统的国有企业已有通过各种股权设置经营者的探索，其特征是将国家股的收益权暂时转给经营者，一方面没有"流失"的危险；另一方面又调动了经营者们的积极性。国外上市公司经营者"空手套白狼"似的"经理人收购"（MBO）是因惧怕公司被恶意收购，由金融机构与经营者联手的赌博。在中国，上市公司的经营者激励非常隐蔽，不仅"零董事现象"已经司空见惯，而且直接收购本公司的股权麻烦太多，因而发明出了一种叫做"间接 MBO"或"曲线 MBO"的方法，即经营者（在某种程度上也包括职工）组成团体，收购集团公司也就是上市公司母公司的股权。在这之中有许多办法可以降低收购成本，比如扣除债务、职工补偿金等。其结果，经营者用最小的代价达到了收购的目的。当然，那个"壳"的详细情况不需要披露，人们看不见面具后面人的真面孔。这是国有资产转移大潮中最精彩的一幕，完全可以申请诺贝尔奖金，名字就叫"收购他妈的股权"。

第七，官员的作用。在诸多主角中，官员的功能不可小视。中国正处于从计划经济向市场经济的转轨过程中，国家与政府既是改革的发动者、领导者，同时也是改革的对象。他们应该代表着国家的利益，但是晚上回家也不一定不考虑在某项决策中个人的好处。官员与国有企业的经营者关系密切，经营者由官员任命，经营者的许多决策要经过官员的批准，经营者的出路也可能是当官。因此，官员的价值取向和行为模式在许多情况下起着主导的作用。现在，情况已经发生了明显的变化，官员们的目光不仅仅盯在国有企业上了，因为油水不一定是最多的了。江苏铁本案中有官员的身影；仅有百万人口的唐山市，除了一家唐钢集团是国有的外，地方政府批了近 60 家民营钢铁企业，没有批准而在生产的有 200 多家。换句话说，官员原来的"舞伴"是国有企业的老总，现在换成了民营企业的老总。官员与企业走得太近容易滋生腐败。官员天生就是戴着面具的个人。

第八，矛盾的焦点。本来，一般民众并没有那么关心国家大事，腐败也好，流失也好，与自己关系不那么直接，没有必要出那个头。中国人的忍耐堪称世界第一。中国人也不信什么教，弄个"人体炸弹"同归于尽。但是大家心里都明白，国有资产要转换，不管转到什么人手里，总比原来无人问津强，是一个历史的进步。不过，总应该有个明确的说法，把该出售的国有资产平均分给每个人，回归到"全民所有"更为公平？邓小平同志"让一部分人先富起来"非常英明，但是那些"近水楼台"的人们通过"暗箱操作"、官商合谋，堂而皇之地瓜分了公有财产，人们并不是没有察觉。人们压抑着不满。郎教授大吼一声，不过是现代版"皇帝的新衣"的表演而已。任何人都看得出来。当初皇帝本人是否认为没穿衣服呢？国有资产的主人是否认为有所流失了呢？主人并不认为流失了，外人认为流失了着急上火又有什么意义呢？

郎顾都是英雄，都是比电影大片"英雄"中更加高大的英雄。既然企业家能用9亿元资产控制100多亿元，为什么国有资本不能这样放大呢？这不正说明资本不如人本吗？不正说明企业家是市场经济最短缺的资源或者说官员不如企业家吗？新加坡国有淡马锡控股公司管理着几千家企业无一亏损，其董事会成员的一半是民营企业家，我们为什么不能名正言顺地利用企业家的聪明才智来管理好国有资产呢？

郎教授吼了，"舍得一身剐"的精神勇气可嘉，不过也许拉错了人。另外也不要怪别人"集体失语"。我们早已吼过了，矛头也有所不同，我们不能同意主要矛盾不在于所有者缺位而在经营者信托缺位的判断。

从仓库翻墙而出的人们还在跑，不见守卫人出来追。正在跑着的人是一群与仓库完全无关的劫匪，还是把大门的守卫（国有企业经营者），亦或是把守二门的警卫（政府官员）？由于戴着面具，谁也看不出他们的真面孔，也不可以随便乱猜。没有必要杞人忧天，主人不是哑巴。

第 27 篇　对国资委近期改革措施的评论*

长期以来，人们以为计划与市场水火不容，股份制就是私有制。1992 年春天，邓小平同志南方谈话冲破了几十年来人们思想观念的束缚，将改革开放推向新的高潮。可以认为，邓小平理论的灵魂是解放思想。

新的国家国有资产管理委员会成立之后，马不停蹄地出台了一系列有关规定，极大地加速了国有企业改革的步伐。其中既有体现了大胆改革的一面，也有许多问题值得进一步探讨。现分别讨论如下。

一、对《关于规范国有企业改制工作的意见》的意见

国务院办公厅转发的国务院国有资产监督管理委员会《关于规范国有企业改制工作的意见》，是指导国有企业改制工作的重要文件，对于促进与规范市场化运作的意义非常明显。

在认真领会其精神的同时，对某些问题还可继续探讨。

第一，改制与流失——确实在国有企业改制工作中出现了一些不够规范的现象，造成国有资产的流失。但是，不能认为国有资产只有在改制时才会出现流失，不改制也可能流失，亏损就是流失。实际上，之所以要改制，就是因为国有资产处于最容易流失的状态。

第二，提出与批准——长期以来，国有资产交易不流畅或者说停滞不前，主要原因在于责任人不明确，"国务院统一所有"，大大小小的国有企业改制都要国务院制定方案？今年的"两会"明确了分级所有，前进了一大步。因为不同主体决策不一样。那么，国有资产监督管理机构是出资者还是一般管理者？国务院国有资产监督管理委员会自己提出改制方案自己再批准？批准的人有什么责任？以前的上市公

---

　*《解放思想不动摇》，2004 年 7 月 31 日"邓小平理论研讨会"论文。

司不是都经过批准吗？出了问题谁负责了？

第三，借贷与产权——清产核资时必须核实与界定国有资本金及其权益。但是"国有企业借贷资金形成的净资产必须界定为国有产权"并不准确，因为所谓的净资产即所有者权益就是总资产减去负债。换句话说，不管是从哪里借贷的，都只会形成总资产。如果资不抵债了，净资产就是负的了。

第四，资本与利润——定价的基础应该是净资产吗？答案是否定的。因为如果是那样的话，就可以把资产评得越高越好，减去负债剩下的就越多。至于资产怎么定价呢？重置法？历史成本法？没有科学的办法。一台旧电视机值多少钱？实际上，产权转让的基础是利润，即每股价格等于每股盈利乘以一个倍数（比如 10 到 15 倍）。这就是所谓的"市盈率"的道理。因此，应该以盈利水平为基础确定价格。

第五，开价与还价——向非国有投资者转让国有产权底价的确定主要依据资产评估的结果，上市公司国有股转让价格在不低于每股净资产的基础上，参考上市公司盈利能力和市场表现合理定价。但是，这仅仅是开价，既然是要卖，就得允许别人还价。国有产权也和马路上卖鞋子的情况一样，你开出一个 888 元的价格，别人就非得以这个价格成交不可？那不就太"一相情愿"了吗？

第六，安置与补偿——在底价的确定主要依据资产评估的结果，同时要考虑职工安置等因素，这有一定的困难。转让价款不够安置职工的就不转让了？本来，计划时代职工低工资，必须得到补偿，也不一定只由本单位补偿。一汽支援二汽了，一汽再自己补自己？国家应该统一支付改革成本。

第七，逃债与转股——市场经济原则以及现代企业有限责任制度就是要保护债权人的权益，现在提出要严格防止利用改制逃废金融债务，但是，前些年的"债转股"的时候，有的企业先是要求"债转股"，然后又借债，他们幻想着再次的"债转股"。这岂不是沿着相反的方向运动了吗？

第八，自买与自卖——以前确实出现过经营者自买自卖的现象，这并不能怪经营者，而应该怪国有资产管理部门不健全。无政府主义是机会主义的影子，那种情况的根源还是在于出资者缺位。

总之，国有资产所有者必须落实到机构，既不应是宽泛的"人民政府"，也不能是具体的经营者。

二、对《企业国有产权转让管理暂行办法》的解读

新出台的《企业国有产权转让管理暂行办法》（以下简称《办法》）也是一个非

常重要的指导性文件。笔者认为，至少有以下一些问题值得认真思考。

第一，《办法》的意义。防止国有资产流失是人们一直关注的问题。长期以来，在一些人的头脑里形成了某种思维定式，似乎国有资产只有在转让时才会因价格过低而导致流失。于是，有关部门自觉不自觉地回避产权转让，对那些大量的在不转让时的流失现象视而不见。显然，出台这样一个《办法》是非常必要的。

第二，产权的内涵。从狭义上讲，产权仅仅指的是国有股权即国有企业的净资产或所有者权益。从中义上讲，国有产权还应该包括债权形式的权益。从广义上讲，国有企业的法人财产权也属于产权的范畴。如果限定为国有产权，应该主要包括股权和债权两项。在这个《办法》里，采用的是狭义的概念。而在实际操作中，债权也是非常重要的内容。已被设置为担保物的产权就更为复杂。

第三，转让的主体。出售国有产权，明确行为主体最关键。《办法》规定，国有资产监督管理机构、持有国有资本的企业为转让方。首先，以前并没有专门的国有资产监督管理机构，所以就没有任何人对出售国有资产负责。长期以来的提法是"国有资产归国务院统一所有"，显然，国务院根本没有能力对任何一项国有资产的交易完全负责。这是许多学者一直批判"国有产权主体虚置"的原因。2003 年"两会"时提出了"分级所有"，才开始走上了正确的方向。其次，"持有国有资本的企业"本身并不明确，一个企业持有另外一个企业的股权，究竟是国家所有的还是企业法人所有的？在这之中，"授权经营"是个很不科学的概念。必须严格地区分国有产权与法人产权。

第四，交易的类型。转让可以有两种基本的方式，一种是内部的交易；另一种是公开的交易。前者会带来一系列不良后果，很可能导致腐败；后者要通过专门的产权交易机构公开地进行。所谓"不受地区、行业、出资或者隶属关系的限制"，意思是不可以仅仅在行业内部转让，也不能仅仅是体制内的转让。接受方的范围不同，最后的交易价格肯定不同。总之，需要提高市场化的程度。党的十四大就提出了"建立社会主义市场经济"的伟大历史任务。现在我们更加清楚了，资本市场的建设，特别是国有产权进入市场才是建立社会主义市场经济的核心环节。

第五，价格的确定。《办法》规定，必须在资产评估的基础上确定价格。其意思是先评估资产，再减去负债，按照净资产的水平确定价格。这种做法也值得商榷。如果说卖的是资产，可以采取资产评估的办法。本来，总资产的价格就难以精确计量，一台旧的洗衣机值多少钱？总资产估得越多越好？而如果卖的是股权形态的产权，那就不应该以净资产为基础，而应该以每股盈利为基础，即每股盈利乘以一个叫做"市盈率"的倍数。另外，《办法》规定在产权交易过程中，当交易价格低于评估结果的 90％ 时，须暂停交易，那么，"流标"则可能是很正常的。马路上卖鞋的说"888 元一双"，买者还不可以"拦腰一刀"？

第六，职工的处理。国有企业产权转让的收入涉及该企业职工的处理。因此，《办法》规定，转让涉及职工合法权益的，应当听取转让标的企业职工代表大会的意见，对职工安置等事项应当经职工代表大会讨论通过。现在的问题是，并不应该仅仅用本企业的转让收入安置本企业的职工，而必须从更大范围来考虑。比如，可以用商场、铁路、电信等行业企业的国有资本转让收入来安置钢铁、化工等行业企业的职工。总之，国有企业不是哪个企业职工的企业，国家必须付出改革成本。

第七，买方的条件。《办法》规定，转让方可以对受让方提出必要的受让条件。这些条件还比较笼统。在一些发达国家国有产权转让时，往往要求先寻找若干与该企业有经营联系的企业为对象，这就是所谓的"战略投资者"。有的国家规定，如果没有找到合适的战略投资者就不实行转让。我们也完全可以借鉴类似的办法。

第八，付款的方式。《办法》规定，转让价款原则上应当一次付清。如金额较大、一次付清确有困难的，可以采取分期付款的方式。住房、汽车都有按揭贷款，产权转让为什么不可以？再说，职工收购或经理人收购（MBO）也主要是看重改换出资主体后效益的提高，是用利润来还贷款的。因此，在一定程度上放松付款条件是必要的。

第九，批准的机构。《办法》规定，国有资产监督管理机构为监督方。前面说过国有资产监督管理机构为转让方。那么，国有资产监督管理机构既是转让方又是监督方？在篮球比赛场上，一个运动员又当裁判员？显然，这样的安排并不很合适。

总之，这个《办法》的出台是一大进步，但是，许多问题还需要在实践中摸索。方向已经明确，步子已经迈出，前途是光明的。

三、对"全球招聘"的再思考

国资委成立后不久就对 6 家中央所属大型国有企业的 7 个高级岗位向全球公开招聘，这是一项震惊中外的举措，是中国国有企业改革的又一个重要突破。对此，我们可以从事件的背景、中国国有企业改革的历史沿革以及国际间的比较等多个角度进行分析。

（一）走向国际市场的必然

我们之所以对此事件持肯定的态度，是把它放到中国国有企业改革的历史阶段中来看待的。我们可以把 2001 年中国"入世"当成国有企业改革的一个"分水岭"。如果说在那之前的特点是"对内改革促进对外开放"的话，那么，"入世"之后的特点就变成了"对外开放促进对内改革"。

人们还记得，在改革开放初期，我们"利用外资"的原则是"两头在外"，即利用外商的资金、技术、管理等，在国内加工产品，再利用对方的销售网络，把产品销售到境外去。也许这对保护弱小的民族工业起到了一定的作用。但是，外商可以通过"高进低出"控制利润，甚至于把内地生产企业的利润控制到零或负数。在资本市场，我们主要向国有企业倾斜，境外企业没有上市的资格。公司股权结构与治理结构都出现了这样或那样的问题。

"入世"意味着全面融入国际市场，实际上，外商得以进入他们一直觊觎的国内市场，使得竞争更加激烈化，我们不仅看到中国企业与外国企业的竞争，还可以看到外国企业大亨之间的激烈竞争。中国企业还要大步走向世界。在资本市场，外资企业也将被允许上市。另外，民营企业也得到进一步的发展。这样，国有企业面临着更加严峻的竞争环境。

可以认为，企业的竞争归根到底是企业体制的竞争，是高素质人才的竞争，特别是高层经营管理人才的竞争。打个比方，如果中国足球队不参加世界杯比赛，什么人当主教练都可以；如果想打入世界杯决赛，就要考虑在全世界范围内挑选主教练。同样的道理，中国国有企业如果要参与世界竞争，就要考虑人才结构的变化，就必须在高层领导引进优秀人才。

总之，在当前"入世"和市场竞争日益国际化、全球化的背景下，国资委提出公开招聘副总级的高层管理者是人事制度的一大进步，是对传统管理体制的一大突破，因而是值得肯定的。

（二）治理结构认识的误区

对于这样一个事件，我们还必须"温故而知新"，也就是说应该回顾一下到目前为止我们在国有企业改革特别是治理结构的认识方面还有哪些模糊的地方。可以说至少有以下一些认识上的误区。

第一，"国务院直接任命总经理"。在建立现代企业制度试点时期，国有全行业控股公司试点单位要求规定国务院直接任命董事长。这显然与公司法的程序相矛盾。其原因是，这里的董事长为一"部级干部"，而多数董事都不是。这样，从新体制程序上看，应该由董事选董事长；而从传统体制看，就是由上级任命下级，于是"董事选举董事长"演变成了"董事长选董事"。

不仅如此，这些试点单位还要求规定国务院直接任命总经理。这与公司法更加矛盾，因为公司法规定由董事会聘任总经理。他们的理由是总经理也为一"部级干部"，同为一级干部，董事长如何任命总经理？这充分表现出新旧体制的格格不入。现在，有的人干脆提出，这些公司可以不设董事会。那还叫"公司"干什么？为什么不设立为公法人而非要勉强地往私法人上套？

第二，"加强领导班子建设"。传统体制的"领导班子"的概念被引进到现代公司制之中则出现了问题。"领导班子"是一个层次的意思，而现代公司至少有三层，董事会上有股东会，下有总经理。董事为股东的最亲近者、忠实可靠者，总经理为能人，他的流动性也较大。总经理本事再大也不一定能成为董事，更不一定会变成大股东。对国有企业来说，其所有性质表现在股东层，董事层完全可以请民间企业家参与，例如，新加坡国有控股公司淡马锡公司公务员与民间企业家一半对一半；英国水道公司的董事由国家任命，其职责是寻找最优秀的总经理，结果在国内找到了一位最优秀的民间企业家来干。这些做法都没有影响国有的性质。那么，中国国有企业的总经理可不可以是外国人？

第三，"关键在于选好一把手"。改革开放初期我们就已经得出经验，选择好"一个人"至关重要。但是，只有选择还完全不够。当初选于志安不对？选储时健也不对？当然，这些所谓的"企业家"出事情还有结构上的原因，储时健在企业任职的同时，还兼任地方烟草专卖局的局长，于志安也兼任地方经委的副主任。企业经营者应该拿年薪，政府官员就应该拿月薪。

实际上，所谓的"一把手"是旧体制的概念，就是在《企业法》中，也主要给了厂长经理 14 项权利。而现代企业制度的治理结构具有层次性，是一种民主议决与个人决策相结合的体制，任何人都没有至高无上的权利。股东选择了董事并非万事大吉、高枕无忧，还要激励和监督董事。因此，不适当地突出"一把手"的位置是非常不正确的。

第四，"找到了一个好人"。不仅片面地突出一个人的作用不正确，在如何找到这"一个人"的程序上也有问题。重庆特钢亏损了，从邯钢找来两个人，一个人任董事长兼总经理，一个人任党委书记。企业果然变好了。但这是不是普遍的办法？重庆市政府有什么责任？同样，东北制药 1996 年、1997 年两年连续亏损，沈阳市派人到企业调查，280 名中层干部有 80％的人认为，原来被调走的副厂长陈钢同志再回来最好了。结果陈钢同志回来后效果不错。这种办法是不是一般的办法？同样是职工意见，有一个企业经营得一塌糊涂，上级派人来问职工谁担任厂长最好，职工一致认为现在的厂长最好，因为只有他能保证企业在亏损的情况下给职工多发工资。这样的人还能不能用？

第五，"经营者激励靠年薪制"。应该说，经营者年薪制是对月薪制的否定，其方向是与股东利益相一致的，这与"多劳多得"的原则也是一致的。记得改革开放初期，对经营者的奖励很不规范，随意性太大。在后来的"年薪制"试点中也遇到许多问题，例如，不知道给谁——有的试点对象只有董事长，有的是董事长＋总经理，有的是董事长＋总经理＋党委书记，还有的是董事长＋总经理＋党委书记＋工会主席。再就是不知道从哪里出，也不知道给多少。许多地方是与职工平均工资奖金相挂钩，这就完全挂错了。实际上，"年薪制"不是一个好概念。因为它忽视或掩盖了结构性问题。似乎是国营企业、国有企业、股份公司、上市公司任何企业都可以搞。

第六，"出资者主要做好监督管理工作"。长期以来，国有企业的监督是最薄弱的环节，"内部人控制"现象比国外企业有过之而无不及。为防止国有资产流失，曾经探讨过许多办法，如"国有资产监视会"、"稽查特派员"，等等。结果并没有起到明显的作用。显然，这样做的问题在于没有明确监督对象，出资者首要任务是选聘董事，所谓监督是对董事的监督。假如没有董事而让监督人员直接监督总经理等经营管理人员，其效果是不会好的。因为"信息不对称"规律在起作用。换句话说，不把功夫下在董事会人选上，而先聘任监督人员，就好比是在沙滩上建造房屋，注定是不可能成功的。

（三）政府管理企业的边界

根据以上讨论，我们可以明确政府管理企业的边界。作为出资者即委托人，政府必须首先选择自己的代理人即董事会成员，再由董事会去聘任总经理等高级管理人员。这里必须注意选聘高级管理人员是存在很大风险的，根据权责对等的原则，谁具有了这样的权力，谁就必须承担相应的责任。换句话说，由于存在着信息不对称，出资者就不应该承担挑选高层经理人的风险。因此，政府管理企业的边界应该是选聘董事和监督人员，而由董事会去选聘总裁等高级管理人员。

如此看来，旧体制是一个责任不清晰的体制。现在中国的普遍问题仍然是上级部门有权力没责任，而下边企业人士有责任没权力。这样就没有人对决策负责任。如果董事会与经理层完全重合，那么，自己怎么任命自己？又如何自己监督自己？现在有的企业班子开会"三合一"，而"三会"的时限不同，决策内容不同。现在完全重合了，在减少矛盾的同时，是否会带来新的问题？显然，在现代公司体制中，权力并不是设计的基础。权力必须与责任相对称，每个董事会成员要对自己的行为负责，那种只考虑权力的分配或结构的做法就是犯了方向性错误。

总之，国资委直接选聘副总裁的高级管理人员，可能比较片面地注重了自己手中的权力，而忽视了相应的责任。这样做还会留下更为不好的隐患：股东自己直接选的副总裁，出了问题董事会负什么责任？总经理又能负什么责任？本来，选总经理或副总经理是董事会的责任，现在一下子轻松了；选错了经营者，董事会要被解职，现在则没有了后顾之忧。所谓现代企业制度本质上是权责明晰的委托—代理制度。国资委"一竿子插到底"，仍然是"耕了别人的地，荒了自己的田"，其科学性令人怀疑，其效果令人担忧。

（四）新加坡淡马锡的经验

下面我们不妨借鉴以下其他国家比较成熟的经验。新加坡淡马锡控股公司是当今世界最著名的国有控股公司之一。它直接控制着23家企业，间接控制的企业数约有2000家。在这里我们集中看一下政府与它的关系。

设立淡马锡控股公司的主要目的是为了掌管好政府在国联企业的投资。它在1974年按公司法注册为一家有限责任制公司，在性质上属于一个民间法人即私法人而不是一个公法人。实际上，它是由财政部独资拥有的公司。因此，淡马锡公司是由财政部负责监督的，由财政部里的投资司来负责监督淡马锡公司的运营和操作。

对于某些政策、重大决定以及大型的民营化项目等，淡马锡公司必须向财政部咨询，但是，财政部对淡马锡公司给予了相当的经营自主权。与此相对应，淡马锡公司在每年从国联企业取得红利的同时，也必须将自己利润的50％上缴给财政部。淡马锡公司每年向财政部递交审计过的财务报告。财政部也每年检查淡马锡公司的经营业绩。淡马锡公司必须汇报过去一年的工作，包括任何民营化与退出工作的进展，甚至于包括下属主要国联企业的财务状况，等等。

在组织机构方面，董事会被委托全权处理淡马锡公司的所有业务与事项。淡马锡公司的董事会共有10名董事，他们之中既有公务员，也有民营企业界的人士，其任命是由财政部复审并由新加坡总统批准的。现在的10位董事中，有6位来自民营企业界，4位是公务员。

为了更好地完成其使命，董事会下设两个委员会。一个是执行委员会，其职权是检查所有的国联企业的事项，同时决定在财政部授权的范围内进行投资或退出的决策。另一个是财务委员会，其职能是检查淡马锡公司在股票市场和证券市场上的投资活动。

淡马锡公司对下属企业的管理则完全遵循市场经济规律，订立了较为宽松的管理十项原则：①重点人员的任命。②特定的专业委员会。③董事会规模。④股票认购权。⑤业务范畴。⑥业绩对比指标。⑦财务报告。⑧定期的检查与回顾。⑨"一臂距离"交往。⑩尊重小公司权益。在这个基本框架内，国联企业具有充分的经营管理的自主权。正是这样，下属多级多达数千家的企业无一亏损。

（五）继续深化改革的建议

参照上述经验，我们可以提出改进中国国有企业人事管理的建议：

第一，建立公法人制度，对某些企业可按特殊公法人设立。

第二，加快分级所有体制，确定各级政府出资人代表机构。

第三，中央与地方可以合资，双方以出资者身份通过股东会选聘董事。

第四，政府主要任命董事会成员，其成员不必全是政府官员，可更加广泛。

第五，董事会负责高级经理人员的选聘、监督和激励。

四、评国资委关于对大企业领导人任免的规定

新的国资委成立以来，出台了一系列改善国有资产管理体制与规则的政策，其高度的热情、责任心与胆量令人敬佩。进入 2004 年夏季，国资委以"超龄"为由，相继对三九、长城等几家大企业的领导人予以免职。最近又有传说，四川长虹的倪润峰也很可能在这次"干部年轻化"的潮流中隐退。一时间，赞成与反对的意见争论得不亦乐乎。

从表面上看，人的体力随着年龄的增加会有所减弱，规定一个年限似乎有些道理。但是，细细想来，情况并不那么简单。笔者以为，可以从以下几个方面进行分析。

第一，企业的所有制性质。不难看出，国资委"下属"的企业有着明显的所有制特征，即它们都是国有企业。换句话说，家族企业有没有"退休"这一说呢？从股东的层次看，根本不存在；从法律上讲，也没有年龄的规定；家族的人想干到多久并没有人管，选择什么人是股东的权利。你老了、糊涂了，还非要干，把家产都毁掉了，那是你自己的事。因此，家族企业自己规定有没有退休年龄，而 60 岁则是国有企业的特殊规定。

第二，企业单位与事业单位。国家机关工作人员要有退休年龄。那么，国有企业是机关还是企业？国有企业是不是与机关有一样的退休制度？显然，企业与行政机构的风险性不同，二者的治理结构不同，退休的制度也应该有所不同。机关不会破产，官员是执行者，创造力不那么大；官位是肥缺，不排除腐败的诱惑，人员不短缺，没有风险的地方，拥进来的人未必是能人。筛选的办法用年龄最简单、实用和有效。而企业则不同，需要寻找竞争制胜的能人。因此，把企业当机关，把企业家当干部是一个基本的错误。只不过，国有企业的中间双重性质很难把握。

　　第三，治理结构的层次性。现代企业是所有者与经营者相分离的制度，对于国有企业来说，所有者不能直接经营，因此，国有企业天然是两权分离的企业。在法律层面上，我国公司法并没有关于经营者年龄的规定。在治理结构的不同层次应该有不同的政策。国资委直接招聘副总裁就不科学，现在又提出"管董事会"了。那么，对董事会成员年龄的规定与对经营者年龄的规定应该是一样的吗？国资委是应该既管董事会成员的年龄又直接管经营者的年龄，还是只管董事会成员的年龄而让董事会管经营者的年龄呢？国外上市公司董事会都有提名委员会，主要经营者的产生需要经过长期的考核遴选的过程。我们国有企业的董事会是否也应该有类似的内部机构而不是完全由外部直接任免呢？

　　第四，年龄与能力的比较。对董事会成员的要求主要是忠实，对经营者的要求主要是能力。忠实与能力可不可以考核？一个59岁的人与一个61岁的人，如果两者能力有差异，后者高于前者，用谁更合适？可能用谁都有道理。有一年，日本东京市长竞选的结果，80岁的人胜出，因为选民老人比重大。那么年龄是不是最主要的因素？是不是最重要的指标？如果把年龄当成主要标准，就等于放弃了能力标准，就直接表明现在在台上的人并不是最合适的人选，只是年龄关系才被撤换了。这岂不是企业的悲剧？

　　第五，激励是核心。所有者必须选择、激励和监督经营者。在这之中，激励是核心，因为选择与激励密切相关。一次性地选择到好人并不能永久地解决问题。多少年前就已经出现的"58岁现象"归根结底是激励问题。于志安、储时健是不是我们自己培养的企业家？这些人"前赴后继"、国家交了学费到底取得了什么教训？倪润峰早在1999年就考虑过国有股减持的民营化方案，但是绵阳市不认可。这些在市场上呼风唤雨的企业家，对政府部门却无可奈何。青岛双星的汪海被职工推选为"终身总裁"，不过是一场自我保护的闹剧。一次记者问汪海的奖励情况，汪回答："企业设一、二、三等奖，一等奖最高，副老总要给我一等，我自己拿了二等。"

　　请看，如此重要的事情，在国有企业竟然跟开玩笑一般，这不是典型的"小学生思维"吗？类似的事情还很多，例如，信息产业部的领导人讲，如果把双向收费改成单向收费，收入会减少一半，本来的微积分的极值问题被当成四则运算；国资委规定必须以每股净资产出售，将复杂问题简单化；北京市规定经营者收入不可以超过职工平均工资的12倍，等等。现在看来，简单地规定一个退休年龄，也不过又是一种"小学生思维"而已。

五、关于北京国有企业经营业绩考核的评论

北京市国资委 6 月 11 日正式对外公布了北京市国有及国有控股企业负责人经营业绩考核暂行办法和负责人薪酬管理暂行办法。相对以往，这是一个进步。当然，也仍然存在着许多问题值得思考。

第一，出台的背景。改革开放以来，关于国有企业管理者到底该享受怎样的薪酬待遇的争论，并没有认真讨论。总的来说，存在着两种极端的倾向，一种倾向是管得过死，比照机关干部等级，沿用"大锅饭"，经营者说"凭觉悟干工作"。另一种倾向是管得过松，有的企业效益很好，可老总的收入并不高；有的企业连年亏损，可老总的收入高达百万元甚至千万元。因此，"考生自己给自己判分"的情况不能再继续下去了。本次试点就是要解决国有企业负责人收入与企业效益背离的问题，从制度上杜绝企业负责人自定薪酬的问题。

第二，体制的平台。到最近为止，我们的国有资产管理体制仍然是"国务院统一所有"的体制，那么，企业领导人的薪酬设计也理所应当地由国务院负责。现在，新的国资委成立了，各个地方的国资委也陆续挂牌。在明确所属企业之后，各家国资委分别考虑如何管好自己的企业，也允许各地情况和做法有所不同。北京市的这个新办法参考了国务院国资委对中央企业经营者薪酬考核的办法。因此，国有资产管理体制的创新是目前加强国有企业经营者薪酬管理的基础。

第三，立场的变更。既然国有企业是国家所有者与经营者分离的结构，二者的利益就处于对立统一的状态。既然叫国有企业，就只能有政府才是接受人民的委托代行国家管理权的主体，国有企业老总从根本上说就是为国家打工的，其劳动价值、薪酬标准理所当然要由国家来定。此前，国有企业老总的薪酬由企业自定、政府审核备案，表明政府完全放弃了自己应有的权力与责任。显然，我们不可以盲目地相信经营者的觉悟，不可以放任自流。出资者不制定经营者的报酬，就是失职，就是"缺位"的表现。如果我们承认"委托—代理"关系，承认信息的不对称性，就是承认"内部人控制"的可能。这两个《暂行办法》充分体现了出资人的意愿，是站在出资人的立场设计制定的，因而是一个进步。

第四，考核的对象。目前考核的对象范围包括试点企业的法定代表人、党委（党组）书记和总经理。应该说，这种安排仍然是过渡性的。本来，股东应主要考核董事，董事再考核经理人员。现在的办法仍然是没有层次感，"眉毛胡子一把抓"。政府对此已经有所认识，北京市国资委计划 2006 年以后将只考核国有资本产

权代表即董事会成员，经营者则由董事会考核并确定薪酬。

第五，收入的范围。经营者的实际所得有多种表现形式，一种是拿到手的报酬，当然不仅仅是工资，还包括全部收入；另一种是即时消费掉的收入，也就是所谓的在职消费。在国外，住房补贴、公车补贴、接待交际补贴、旅游休假补贴等名目繁多。在国内国有企业也不少。由于这些放到税前，所以属于"隐性收入"。这次规定把所有的显性收入与隐性收入都放到一起考虑，也是比较彻底的。

第六，确定的原则。设计经营者报酬的原则是让经营者的报酬与出资者利益保持一致。发达国家的企业一般都是通过把经理人员的努力程度和其报酬结合起来，把企业所有者目标和经理人员个人目标联系在一起，通过对经理人员行为的度量，形成对经理人员有效的激励和约束。在一些国家甚至于采用工资与利润挂钩的办法。他们的经验表明，科学的薪酬制度的关键是要建立在业绩考核的基础上，使考核结果跟薪酬激励联动，在这之中，最直接的办法就是收入与企业效益挂钩。

第七，合理的结构。在发达国家的企业，经营者薪酬具有一定的结构，总的来说是固定部分与变动部分相协调，短期部分与长期部分相协调。其内容一般由固定薪金、奖金、养老金预支、股票和股票期权等组成。在这里有一个值得注意的概念：年薪制。一般来说，所谓的年薪分为基薪和绩效年薪两部分，基薪是年度的基本收入，不与业绩考核结果挂钩，主要考虑企业的经营规模和经营管理难度，兼顾地区、行业和本企业职工收入水平对各企业分别加以确定；绩效年薪属奖励性质的收入，以基薪为基数，与经营业绩考核结果挂钩。但是，这是一个任何企业都可以利用的概念，有没有股权收入却不一定。因此笼统地讲年薪制并不严密，关键要看其具体结构。

第八，挂钩的方向。在以往各地国有企业年薪制试点中，差不多都将经营者收入与职工平均数相挂钩，有的是不能超过本企业职工平均工资与奖金的 2 倍到 4 倍，有的还增加一条，不得超过该地区职工平均工资与奖金的 6 倍，等等。就是这次，北京市的规定也仍然是企业负责人最高收入不得超过员工平均收入的 12 倍。如果是这样，经营者怎么才能提高收入？只有提高职工平均工资？这又很可能是与利润呈现出相反的作用。实际上，这样做背离了与出资者效益挂钩的初衷，这个挂钩的方向又搞反了。

第九，内部的机构。在国外，上市公司董事会专门设立有薪酬管理委员会以科学合理的制定薪酬。在新加坡国有控股公司淡马锡公司中也有类似的机构。而目前中国国有企业还没有普遍设立董事会，也就没有自己的薪酬管理委员会。因此，目前依然由上级部门从外边来制定的办法只能是过渡性质的。再有就是企业内部的薪酬管理委员会也不一定具有足够的专业薪酬设计能力，而需要寻求外部专业公司的协助。

　　总而言之，经营者报酬是涉及经营者选择与监督的根本性问题，以前对此实质性问题基本没有触及，现在开始考虑是一个进步。但是，同时不要忘记的是，必须维护权、责、利对等的原则，如果上边有权力，下边也就不应该有相应的责任和利益。实现经营管理者报酬现在还仅仅是起步，依然任重道远。

第 28 篇　国企改革年的思考*

一、明确所有者是关键

国有企业改革深层次的矛盾，确实出在国有资产管理体制上，因为改革开放二十多年来，我们一直所坚持的概念叫做"国有资产归国务院统一所有"，长期以来一些学者不同意这个说法，认为这是涉及分级所有的事情。应该说党的十五大、十六大以后，对这个问题逐步有所认识了，各个地方的国资委正在建立之中。这是因为国有资产最大的问题就在于责任人不清楚，无论人们所说的国有资产是在运转之中，还是交换之中，谁是所有者，谁对这个交换负责？如果不交换，就是有"冰棍"现象；如果是交换，交换的价格是多少？假如下一级政府拍板交换了，同意了，但上级政府认为你流失了，不可能交换，那就只好等待"冰棍"现象，学者认为"冰棍"现象才是流失的重要方面。为什么不交换？就是因为对这个事情谁也不敢拍板。到了最近比较清楚了，各地方国资委如果成立了之后，就要对那个资产负起责任来。在这个方面的事例很多，比如最近北京的一个叫做隆福大厦的，归北京一商局管，还是公司的管理体制，它已经停产了很长时间了，一年发工资 1000 多万元，发完了之后，这个"冰棍"现象找不着责任人，找到一商局公司，他说是市国有资产管理局的，市国有资产管理局认为是一商局公司的。类似的扯皮现象太多了，所以必须明确管理人。

二、排除两种干扰

现在人们在谈论有两个极端的干扰，一种是全盘否定，另一种是趁机掠夺。实

---

* 参见《2005 年国有资产管理改革如何前行》，载《中国经营报》2005 年 1 月 3 日。

际上二者有联系。正是由于改革中深层次的问题没有解决，有一些改革的滞后，暴露了许多深层次问题。比如，说现在的"高管落马"、MBO 出现的流失，比如股价的下跌、中航油的事件、中储棉的事件等，这样一些改革的阴暗面陆续出现。这一系列事件我们可以把它叫做"证券丑闻"。正是由于有这种现象，才会有另外一个极端，就是全盘否定。我觉得这二者之间存在着交相辉映的关系。当然这二者从本质上都是对改革的一种干扰，只不过是从两个方面。总之，这二者之间确实有联系，我们应该辩证地来看这个问题。

三、几个争论的问题

当前有几个矛盾的焦点恐怕需要在 2005 年里进一步探讨，第一个就是中央企业的整体上市、推进。在这之中包括了职工问题，是不是把这些职工都裹在国有企业里一块上市？我们必须将国有资产与人的问题同时解决，不能再推迟，这是一个争论很大的问题。

第二个叫境外上市，这个问题争论更大。为什么要到境外上市？一个理由是如果在境内，由于企业规模很大，害怕造成对股市的拖累。但是到境外上市，也会带来问题，因为这些企业好多都是基础设施领域的，大家就认为，为什么境外上市都是这些好的基础设施，为什么把利润分给了境外的投资者，而不分给我们中国大众？这个争论也是很大的。

说到基础设施领域到境外上市，还会使某些改革问题变得更复杂。比如电信，我们使用者认为你双向收费不合理，为什么还要交你每个月 50 元钱的固定话费，还要双向收费？但是现在到了境外上市，如果改成单向就会影响境外股东的利益，上市改革反而变成进一步转换经营方式的阻力。改革却变成了改进服务的阻力，使得问题更复杂，这一点恐怕也是需要加以解决的。

关于加强基础设施建设，在政策上有矛盾。我们叫"有退有进"，意思是退出竞争性的领域，加强基础设施的领域。但是，基础设施也不应该政府自己做。所以，基础设施的改革在政策上还没有理顺。

第三个可能是最大的问题，就是对于企业董事会的管理。在前不久国资委为一些大型企业在全球招聘副总裁，当时对这个问题争论就很大。许多人表示怀疑和反对。因为这样的做法不科学，国资委作为股东直接招副总裁，董事会管什么的？总裁管什么的？上级直接任命一个副总经理就容易出问题。比如中航油，上级任命了一个集团的副总经理去做了中航油的总经理，当时这个集团公司的领导成员表示反对，但是上级同意的。这样的结果如果出了事情，董事会的人认为没事了，因为是上级任命的，所以这个权、责、利并不清楚。好在国资委领导人已经非常明确提出来，国资委要抓大型企业的董事会，这个确实要加强。他们认为前一阶段招聘副总裁这个事情是过渡性的措施、过渡性的办法。因此，加强董事会的建设，这也是近期重点的问题。

四、关于国有股减持

本来国有股减持是一个历史的问题，当时我们是靠着增发新股来解决的，国有股当时并没有改变。这一点跟发达国家国有企业改革完全不同，发达国家，比如英国、日本，当初国有企业上市的时候把国有股就转让出去了。具体办法有两个，一个是按照优惠的价格来出让，比如英国电信、新加坡的电信；另外一种是拍卖，拍卖得到比较高的价格，日本的电信是这样。这两种做法，最后效果有很大差异。

而中国一开始并没有出售，变成一种不流通股，一直延续下来，这个问题越积累越麻烦，到现在就很难操作。所以我们必须和上述国际上的办法相互协调，从两种规范办法中来选择一种，一些学者比较倾向于英国和新加坡的办法。

总之，在现在这个历史时刻，证券丑闻、"高管落马"等深层次的矛盾暴露出来，包括中航油到国际市场上暴露出来的问题，我们应该从两方面看，一方面反映了改革的艰巨性；另外一方面，问题暴露出来了，可能对于改革是一个促进。假如问题解决得好，及时重视，坏事就可能变成好事。

第 29 篇　企业家沉浮与国有资产管理*

据说 2005 年要成为"改革年"。难道这二十多年不都在改革吗？不管怎么样，改革将继续深化。下面就企业家的命运以及国有资产管理改革的若干问题进行简短的评述。

一、双重风险与绝对权力

改革开放以来，中国涌现出一批优秀企业家。从二十多年的历史看，有一个明显的现象，即其中的相当一部分人经历了大起大落，最初的著名创业者已剩不多了。这些企业家，有的是国有企业的领军人物，也有的是民营企业的一代豪杰。考究其沉浮的过程，既有特殊性即个性，又有一般性即共性。可以将其原因归结为两个主要的方面，一个是外部的原因，另一个是内部的原因。所谓外部的原因可以概括为"双重风险"；所谓内部的原因可以概括为"绝对权力"。

外部原因的"双重风险"指的是"市场风险"与"政府风险"的二重复合。对于企业家来说，市场风险到处都存在，但是，中国面临"入世"，风险问题就更加突出。比如说牟其中搞国际资产大盘活，成功与失败都有可能；再如顾雏军、唐万里搞资本市场运作，是一个全新的课题，机遇很好，但对方信息不透明，自然要承担极大的风险。

政府风险也很明显。我国正处于经济体制改革的过程之中，周冠五、马胜利等借承包制获得了成功，但那只是改革的一个过程，随着很快地进入了建立现代企业制度的新阶段，原来先进的东西变成了落后的。政府对市场的影响太强大了，搞房地产是否必须考虑政府的要素？当代中国人十分清楚，许许多多的项目都是政府与企业的"双人舞"，相当一部分民营企业家都是"玩弄政府"的高手。比如唐山一

---

* 参见《企业家的沉浮与国有资产管理》，载《中国经济贸易导刊》2005 年 4 期。

下子冒出 200 多家钢铁厂家，政府批准的就有 60 多家，都是民营企业。外国人也都知道在中国必须与政府打好交道。与此同时，政策风险也就比较明显。一旦"市场风险"与"政府风险"叠加在一起，总体风险就很严重。

最近的中航油与中储棉是典型事件。中储棉投入 50 亿元赌棉花，亏损估计 10 亿元，他们自己认为没有责任，说是宏观调控搞的，是国家发改委的责任；国家发改委当然认为不是自己的责任。这种花国家的钱，有了好处归个人、出现巨额亏损找不到责任者的体制就是最落后的企业体制。如果垄断企业在国内不存在风险，也不会暴露这些问题。因此，走向国际市场有了经营风险，再按照传统的办法管理企业一定会出现极大的麻烦。从这个角度看，上述问题倒有可能变成一件好事。

内部原因的"绝对权力"也是普遍存在的现象。国有企业的表现是"产权不清"，承包制时得到的经验是选好"一把手"，现在也仍然是这种认识。周冠五不是能人？储时健不是企业家？问题就出在"一把手"这种模式本身，这是一种"上下都不管"的体制，"一个班子"的提法也不对。就是到了现在，由于国有资产管理体制的滞后，相当一些国有企业没有股东会、没有董事会或者有的仅仅为形同虚设，国家股东"越位"、"错位"、"缺位"的情况同时存在，经营者"自买自卖"的根源并不在经营者。于志安、储时健等人是不是我们自己培养的企业家？把他们送进班房的种种条件是不是依然存在？这些企业家"前赴后继"的根源到底在哪里？该谁考虑企业家的价值实现？

在民营企业方面，产权倒是清晰了，但是有时的"过分清晰"成了没有制约的个人独断，一个个"造神"运动的结果是"毁神"。因此，个人权力的集中既有好的一面，也有坏的一面。现代企业制度是分级决策的体制，是民主集体议决与个人决策责任的复合。在当今的中国，不管是"弱所有者"的国有企业，还是"强所有者"的民营企业，在治理结构上集企业风险于一人的模式却是惊人地相似。这是一种非常危险的结构。纵览人类发展的历史，一条重要经验教训就是绝对权力必然导致绝对腐败。

俗话说得好，是"时势造英雄"而不是"英雄造时势"。我们分析这些企业家沉浮的过程，不能仅仅看其个人的因素，更应该把其放到整个改革进程之中，在个人原因的背后是体制，是社会制度环境的原因。中国目前历史阶段的特点是国家、企业、个人的规范关系还没有确立，企业家玩"冲浪"或是"走钢丝"。他们的高超技艺可以获得一阵阵喝彩，突然之间倒下去又完全自然。如果我们不愿意看到历史的一幕重演，就必须发现那些体制、制度的因素，这样社会才会不断地进步。

二、永远的"越俎代庖"?

从最近几个月看，可以看到另外一种现象，即出现了一个显著的变化，中央陆续对所属大型企业的领导人进行着果断的更换，在这之中包括四川长虹的倪润峰、上海宝钢的谢企华等顶尖级企业家。刚刚又是一批，例如中粮集团、五矿集团、武钢集团，等等。那么，如此大规模地"换帅"究竟有什么特点呢？

第一，从"换帅"最表面的原因上看，是年龄问题。倪润峰、谢企华年龄到了，中粮集团的周明臣 63 岁了，五矿集团的苗耕书 64 岁了，武钢集团的刘本仁 62 岁了。据说，中央和国务院的这些决定，是根据国有重要骨干企业领导人员任职年龄的有关规定做出的，根据国资委规定，副部级干部的退休年龄为 60 岁，因此，这些都是正常的新老交替。现在的问题是，决定企业领导人的最重要的指标就是年龄吗？难道没有一些到了年龄但确实是最佳人选的情况吗？或者反过来，难道没有还没有到年龄但并不是最佳人选的情况吗？

第二，在背景方面，目前正是三令五申在大型国有企业不搞 MBO 的时期，这些"老帅"大都在企业"根深蒂固"，如果弄得不好，万一搞出来个 MBO，就很不合适了。所以，及时地把这些人"剥离"出来，也是防止出其他乱子的有效手段。当然，也许仅仅是时间上的巧合。

第三，以内部提升为主。五矿集团、武钢集团都是从内部提升的，只有中粮集团是外来的。宁高宁的能力已经得到证明。至于宁高宁曾经与香港著名学者郎咸平唇枪舌剑、激烈交锋一事，也许不值得宣扬，但也在某种程度上体现了最高主管部门对郎教授"搅局"的态度。

第四，与传统做法的比较。像中粮集团这样，从企业外调来一个"空降兵"的做法人们并不陌生。很多年前，重庆特钢不行了，当时的国家经贸委从邯郸钢铁公司调来两个人，就把企业搞好了。现在的做法与当时有没有改变？基本没有。

第五，党企人事一起决定。中粮集团是由中组部和国资委来人宣布的；五矿集团是由中央组织部宣布免去苗耕书五矿集团党组书记和总裁职务的；武钢集团是由中央组织部来人宣布中共中央、国务院的决定，免去刘本仁武钢（集团）公司总经理、党委副书记职务的。这种"党企联动"的模式也是世界上非常少见的。不管如何改革，这种做法与以前相比没有改变。

第六，董事会的"边缘化"。本来，所谓的现代企业制度是一个分层决策的制度，股东负责选定代理人即董事，董事再聘任高级经理人如总经理或总裁。国家政府部门的性质属于股东。为什么一定要由股东直接任命总裁呢？只能表示董事会的无效。也许这些企业中就完全没有董事会。这种做法与以前国资委在全球范围内直接招聘副总裁的做法一脉相传。那么，这种由股东直接任命高级经理人的模式是不是科学的呢？非常值得怀疑。我们自己的经验或者说更多的是教训证明，这种所谓的"一把手"结构是一种非常危险的结构。

第七，不同组织的年龄规定。本来，党组织是政党组织，政府机关为行政组织，企业为经济组织。就是在企业内部，董事会成员与经理层也有所不同。那么，对其年龄是否都要作出一致的规定？在日本，公司的总经理叫"社长"，董事长叫"会长"，往往是"社长"退下来当"会长"。在我们的企业，总裁的年龄是多少？董事年龄为多少？董事长的年龄为多少？党委书记的年龄为多少？是否应该完全一样？国有企业到底是党的组织、行政组织还是企业组织？这种三合一的办法有什么科学性？一般来说，党的组织、行政组织的风险性比较小，而企业组织的风险性比较大，其人才结构要求自然不同。目前的办法正好说明这些国有企业还不是真正的面向市场经济的企业，它们更像是一个机关。

总之，目前的"换帅"反映了国家与政府意志的坚强有力，至于是否永远会这样，现在还不敢肯定。

三、国有资产改革的走向与评价

对于改革成果的评价，可以从不同角度进行分析。

第一，人与资产。首先我们可以从人的要素与资产要素进行评价。国有资产保值增值讲的是资产，职工身份的变更讲的是人。已经有不少地方和单位进行了企业身份与个人身份的转换，但是，更多的地方是推迟解决这一矛盾，采取消极而不是积极的态度。这无异于将"地雷"后推。体制转换的转换成本应该由谁来承担？仅仅靠各个企业是不够的。重资产轻人的传统观念必须改变。

第二，直接与间接。我们还要注意从直接与间接两个角度来观察国有资产的变动。一个是国家或政府直接所有的资产情况；二是透过法人间接所有的资产情况。比如中石化下属有上海石化、齐鲁石化、扬子石化、仪征化纤等公司，以前它们都是政府直接所有的企业，现在变成国有法人所属的企业了。显然，改革的方向应该是直接所有资产以及企业的数量变得更少，而间接控制的资产以及企业的总量要变得更多。那么，究竟应该从哪个角度进行评价呢？这是一个非常复杂的问题，绝不可以用简单的直接管理资产的数量来进行评价。

第三，有形与无形。关于资产还要注意有形资产跟无形资产的区别。比如，丰田公司在中国设立了工厂花了许多钱，但是其营销网络是用中国的人民币按照特许经营模式设立的，大概投了好几十亿元的人民币，远远超过丰田的直接生产投资。这是根据特许经营实现无形资产对有形资产的带动。我们的国有企业、国有资产有没有这种无形资产的概念？各地差异也很大，北京新建一条公交线路要政府出钱、出人、出车，而上海新建一条公交线路由社会出钱、出人、出车，而且还要向政府交特许经营费。总之，完全以有形资产进行国有资产的计算具有重大的缺陷。在这一点上政府应该好好向企业学习。

第四，现象与本质。目前出现的问题只是一些现象，比如国有资产的流失、证券丑闻，等等。这些需要探究本质上的、深层次的矛盾。那么，深层次矛盾究竟在哪里？首先，如上所说的人的问题故意的回避，就是非常错误的态度。其次，金融体制改革滞后，日本和新加坡的国有体制改革都是从银行开始的，其结果是塑造了独立的债权人。但中国不是，金融体制改革的滞后拖了整体的后腿，现在要"补课"。

最重要的问题还是在于中国国有管理体制的滞后，国有资产所有制出资的"缺位"、"错位"、"越位"的现象有所改变，但是没有根本上的改变。这里面最关键的问题就是分级管理体系。谁代表国有资产进行转让和交易的定价呢？如果是下边的具体操办的人，他做的事情并不能够最终代表政府，上边有权力下面有责任，那么他就不可能及时地进行国有资产的处置，他一定会采取对自己有利的、保守的方案。这种"冰棍有理"体制本身就是完全不科学的。其反面是经营者"自买自卖"。改革不能总在"冰棍"与"自买自卖"之间反复振荡。

四、改革需要抓住根本

第一，识别两种错误倾向。首先我们必须识别两种错误的思潮。现在一些人提出要排除干扰。确实存在两个极端的、貌似合理的倾向，我觉得必须加以识别。第一种是所谓的"停止交易"，郎咸平似乎是为民请命，说"保姆不应该想当太太"。保姆当然愿意当太太，保姆这方面并没有什么错，关键要看这个主人是什么态度。国有资产由经营者"自买自卖"主要的责任者应该在所有者不在于经营者。郎氏所说的现象存在，而对这个现象的本质原因的判定我们与郎氏有重要的差异。

另一种情况是"加速交易"。如果不明晰产权，国有资产就要流失殆尽。以前的偷偷摸摸的私有化可能变成大摇大摆的私有化，在这里面还可能有官员和经营者的合谋，这是改革不到位的重要体现。现在说大型企业不搞 MBO 其实意义也不大，本来就主要是中小型企业搞的。

上述两种结构交相辉映，破坏了改革成果，把水搅浑，所以要注意这种历史阶段的问题。正所谓"时势造英雄"，而不是"英雄造时势"。造就经营者"自买自卖"的"时势"正是目前的国有资产体制。

第二，改革需要抓住重点。改革的重点包括行业、地区和企业等方面。为什么中国的电信必须双向收费？一说单向收费 H 股要有所变动，就要降低 H 股股民的收入？我们大部分人交的费用养着 H 股的股民？铁路、电力改革也是滞后的。总之，垄断行业价格是上升的，在这样一些行业、这样一些企业搞什么和效益挂钩的激励也是不科学的。

第三，组织结构的改变。现在人们主要注意股东层次的改革，现在的"正三角形"结构能不能改成"倒三角形"结构？似乎我们的企业组织结构就只是政府—国有法人—企业的"正三角形"三级结构，这与日本财阀企业完全一样。为什么我们的国有企业一定要与财阀组织同构？世界 500 强企业大都是股票上市的股份公司，那是一种"倒三角形"的结构。诺基亚出自只有几百万人口的芬兰。它先是在伦敦、巴黎、法兰克福上市，后来争取到了在纽约上市。国有企业是对私有企业的否定，国有企业能做大。但是，人类历史证明，跨越国界的、股票上市的股份公司规模更大。做大企业与国有体制存在着某种辩证关系。

第四，董事会层面的改革。我们还应该注意到另外一个层面的问题，即董事会层面的改革。现在国有资产管理委员会所做的全球招聘副总裁的做法，很值得反思。国资委直接全球招聘副总裁，董事会管什么？大型国有企业不就是排行政级别吗？目前这种与传统模式一脉相传的"一把手"的体制就是一个非常危险的结构。可喜的是，国有资产管理委员会已经注意到了这个问题，能不能有所突破，人们还要看一看。

大家可以看新加坡淡马锡国有控股公司，它做的就是在董事会的层次进行设定，有官方和民营企业的背景。这样在董事会结构上吸收各种资源优势。正是因为只有国家一个股东，才需要透过董事会对经营者进行好的监督。

瑞典就规定国有企业的董事长和总经理不是一个人，另外要有民营企业和学者的代表，作为董事的人第一必须有独立的意见，第二必须跟别人合作，那种喜欢超脱任何人之上的"一把手"不适于当董事。

现在国资委把几个电信公司的"一把手"调来调去很容易，因为你有权力。但是，你是办企业还是办机关？你要是办机关最后绝对搞不好企业。

第五，从公车看改革。国有企业流失不流失的一个很好的代表就是公车流失不流失。能不能管理好公车？很难管住，人们常说"三个三分之一"，这就是"冰棍现象"。谁有本事把公车管住？公车完全不被私有，谁有这个本事？很难的。因为这里面存在着信息不对称。当然，也不能说公车一改变就变成按职加薪了。官大用车就多？没有那么简单。

总之，国有企业改革是很复杂的事情，必须积极稳妥地推进。如果我们走向正轨的话，应该是很有希望的。极端地讲，能够管理住公车是能够管理好国有资产的一个标志。

第30篇 振兴东北与发展战略*

今天，我们在这里探讨企业发展战略问题，特别是东北企业以及石油石化企业的发展战略问题，是非常重要的。我仅就以下问题进行探讨：第一，认清形势，发现商机；第二，产权变革，做实企业；第三，策略联盟，做虚企业。

一、商机就在大脑里

对于当前的新一轮"振兴东北"话题，人们在尽情发挥遐想的同时，也产生某些疑惑：改革开放二十多年东北一直没有振兴都干什么去了？等待政策和排队是计划经济传统的做法和思维方式，改革开放以来，深圳振兴了，海南振兴了，上海浦东振兴了，西部大开发振兴了，现在该轮到东北振兴了，所谓的国策就是给优惠政策？为什么现在对东北的准入制在国内的其他地方是没有的？浙江温州振兴过没有？这种要政策、要好处的改革轮回还将继续多久？

加速地区经济的发展，需要正确分析自己的优势和劣势，在劣势中也有优势。比如在西部贵州偏僻山区，在2000多公尺高山上的不同层高面，可以种植不同种类的中草药材。因此，对于东北来说，也必须认真分析自己的优劣势。我们可以从历史机遇、地理位置、产业结构、体制机制、投资环境、思想观念等几个方面进行分析。

第一，历史机遇——早年关里人逃荒是不是要"闯关东"？日本最早侵略了东北，东北的铁路密度是不是为全国之最高？大连火车站是不是仍然为当年建造的？新中国成立初期的156项是不是主要在东北？拥有大庆、一汽、鞍钢的"国家队"又有哪个地方能与之相比？

第二，地理位置——东北与俄、朝、蒙接壤，有口岸，有沿海，西部与内地如

---

* 《企业发展战略的几个问题》，"振兴东北论坛"论文2004年11月。

何比得了？从气温方面看，北部地区是寒冷了一些，君不见，近日到哈尔滨的飞机几乎一个小时一班，班班爆满！

第三，产业结构——东北矿产资源丰富，农业是著名的黑土地"北大仓"。日本旅客到抚顺露天煤矿参观，见遍地都是琥珀，连导游的讲解也不听了，趴到地上一通捡。在日本人看来，这里岂不是天堂？

第四，体制机制——东北国有企业比重太高，机制陈旧。改革开放初期在大连就有过"大机小机"之争，为什么同样一个人，在不同企业里积极性有那么大的差别？看来，国有企业人才流失的根本原因在于排斥人才。

第五，政策环境——官员等中央政策、扶贫资金不干正事影响很坏，官员腐败更是让人心寒。安置职工的费用本来就不应该完全由各个企业自己承担。一日本外商从大连市里乘出租车到开发区，司机硬是多收钱，结果他把企业转到苏州了。黑龙江一民营企业到大连开发区办企业，开发区不允许自己解决蒸汽，要统一解决，结果给企业造成极大困难，备受折磨。

第六，观念问题——大事干不来，小事不爱干可能是北方人的通病。温州人的长处就是干实事。北方一居民楼下站着一圈人排队等着花一毛钱请一温州小伙子平锅圈，他们宁愿花钱而不愿意挣这个钱。一汽人为"两会"期间天安门广场前奥迪车一大片而自豪，红旗轿车是民族品牌，它们是不是进入家庭的主打车？吉林是汽车生产大省，为什么不是汽车消费大省？

现在结论已经比较清楚：东北"等、靠、要"的思维定势还比较严重，东北不缺资金、技术、人才，缺的是观念。捧着金碗要饭吃的人不值得同情。商机就在他们自己的大脑里。

二、资本之手激活现代产权

党的十六届三中全会公布了《中共中央关于完善社会主义市场经济体制若干问题的决定》，其中有许多创新和发展，有一些突破性的新提法。这些对于各行各业都有重要的指导意义。

1．十年理论深刻变迁

十年前中共十四届三中全会公布过一个《中共中央关于建立社会主义市场经济体制若干问题的决定》；十年后的十六届三中全会又公布了《中共中央关于完善社会主义市场经济体制若干问题的决定》（以下简称新《决定》）。应该说，两个《决定》出台的十年之间，中共中央对社会主义市场经济从提出"建立"到强调"完善"，这是适应客观形势发展需要而作出的重大战略性决定，其中有许多创新和发展，有一些突破性的新提法。那么，二者相比，究竟有哪些创新和发展？

第一个发展是党的十四届三中全会提出建立现代企业制度，当时提出了"十六字方针"，即"产权清晰，权责明确，政企分开，管理科学"；如今十六届三中全会《决定》提出了建立"现代产权制度"，要求建立"归属清晰、权责明确、保护严格、流转顺畅"的现代产权制度，这可以说是新的"十六字"方针，这是我国完善市场经济体制的一个深刻转变。

现代产权制度与现代企业制度本质上是一致的。现代企业制度"十六字"就包括了产权，但十四届三中全会的决定没有解释何为产权。十六届三中全会的《决定》对产权制度作了明确解释，强调产权是所有制的核心和主要内容，包括物权、债权、股权和知识产权等各类财产权。

第二个突出的变化是关于公有制的实现形式，新《决定》明确指出要使股份制成为公有制的主要实现形式。这从正面肯定了股份制方式，股份制本身没有姓"社"姓"资"之分，而是不同所有制都可以利用的形式。

第三个发展是混合所有制的方向得到肯定。新《决定》强调大力发展混合所有制经济，国有资本、集体资本和非公有资本等共同参股，实现股东主体多元化。

第四个发展是从国有资产到国有资本这个概念的变化。新《决定》提出督促国有企业"实现国有资本保值增值"，而以前的提法针对的是国有资产。资本与资产二者是有区别的，资产是以实物为基础的形态，而资本是以权益为基础的形态。

第五个发展是"需要由国有资本控股的企业，应区别不同情况实行绝对控股或相对控股"。这拓宽了国有资本控股的思路，不一定绝对控股，而允许相对控股。

2．改革深入没有死角

国有资产管理体制面临着深刻的改革。那么，完善国有资产管理体制的指导原则是什么，将主要通过哪些渠道来实现？首先是国资管理体制调整，作为出资者的职能要与一般管理者的职能分开，这是政府体制层次的完善；二是完善公司法人治理结构，通过法人治理结构管理企业，这是企业层次的完善；三是要求垄断行业改革，电信、电力、民航等行业和铁道、邮政和城市公用事业都要进一步改组，这是在行业层次的完善。

换句话说，新《决定》对完善国资管理的发展和创新体现在三个方面：首先，在政府宏观层面上，国有资产出资人更加明确，而且从原来的国务院代表国家统一所有转变为中央与地方分级所有，这也是党的十六大提出的重大改革举措；其次，在行业中观层面上，对一些垄断行业推进改革，这是对行业垄断开刀，意味着要加大改革力度，即使是自然垄断领域也要加强监管，对这些垄断行业开刀，不仅是要解决人民群众反映强烈的难题，也是市场经济改革进一步深化的表现。改革无死角；此外，在企业微观层面，要进一步解决内部制衡机制，包括处理"新老三会"、经营者及员工关系，对国有企业党组织如何发挥作用也作了相当明确的解释。

有的人会提出这样的疑问：新《决定》点名要求一些垄断行业推进改革，而石油石化等行业并不在点名之列，这如何理解？可以认为，虽然石油石化行业没有被点名，但这并不意味着这个行业不存在垄断。这是因为石油石化行业并不是做鞋子卖裤子的行业，它在某些环节、某些领域存在自由竞争，但作为资源性行业，它介于垄断与自由竞争之间，不能笼统地判断。进一步讲，石油石化行业在产业链的不同环节其垄断特性是不一样的，需要区别对待，有些环节可以引入竞争，有些环节则需要通过市场准入加以限制。判断一个行业是否有垄断因素，关键是看这个行业是否能够没有限制地自由进出。只要有准入制度，就有垄断因素。

石油石化行业上中下游产业链很长，应该适应完善社会主义市场经济体制的要求，把产业链不同环节细分，看哪些环节是需要国有资本控制，哪些环节允许民间资本竞争，怎样更有利于资源优化配置的就采用哪种政策，切忌简单化和"一刀切"。

3. 资本手段大有可为

新《决定》对需要由国有资本控股的企业，不强求绝对控股。那么，应该怎样把握国有资本控股比例才能达到更好的效果？一般来说，对企业的控制一般分为两类，一是资本控制，二是非资本控制。资本控制又分为绝对控股和相对控股，新《决定》对需要国有资本控股的企业提出应该区别不同情况实行绝对控股和相对控股。这个"不同情况"，一方面是企业本身所在产业的属性，如属于国家命脉产业，要保留控股权；另一方面是根据资本市场的变化情况，按商业运作规则实现动态控股，通过股权收放买卖实现国有资本保值增值。国有资本保值增值可以通过资本市场的股权交易实现。

应该注意到，控股是一个动态的过程，不是一成不变的，很多企业国有资本可以高到90%以上，或是减到30%也未尝不可，都可能保持控股股东的地位。像中国石油天然气股份公司，国有资本控股90%，实际上这个比例可以有所浮动。股权也是商品，可以买卖。我们的国有资本不仅能够在其控股的企业中保值增值，也可以在股权交易中保值增值。以石油为例，国家石油公司的国有股不一定一成不变，应该动态把握。

在某些条件下，对企业的控制还有非资本控制，即所谓的"零资本控制"。如麦当劳靠自己的品牌吸收加盟特许店，本身不出资本也能实现对企业的控制。我们的加油站搞特许经营也可以做到"零资本控制"，但前提是你掌握着垄断性的资源——在市场竞争中形成的品牌优势，并将品牌优势转化成市场优势。

至于资本手段在各个行业如何更好地运用的问题，不能把资本手段简单理解为上市融资，其实资本手段还有广阔的运作空间。比如，石油石化行业当前相当重要的一件事，就是处理好中央企业与地方的利益关系。特别是属于中央的油气资源企业与地方政府、农民之间的利益矛盾，长期以来一直很难协调好，偷油盗电屡打不绝，土炼炉、小炼油屡禁不止，这背后的根源是利益矛盾。能不能在资本的层次上想办法，使中央国有企业、地方政府与当地农民共同参股，通过资本实现利益结合，将对立的、消极的因素转化成"双赢"的、积极的因素？

应该说，党的十六届三中全会提倡的"混合所有制经济"为我们石油石化企业解决与地方的关系提供了新的思路。不妨尝试以资本为手段来协调各方利益，一旦中央企业也有地方政府和农民的股份，结成利益共同体，原有的矛盾可能会明显改善。

4．企业管理追求活力

除了体制方面的改革，根据新《决定》的精神，国有企业今后在改善企业管理方面也应该进一步努力改进。首先是人的管理，要调动企业中各种层次员工的积极性；二是股权管理，要探索通过资本市场股权交易实现国有资本保值增值的新途径；三是"对标"管理，找准竞争对手，找出差距所在，然后追赶上去；四是战略伙伴关系管理，要注意与其他企业在竞争中寻求合作，争取"双赢"，保持市场优势；五是品牌管理，也就是无形资产管理。这是一般企业非常向往，但很难做好的。比如，中国三大石油公司的品牌还大有潜力可挖。

管理方法是可以学到的，或是可以引进的，但管理机制却需要自己去实践探索，结合企业自身特点"量身定做"。理想的企业管理机制应该是使各个企业层面充满活力，尤其是基层要有积极性，因为生产力根源在于基层，而不是上面。

新《决定》强调"以人为本"，这对企业管理有着深刻的启示。人可以分为不同角色和层次，对企业而言，有出资人、经营者、普通员工，还有企业产品的消费者。企业以人为本，就是要增加对人的投入，充分调动各种人的积极性。企业不能片面追求利润，要注意协调好各方利益，在企业短期经济效益和企业长远发展、社会稳定之间寻求最佳的平衡。

三、寻找经营伙伴

建立策略联盟已经成为当今企业管理的热门话题。其中，特别主要的问题有产生的背景、意义、类型、发展趋势,等等。

第一,市场化——我们今天讨论建立策略联盟的问题是在中国走向市场经济的过程中提出的。而且当中国还没有完全建立市场经济的时候就要实现国际化即"入世"。市场经济就是允许用户有更多的选择权,以前规定的汽车生产厂只有"三大三小三微"不能行了。市场经济的发展还导致不同产业的相互融合,比如电视也办商场了,邮政局送信改为发电子邮件了,手机与电子日记本 PDA 也相互沟通了,等等。另外,政府的规制缓和也促进了市场化进程,汽车金融外商走到前面去了。在这种情况下,石油物资部门只对本企业?只对石油生产?当今的世界是允许别人动你的"奶酪",你也要动别人的"奶酪"。

第二,实体化——中国从计划经济走向市场经济要求建立现代企业制度即企业实现法人化、公司制的改造。在中国,国有企业面临的最大的问题是股东的缺位。企业成为独立的法人就要有自己的资本金,成为财产的所有者和独立的债务人。在计划经济时代,企业没有独立性,只是一个生产车间。企业成为独立的法人,就要在内部加强纵向的行政性管理。我们可以把这样一个过程叫做"实体化"。中国的企业正处于这样一个"实体化波"的历史阶段之中。

第三,虚拟化——由于信息革命的作用,给生产与生活的各个方面带来了根本性的变化。在生产与流通环节,逐步实现了信息流、物流与资金流的三流分离。一方面企业内部组织结构扁平化;另一方面,企业与外部组织的联系日益密切,彼此的合作日益加强。这也就是所谓的"外部组织内部化与内部组织外部化"的现象。狭义的虚拟企业是指临时性的企业。山西的"虚拟联合体"是指掌握了核心技术的企业,通过委托加工,将国有、集体、民营的企业联合起来,迅速扩大了生产能力。企业之间的界限模糊了。我们把这一过程称为"虚拟化"。中国企业正处于"实体化波"与"虚拟化波"的两波叠加之中。

第四,从点到线——发展工商关系涉及销售渠道的建设即所谓的"渠道论"或"制售同盟论"。无论是从大的方面讲,农业—工业—工业(OEM)—批发—零售各个环节还是从具体到石油产业的钢铁—设备—石油—开采—加工以至于石油化学,都是形成了一个完整的生产链或者说是供应链。铁路的人员要驻扎在生产企业,成为厂家的代理人;青岛港务局要带领船队、港口、铁路的人一起到山西省的运主客户那里去调查和解决问题;香港利丰只是掌握欧洲需求信息,组织韩国、日本、中国、泰国等国的企业进行生产。因此,现在企业之间的竞争已经让位于或进化为供应链之间的竞争。

第五,从线到面——如果说供应链指的是主要产品的流程的话,那么,企业的许多辅助业务都陆续外包给其他企业，比如技术开发、人员招聘、办公事务、财务事项、信息处理、企业诊断、经营管理，等等。换句话说，企业因为需要找个"企业保姆"。上海的东昌西泰克负责通用汽车的辅助材料和其他管理事项，通用汽车的某些科室部门可能完全是东昌西泰克的员工，他们穿着与通用汽车公司员工一样的服装，外人从表面上根本看不出是两个企业的职工。企业与企业之间也可以结成长期的联盟，如不同国家的航空公司实现代码共享。就是从竞争对手那里也要找到经营资源，比如国美电器到青岛，如果置别人于死地，人家也与你同归于尽，后来国美租赁了百货公司的场地，实现了"双赢"。这是一个"与狼共舞"的典型。

第六，基本类型——连接策略联盟的纽带可以有不同的形式，一个极端是通过产权的联系，比如以母子关系为基础的企业集团。这是纵向的联系。还有一种是横向的联系，比如日本的企业集团，二三十家大企业彼此相互持股，三菱商社不仅与集团内大企业有产权联系，还对各个企业实行"一对一"的相互交易，彼此既是买家，也是卖家。再有一类平等的产权联系是合作制，会员制也是根据对组织的利用额进行分配。另外一个极端是没有任何资本联系，彼此仅仅是交易关系，或者只有口头协议。

第七，短板论——从总体上讲，我们已经告别了工业品短缺的时代，许多工业品都已经供求平衡或供过于求了，因此大家都要向下游靠拢，都要努力为下游服务。但是，对于某类产品的某个局部来说，也许上游是短缺的。这样，彼此的交易关系就要向着短缺的方向调整。比如工业品进商场，产品短缺商场要垫付；如果产品过剩，厂家就要把产品压在商场。所以，结算方式会随着彼此短缺地位而改变。如果把这样一个供应链看做是一个"木桶"，总有一块最短的板子，水就流向那里。解决的办法要么抬高这一块，要么去掉它换一块。

第八，长板论——企业之间联合的基础是各自的核心竞争力或核心能力。产品好比是树的果实，技术好比是树干，而核心能力则是根基。北京科教学校是一家规模并不很大的民办学校，他们与中央电视台签订协议，每周出一台《管理世界》的节目，由民营企业家与专家学者对话，主持人也是请来的。电视台、企业家、专家学者、主持人都有自己的特长，而科教学校的特长就是把各方面组织起来。这是一个由多家"长板"共同组成的"大木桶"。1990 年本溪钢铁公司产品滞销，常熟冷轧带钢厂需要本钢产品却无资金购买，南京汽车厂需要常熟的无缝钢管但没有货。对此，苏州物贸集团首先投入一笔资金给常钢，并代为购进本溪钢材，要求按南汽的需要进行生产，最后从汽车的销售中收回投资，使一笔资金做成了数笔生意。

第九，朋友论——策略联盟是将交易时间从短变长，彼此之间的关系突破了单纯的市场交易关系。在长期交往中，相互信任最重要，结成患难之交。这种交易不是"一把一利索"，也不可能是完全对等的。夫妻之间是谁卖给谁？上下游关系户之间从狭窄卖产品角度看某方为客户。但是，从更复杂的情况看，谁又不是客户？彼此买产品、买意见，购买是相互的，企业找下游企业或找上游企业开会都是可以的。哈尔滨水泥厂与大庆是 40 年的朋友，有战略眼光。大庆与水泥厂一起维护铁路运输线，打击盗窃，开发市场。这时，物为载体，友情无价。人生得一知己足矣。企业也要有终生朋友。企业与人一样，因朋友而幸福和长久。

第十，丈人论——为客户服务还要向纵深发展，就是要为"客户的客户"创造价值。所谓的"丈人"论就是说丈夫对妻子好，就应该对老丈人好；婆婆对儿子好，就应该对媳妇好。商场里卖东西，不能只想着顾客口袋里的钱，还要想着随同女士一起来的男人和小孩，必须把他们也安顿好。IBM 说自己不是制造商而是服务商，他们不仅卖电脑，更是要卖软件。一家卖干燥机的企业，根据用户的用途不同，提供解决问题的方案，比如农民买回去干燥禽粪，厂商就要提供干燥完了的产品再卖向哪里。卖住房的要根据买房的不同需要提供接续的解决办法，你想自己住，我帮你找装修的；你想投资，我帮你找买家；你想当做别墅，我帮你看着房子，并提供利用价值，比如，代为出租获益等。因此，企业不仅要卖产品，还要卖方案，要努力为最终用户增加价值。

第十一，平台论——媒体参与是一大趋势。1999 年在上海召开财富 500 强论坛，那是跨行业的联合盛会，杂志起到了特殊的作用。现在石油系统也办了供应商俱乐部，开办供应商论坛，这很好。企业不仅要从本系统吸取养分，也要和更加广泛的企业发生联系，吸收管理的精华。

第十二，体验论——同属一个单位，法人与自然人存在着对立统一性。自然人有亲身体验、有感官、有情感，希望参与互动。北京北辰购物中心花钱买消费者的意见，想方设法让"上帝"开口，上帝没有这个义务，完全可以不说话，沉默地离开。朋友见真情，忠言逆耳。如果大家能真心地坦率地交流，事情就一定能越办越好。

第31篇　关于机动车停车问题的思考*

一、前言

长期以来，我们一直思考西城区的特点是什么，如何发挥自己的优势。最近我们又提出经济和谐发展，有许多矛盾与关系如何解决、平衡与协调确实值得我们深入思考，例如：

服务对象——可以把服务对象从中心到边缘分成三类，最核心的是本区居民与企事业单位；第二层是驻区单位及其职工；最外边的一层是流动单位与人口。无论从工作性质或工作总结看，都应该对不同对象采取不同策略。对中央与市里单位，一方面要为其服务好；另一方面更要利用好其资源。

产业结构——我们需要高科技，需要金融街，但是，如何看待小商品城？为什么作为中心城区的西城区会有那么多的小商品城？天意小商品城已经从"丑小鸭"变成"白天鹅"了。万通新世界原来是百货业，改成小商品城后生意红火，与对面华联"买200送220"形成了鲜明的对照。我们只要"阳春白雪"不要"下里巴人"？不同的功能街区能不能协调发展？

住宅与保护——中心城区都有共同的矛盾，老住宅改造与文物保护，总体来说是住宅与保护都没有做得很好。当然，一些规划与政策西城区自己无法决定。

交通与商业——西单大街成为交通干道，商品功能势必受到影响。秀水街纷争的本质问题在于如何对待步行街的业态。东京动物园附近有上野步行街，要的就是人挤人的感觉。那里就没有火灾安全隐患？

古代与现代——古代文物保护有的人愿意看，有的年轻人并不一定愿意看。什刹海有文物，也有酒吧。现代人去看文物也是乘汽车而不是轿子。因此，就必须考虑

---

* 《让车在西城行好停好》，载《北京西城区政协资料汇编》2004年12月。

停车场问题。极端地讲，我们是要保护古代人还是现代人？是要保护死人还是活人？下面集中讨论停车问题。

二、背景

尽管西城区作为首都中心城区，有着得天独厚的优势，但是，随着经济建设的发展和布局的调整，西城区的某些传统优势可能会逐步丧失。比如，随着郊区住宅的建设、地铁与城郊轨道交通的建设以及城市"空心化"的演变，中心城区的某些优势将会发生变化。下边仅就"环境优区"中的机动车停车问题进行简单的说明。

目前，首都机动车数量已经超过 200 万辆，其中，私车拥有量也已经超过了 100 万辆，外地车也有几十万辆之多，因此，交通情况逐步恶化，堵车情况持续不断，不仅行车难的问题日益突出，而且停车难的状况也更加明显。

可以认为，停车环境已经对人们的消费方式产生很大的影响。例如，白石桥附近的家乐福曾因地理条件优越而生意兴隆，其门前的交通情况非常混乱，机动车停车地方小，极不方便。后来它们与旁边的首都体育馆合作，凡是在家乐福一次购物 58 元以上的可以免费停车。西四环四季青桥附近建起了欧尚超市后，人员分流不少。欧尚还把广告打到家乐福门口：有 1300 个免费停车位，欢迎前来。同是法国的巨头争夺得如此激烈，国内的企业更不可以等闲视之了。

2004 年 10 月底，西三环附近、苏州桥西的 Shopping Mall（金源新世纪购物中心）开张，单体建筑面积 50 万平方米，200 部电梯上下运转，1 万多个车位 24 小时免费开放。我们可以把它们所反映出的现代经营理念概括为以下 4 个字："停车第一。"

与之相反，到王府井停车要每小时 5 元钱，到百盛也是每小时 5 元钱。平安大道沿街高台筑起，几乎没有考虑停车的问题，结果很自然地就表现出与实际的不相适应。西单的文化广场更多地考虑的是地上的布局，相应的停车条件还是比较落后。

总之，经济发展了，相应的管理却跟不上。现在许多家庭已经有车了，住得稍微远一些已不在乎，在乎的是停车条件和购物环境。极端地讲，停车条件已经成为了商家竞争的重要条件。因此，我们必须高度重视行车与停车的环境问题，这是关系到西城区商家竞争以及地区发展的重要方面。

三、现状

目前西城区机动车停车的现状可用"乱"、"难"、"贵"、"空"四个字来概括。

乱——例如，动物园服装交易市场附近随意停车，影响交通；在月坛北小街、前后海等地胡同里随意停车；马路车位有的夜间有人看守，有的无人看守，等等。

难——例如，中央单位将车辆推到马路上，如一些单位场地利用不合理，职工上班只好停到小马路上或花钱停在大马路上；到中央人民广播电台办事白天不可入内，晚上预先报车号可以；国家发展改革委员会就是开会也不可入内，说是要"部长以上干部"才可以，实际上里面有很多空位；区政府机关较宽松，拿会议通知就可以；区人民法院就是开会也不可进入；区税务机关密集停车，说是整点集体下班，车堆在一起非常难看。

贵——区人民法院外停车要先交 4 元；百盛门口每小时 5 元。

空——许多地下停车场每半小时 2.5 元，偏贵，里面有空地。

在这里有两个极端的例子。一个极端是儿童医院，原来有地上停车位 30 多个，每小时收费 2 元；地下停车位 300 多个，每小时 5 元，大家都不愿意去地下，在地上排队等候，甚至于严重地阻碍了交通。因为随车来的人多，就在路边临时停车。结果是地下空着，挣不到钱；地上拥挤、妨碍交通，可见是经济效益差、资源浪费。经反映，现在的解决方案是取消了地上车位，一律到地下。另一个极端是天意小商品市场，地下车位有 200 多个，尽管指导价格是每小时 5 元，但是他们实际只收 2 元，非常繁忙，车位远远不够用。

当然，解决停车问题并不简单，其中涉及许多深层次的矛盾，例如：

环境保护——绿地、车与行人争地。

设施滞后——汽车数量已有本质的变化，相应设施与管理跟不上形势。

非控因素——西城区中央单位多，如都推到社会上，压力太大。

下岗职工——停车收费可解决 4050 个人员困难，但是仍有局部与整体矛盾性问题。

管理松弛——收票人有逃票行为，本来每小时 5 元，如不开票则每小时 3 元。

复合收费——把停车收费孤立地看是不科学的，停车只是手段，应该注意其目的性消费，比如，家乐福与首都体育馆合作，凡是在家乐福一次购物 58 元以上的可以免费停车。东城娃哈哈大酒楼将门前所有的车位买断，由酒楼总包车位付费。实际上，天意的例子也有这方面的道理。

四、向上海学习

虽然上海的机动车数量没有北京多，但是，他们的一些做法值得我们认真学习。他们的工作有：

明确差距——国外大城市的经验数据是，基本停车位与机动车的拥有量之比为1:1，公共停车位与机动车拥有量之比为1.5:10。上海基本停车位与机动车的拥有量之比为6:10，公共停车位与机动车拥有量之比不到1:10。在服务方面，国外都有专门的停车手册或指南。

调查研究——通过调查发现许多问题：实际的停车位并不算太少；许多人不知道停车场的信息；马路停车的多，车场停车的少；地上停车的多，地下停车的少。经营困难，如某地下停车场有500多车位，管理人员20多人，地上每天只有社会车辆60多辆，收入2000多元。

公布车位——2004年12月14日，他们在报上用两个整版的篇幅刊登市中心578个社会停车场的基本信息，如地点、开放时间和联系电话等。报纸被一抢而空，受到市民热烈欢迎。

停车电子诱导系统——城建、交通部门合作开发出停车电子诱导系统发布屏，在电子屏上标示出沿线停车地点与空余车位，其数字实时变动，这样的电子指示牌中心城区已有130块。

网络信息——市民可以通过拨打服务热线、登录"上海停车服务网"等得到有关信息，甚至于发个短信，也可以轻松找到停车位。高科技手段的综合运用极大地方便了群众。

制定新规——2005年开始实行新的停车场（库）管理办法，明确停车收费属于行政事业性收费，采取收支两条线的办法，收入全额上缴财政，支出由财政批准核拨。

三种价格——不同类型的停车场分别实行不同的价格，主要有政府定价、政府指导价和市场调节价三种。

价格政策——不同区位与不同时间段实行不同的价格，例如，道路停车价格高于路外停车价格，不同区域、不同时间也要改变收费标准。

加快建设——重新进行规划，调整已建、在建、拟建项目，对新公共建筑要求停车泊位标准。

听证制度——在外环线以内的公共停车场300米服务半径内再设置道路停车场的，公安交通行政管理部门将会同交通行政主管部门举行听证。

专家们还提出许多其他建议，如商务楼停车场业余时间的处理、夜间与双休日向社会开放，等等。他们认为，在停车场问题上，必须明确社会利益高于部门利益。

总之，上海方面的一些探索值得我们学习和借鉴。

五、目标与对策

对于解决停车问题，我们应该把它提高到"环境优区"重要课题的高度，应该提出一个明确的目标。尽管在中心区这个矛盾最为突出，但我们不可以强调客观、推卸责任、消极等待，而是要知难而进，下大力气攻克这个堡垒。我们应该确定鲜明的理念，比如可以是"让汽车在西城区行好停好"，并以此为与其他区竞争的重要条件。

如果有人开车到西单购物，停车就只是手段，因此，不应该用高价格拒绝他们来而应该欢迎他们来。我们不应该孤立地看待停车问题。价格是一个信号，是欢迎还是拒绝，一目了然。

总之，尽管解决停车难极不容易，但我们不可以退却或束手无策。攻克这个经济环境的"制高点"是我们的基本战略。

关于具体对策，主要可以从以下三个方面着手：

第一，摸清家底——对区内各种车位进行调查摸底，公布于世，报出一个数来；

第二，明显标示——对区内所有的停车场进行统一数字指引和标示，最好用电子显示；

第三，价格政策——调整价格，总体应以向下调为主，特别是路内高于路外，地上高于地下，以鼓励人们充分利用地下资源。

还有一些其他方面的措施，例如：

重新规划——重新规划道路交通与停车条件；

地段区别——路内停车与路外停车价格不同；

时段区别——白天晚上分别政策，最大限度地利用场地；

周末政策——周末与平日区别政策，应开放单位场地；

空间利用——尽量注意发展地下空间，地上空间的利用，设计二层（自行车在上）或高层专用车库；

远程配合——地铁沿线车站的配合；

便利停车——马路沿台阶太高，需调整，等等。

总之，我们需要认真思考停车问题，把停车当做重要的"环境优区"的大事来抓，打出我们的口号，彻底改变目前的被动局面。光讲修路不讲停车，就是平安大道的基本教训，重修路轻停车就是经济不和谐的典型代表。

第 32 篇　关于限制小排量汽车的讨论*

主持人：最近，来自北京汽车市场的消息说，小排量汽车在北京汽车市场受到冷落，不少消费者在追捧大排量汽车。我们常听到身边的人在讨论买车的时候，除了什么车最好看、什么车性能最棒、什么车最值等这些常规话题之外，提及频率最高的就是排量这个词了，打算买车的人或者已经买了车的人对这个问题都表现出了不同程度的疑虑，所以不少人还是选择买大排量的汽车了。

那么，小排量汽车为什么会受到冷落呢？在今天的财富广场中，我们就一起来讨论一下这个话题。今天我们请来了一位嘉宾：中国社会科学院工业经济研究所的张承耀研究员。

从 20 世纪 80 年代中期开始，我国从国外引进了微型客车（小面包车）。它们以既能载人又能拉货、售价不高、耗油量低的特点而大受城乡勤劳致富者的欢迎，被人们亲切地称呼为"小面"。接着是 90 年代初面市、排量在 0.8 升以下的微型轿车或称经济型轿车，如长安奥拓、贵州云雀之类，每辆 5 万来元的售价，再往后，才是排量为 1.0 升、不带"屁股"的两厢夏利轿车，七八万元的售价和相对来说略为宽敞，使一大批家庭很快圆了轿车梦。

现在我们就先请教一下张研究员，您怎么看小排量汽车进入家庭？您个人是喜欢小排量汽车还是大排量汽车？为什么？小排量车和大排量车各自的优缺点是什么？表现在哪些方面？

张研究员：小排量车的特点是耗油量少，另外体积也比较小，缺点是动力不够大。相反，大排量的车动力足，体积大，但耗油量也大。对于普通家庭来说，必须在动力与经济负担之间进行权衡。我本人也要有所取舍，最近购买的车是 1.5 升的。一些人认为太小了，但我以为比较合适。我们还是发展中国家，小排量车进入家庭为大势所趋。实际上，很多年前就有可能掀起小排量进入家庭的高潮——假如

---

　*　中央人民广播电台第二套节目："财富广场" 2004 年 4 月 13 日。本文为对话的大体记录。

对所谓"面的"不限制的话，北京的汽车普及率早就达到现在的水平了。

主持人：有人总结了 5 条优点，一是价位低，一般在 4 万～6 万元之间；二是节约能源，百公里油耗一般低于 5 升；三是使用成本低；四是易操控、体积小、重量轻、停车便利、停车占地少；五是有利环保。

小排量汽车有这么多优点，但是，以平民百姓为主体的消费者们，并没有因为拥有了小排量汽车而高兴，因为他们的"宝马良驹"很快受到了种种歧视：不是这里不让走车，就是那里让你绕行；一些上星级的宾馆饭店甚至火车站、飞机场，竟然不让经济型轿车和微型客车进门载客。据不完全统计，目前全国有 60 多个城市出台了各种各样限制或变相限制经济型轿车的措施。有的城市规定 1.0 升以下轿车不得上高架桥或高速路，有的城市对经济型轿车实行单双号隔日上路或某路段禁行，还有的城市压根儿不给经济型轿车上牌照。

在北京，小排量车不能上长安街；在上海，排量为 1.2 升（含 1.2 升）以下的机动车仍然全天禁止驶入高架道路；在深圳，也限时禁止排量小于 1.0 升（含 1.0升）的车辆在快速路上行驶。

1996 年秋天，国务院办公厅发出《通知》，限令各地取消对经济型轿车和微型客车的种种限制，但收效甚微。《汽车工业"十五"规划》出台后，提出把"售价8 万元左右、百公里油耗低于 4 升"的经济型轿车确定为轿车发展重点。两年前，国家计委《汽车消费政策》（征求意见稿）公布，对低排量经济车给予了一系列税费优惠政策，对高排量课以重税，并明确规定："在汽车消费者购买、注册登记和使用环节，各地政府不得制定针对某类车型或排量的歧视性政策或实施导致歧视性结果的政策措施。"许多人都以为这下微车苦尽甘来了，但事实却是：一些地方对经济型轿车和微型客车的歧视变本加厉，竟然从限制行驶发展为禁止上牌，从限制小排量车发展为限制没"屁股"的两厢车。广州市、上海市又先后出台限制政策，广州甚至不予核发牌照，可以说歧视更加严重。

小排量汽车有这么多好处，为什么还限制它呢？您认为小排量车受冷落的根本原因在哪里？

张研究员：我们可以从两个层次来思考。从管理部门表面上的原因来说，可能是希望提高道路通过速度，小排量的车启动速度当然比不上大排量的车，绿灯一亮，小排量的车压住大排量的车多不好。但是，长安街不是 F1 赛道吧，没有必要那么快。再就是车太多了，最简单的办法就是能限制一些车通过。因此，限制小排量车可以改善那段路的条件。从本质上讲，这里有些不公平，为什么限制小排量的车而不限制大排量的车？显然，这里考虑的不是环保。关键在于有权力的和决定政策的人多数乘坐的是大排量的车，许多车都是公车。假如让老百姓直接选择，结果可能不一样。所以，在这背后是一些人限制了另外一些人。

主持人：微轿受到如此这般的冷眼相待，是因为很多城市都把微车当做加剧交通拥堵的罪魁祸首。有的地方政府认为，1.3 升及其以下的汽车，排量小、动力差、速度慢，严重影响道路的通过能力，是造成交通堵塞的根源。上海市有关部门就声称，对微轿采取的限行措施是从上海交通道路越来越难以承受汽车保有量迅猛增长而不得已采取的措施，并没有任何歧视性成分。近 10 年来，上海道路长度约增长 108%，道路面积约增长 142%，而机动车增长却已超过 470%。因此，实施对小排量车"限行"，是上海为道路交通排堵保畅而不得不采取的一项举措。第二个理由认为，排量 1.3 升以下的汽车技术简陋，有害物质排放多，是污染环境的罪魁祸首。第三个理由认为，排量 1.3 升以下的小型汽车，外观不美，不像轿车，缺乏气派，让它们在城区主干道上跑来跑去，有损城市形象。

记者在采访中发现，大多数消费者非常了解汽车的油耗与排量大小有直接关系，却依然选择了大排量车，除了微型车在部分路段遭遇限行之外，还有诸多原因。

今天中国的汽车消费者中许多人的意识里还有一个误区：发动机排量越大越好。似乎只有如此，"动力强劲"才有保证；同时，也许过去在中国生产的小排量汽车技术比较陈旧，动力、安全、排放还有欠缺，导致一些城市和地区颁布地方法规，限制小排量汽车上牌行驶。国内消费者的购买心理是主导大排量车热销的主要原因。一位正在购买奥迪 A6 的消费者张先生告诉记者，他的车不仅仅是作为代步工具，而且是身份的象征。"开一辆奔驰去谈生意，和开一辆奥拓去，效果绝对不一样。"张先生认为，豪华轿车是他经商的"名片"，虽然油耗高，但是没有别的选择。

除了彰显身份，追求"玩车"的快感也是大排量车畅销的原因。一家越野俱乐部的负责人告诉记者，他们的会员座驾一般都是排量在 3.0 以上。小排量的车跑不快，找不到速度的感觉，更不用说去越野了。

还有一位朋友说，他其实一开始就想买一辆小排量的车，不但价格便宜，而且油耗也小。但买车是为了方便，如果买了车不能上长安街，那根本就失去了买车的意义。

针对您刚才提到的这些小排量汽车受到限制的原因，您认为事实是不是这样呢？小排量汽车是不是交通拥堵和污染环境的罪魁祸首呢？

张研究员：不能把交通拥挤的原因归结到小排量车的头上。城市交通问题要从两个角度来分析，一是"治本"的角度，主要是改变结构，以快速轨道交通为主，在北京，地下铁发展太慢了，从复兴门到西单 1.8 公里，用了整整 10 年的时间，完全可以申请世界纪录。地铁建设赶不上公路，公路赶不上汽车的增加速度，因此矛盾爆发了。另一个是"治标"的角度，即在现有结构条件下能不能有效改善呢？我想也不是没有可能。但是，简单地限制小排量车是不可取的，或者说跑偏了方向。具体办法之中，真正有效果的是限制公车，或者说是公车改革。当然这里有很大难度。乘公车的人决定着政策，就不可能采取这样的措施。不限制公车而限制私车是很不正确的。

主持人：1.3 升排量以下汽车的速度到底慢不慢？人所共知，机动车在我国城市中心主干道上行驶都是被限速的，最高时速不准超过 60 公里或 80 公里。而排量 0.8 升的长安奥拓，最高时速是 120 公里；排量 0.66 升的贵航云雀，最高时速是 130 公里；排量 1.0 升的天津夏利，最高时速是 135 公里；连排量 0.8 升的昌河微型客车，最高时速也有 105 公里。这就是说，要达到每小时 60~80 公里的限制速度，哪一款经济型轿车和微型车都是绰绰有余的。

去年 6 月 18 日，国家质量监督检验检疫总局在上海汽车展上宣布，抽查夏利、云雀等 8 款经济型轿车，其安全、环保、节能等基本性能的主要指标全部合格。

我国还是个发展中国家，即使像上海、广州那样相对富裕的城市，居民的消费水平也是分层次、有差别的。据统计，成都市的私家车比例居全国城市第二，占到 80 万辆机动车保有量的 85%，其中 5 万~10 万元的经济型轿车和微型车占了 60%~70%。这说明，我们绝不能离开国内生产总值（GDP）的水平，即现有的经济基础去"提升城市形象"；否则，就可能干出既违背国家基本国策和产业政策，又引发人民群众抱怨的傻事来。

刚才我们说到了国内小排量汽车的现状，那么，国外汽车消费的趋向是什么？在国外，私人购买的家用轿车一般是小排量车还是大排量车？小排量车上路受不受限制？

张研究员：在欧洲，多数家庭平常上班外出都是开两厢车，其原因最主要的是停车方便。车大就表现出劣势来。在伦敦，限制车到城里，但是并不是限制小排量的车。实际上，不限制人家也不愿意开车进城，因为没有地铁快。能够做到这一点，还要有其他一些原因，比如，第一，人家家里不仅仅有一辆车，到了星期天，可能换一辆大车出去玩。第二，人们并不把车看成社会阶层的标志。第三，没有什么公车私用的空间，开着公家车干私事要接受惩罚。所以，我们应该大力宣传平民意识，反对虚伪的思想，揭露"公车腐败"的丑恶。

主持人：自 20 世纪 70 年代起，世界上几乎所有知名汽车制造厂商都在加速研制"低油耗、低价格，小排量、小车身"轿车，以节约能源、减少污染、少占行车空间及停车用地。日本、英国、德国、法国、意大利及韩国的低排量汽车一直占据50%左右的市场份额。目前在欧洲销售的汽车中，在今天的欧洲，技术先进、配置精良的小排量轿车占到轿车总销量的 60%，其中 1.0 升以下排量的小型车占了35%，年销量达到 450 万辆。是进入家庭的主流产品。不但为节能、环保作出大贡献，减少了马路和停车场的占地面积，而且日常使用中，在时速、提速性方面完全可以与大排量车比肩。

有这样一条有趣的新闻：大众汽车公司卸任的董事长皮尔希博士在参加年度股东大会时，驾驶一辆发动机排量只有 0.3 升的小型轿车，以 75 公里的时速，完成了从狼堡到汉堡 234 公里的行程，油耗仅 2.1 升，平均每百公里 0.89 升。皮尔希了却了他的夙愿：在董事长任内开发出世界上最省油、最"干净"的"一升车"。

大力发展小型、节油、环保、安全、价廉的乘用车，正在成为当今世界汽车工业的时尚，几乎欧、美、日本的所有知名汽车厂家，都在争先恐后地研究、开发、生产、销售这种小型车。

然而在我国，由于一些地方对小排量汽车的歧视和限制，就有可能误导汽车生产和消费者。你有政策，我有对策。地方政策限制小排量汽车上路，汽车厂家旋即主攻更大排量车型。于是，在国内市场上推出的车型中，1.0 及以下排量的经济型轿车仅有过短暂的荣耀，而一批车型迅速从 1.0 排量改为 1.01 或 1.1 排量。一些汽车生产厂家从两个方面逆世界潮流而动：一是紧凑型轿车和微型客车争相搭载排量 1.4 升以上的发动机，形成"大马拉小车"；二是本来引进的是"没屁股"的两厢车型，却又急着投入大笔钱去搞三厢车作换代产品。这样发展下去，当家庭轿车真正在全国普及开来，当数百万辆甚至上千万辆本应是 1.0 升左右的小排量车都成了 1.4 升以上排量的汽车的时候，我们每年将要多消耗多少万吨紧缺的石油？将为治理汽车污染要多花多少亿元的国家资金？

事实上，高油耗的大排量车热销和小排量车限行，与油价高涨后造成的养车成本高形成了恶性循环。越来越多的汽车厂家为了追求利润而逐步放弃小排量市场，更使得小排量车的处境雪上加霜。

有资料表明。我国能源形势不容乐观。我国每年的石油需求量达 1.5 亿吨左右，从 1993 年起就已成为石油净进口国。日前，油价上涨再次引发了人们对微型轿车的关注。按照国家发改委《关于调整成品油价格的通知》，从 3 月 31 日起，全国范围调高油价，平均涨幅在 8%～9%之间，其中 90 号、93 号、97 号汽油每公升分别上调了 0.24 元、0.26 元和 0.27 元。

　　有消费者曾算过这样一笔账：以一辆微轿每月跑 2000 公里计，油耗约为 100 升，需花费 350 元左右，而一辆 1.6 升排量的家轿则为 160 升，约为 550 元。此次油价上涨后，北京的部分经销商就普遍认为："这将重新唤回消费者对燃料成本的注意力，在选择车型时会更倾向于省油的车型。"

　　消费者开始关注油耗，更远的考虑来自于即将开征的燃油税。有消息称，燃油税有望于今年 6 月出台，届时油价将上涨 1 倍。如果这样的话，选择微轿则意味着每个月将少支出油钱 400～500 元。对收入尚不丰厚的大多数人来说，这可不是个小数目！

　　在日益攀升的油价面前，相比于价钱高油耗大的轿车，微型汽车优势一目了然，这对微型轿车生产企业和众多的消费者来说，无疑也是个好消息。在限行、消费观念等诸多障碍之下，您觉得这个利好会不会成为小排量汽车的机遇和福音呢？您觉得小排量轿车会成为家庭轿车的发展趋势吗？

　　张研究员：大概没有这么简单。因为我们的消费还没有以私车为主导。

　　主持人：大排量汽车与原油供应日益紧张形成了一对矛盾，而且越来越突出，您认为怎样才能解决这一矛盾？怎样才能让小排量车吸引消费者？怎样做才可以从根本上改变小排量汽车现在的这种尴尬局面？多年来有关专家主张"把微轿作为进军家庭的主导车型"观点，您觉得怎样才能变为现实？

　　张研究员：前面说过，小排量车多为私车，公车基本上都是大排量的车，公车还用考虑油耗吗？所以，这里存在着根本性的差异。燃油税能限制公车吗？根本没有可能。

　　主持人：业内人士指出，一方面我们国家能源短缺，另一方面现行的一些政策实际上是在鼓励购买大排量、高油耗的汽车。建议国家尽快出台燃油附加税，取消一些地方实行的汽车牌照拍卖，取消经济型小排量汽车的消费税，在过桥费的征收方面也应该区别对待。

　　此外，我国是发展中国家，居民的消费水平是分层次、有差别的，要实现汽车进入家庭，前提就是大多数老百姓能买得起用得起汽车。再加上我国道路、停车场等配套措施的建设还远远不够，都决定了发展微车是正确的选择。

　　虽然面临限行难题，小排量轿车企业仍然顽强地存活了下来，不断上涨的油价也使小排量轿车看到了进一步做大市场的曙光。有关人士认为，此次油价上涨，消费者将会更加在意用车成本，进而转变消费观念，选择低油耗的轿车。

　　权威人士从中国汽车产业发展的高度，建议我国应学习日本，给购买和使用微型汽车在减税、减费等政策上的支持，以支持本土企业迅速做大做强。

张研究员：如何改变这种状况，有人以为最重要的是完善消费政策，建立汽车法规。

汽车法规关系到社会的利益、车主的利益和汽车生产厂家的利益。在建立汽车法规方面，美国、日本的一些经验值得借鉴，例如，20 世纪 70 年代初的石油危机之后，美国于 1975 年出台了"平均油耗法"，要求一辆新车平均燃料效能在 10 年中提高 1 倍，即从当时的每加仑汽油行驶 13 英里增加到 27.5 英里。1978 年，美国又颁布《能源法》，要求 1985 年生产的汽车的油耗，应比 1980 年平均降低27%。由于这些法规的实施，美国三大汽车公司被迫开发出了新的节油汽车，同时也促使美国人改变了"越大越好"的汽车消费观念。又例如，在汽车生产大国日本，从 20 世纪 50 年代至今，排量小于 0.66 升的微型汽车长盛不衰（现在每四台在用车中就有一台是微型车），就因为日本政府制定的《轻四轮车法》规定，微型车可以在上税、保险、高速公路及过桥费用方面享受较大优惠。这些有益的经验都值得我们借鉴。

今年"两会"上，又有不少人大代表和政协委员呼吁取消各地对小排量经济型轿车的限制措施，几乎每年开"两会"，都有代表和委员提出相关的提案、议案和建议。政府主管部门规范汽车市场举措开始加快。有消息灵通人士透露，以鼓励私车消费为主旨的汽车消费政策一直在酝酿之中，并有可能与汽车产业政策捆绑出台。业内专家认为，此举将提高国内消费者的购车欲望，加速中国汽车市场的发展。由于中国没有《道路车辆法》，而这个立法至今没有排上议事日程，《汽车消费政策》是为了部分补充我国有关汽车方面的政策空白。

汽车消费政策中提出国家鼓励发展非石油能源做动力的车，提倡消费者使用小排量发动机汽车，并适时出台相应的扶持政策与鼓励政策。这一鼓励政策的实施，将促进消费者购买经济型轿车，迫使汽车生产企业增加经济型轿车的投入比例，多生产替代汽油、柴油燃料的汽车，促进中国私人汽车进入理性消费时代。

主持人：价位低、节能、少污染、易操控，不仅适合中国国情，也符合国际汽车发展的潮流。考虑到我国石油资源并不充足这一基本国情，应该鼓励发展小排量微型汽车。无论从经济角度还是环保角度来看，小排量的车都更应该是发展的主流。

有眼光的汽车企业一方面要把小排量轿车的精品引进开发出来；一方面也要给消费者一点时间去了解它们。可以预见，几年后中国的情况会有变化，今天有关小排量车为什么受冷落这个话题我们就讨论到这儿，感谢张承耀研究员，同时也感谢听众朋友的参与。

第 33 篇 金融街的 "人气" 在哪里 [*]

最近，关于北京要建立金融中心的呼声不断高涨，中关村、CBD、金融街更是争的不亦乐乎。但是，在一片金融中心狂热躁动之中，还需要进行冷静的思考。金融业是一个产业，金融中心是一种功能，金融中心城市有地理因素，特别是关于金融街，既然叫 "街"，就是有人逛的，现在不是很名不副实吗？具体情况分析如下。

1. 历史的回顾

温故而知新，我们应该对中国金融业的发展进行简短的回顾。社会上的一般印象是，作为垄断性行业，金融业的利润丰厚，高楼大厦雄伟阔气，培训中心豪华壮观，职员工资待遇高。同时，老百姓的意见依然很大，比如，国外可以自动取款和存款，为什么我们的机器只是自动取款机？为什么异地存取还要收手续费？为什么某些服务水平不怎么样收费却很积极？

更为关键的问题在于金融体制改革的滞后，最近的审计结果很能说明问题。投资体制改革文件出台了，但是其背景是什么？我们交了多少学费？总的来说，金融业的名声并不很好。具体表现有：

（1）金融产品畸形，股票热债券冷；政府债券多，企业债券少。

（2）金融操作走弯路，"拨改贷" 造就 "债转股"，加大改革成本，也远离市场经济原则。

（3）"三角债" 顽固，14000 亿元不良资产 1999 年剥离给四大国有资产管理公司，这次又给中国银行、中国建设银行股份制改造注入 450 亿美元以剥离近 3000 亿元的不良资产，历史责任谁承担？全民承担？究竟是谁的责任很不清楚。

（4）股份制改革滞后，日本、新加坡国有企业改革以银行为开始，中国走了弯路，迟迟没有形成独立的债权人。

（5）国有企业职工身份买断还不彻底，商业人寿保险还没有成为重要的长期投

---

[*] 《金融街的人气在哪里》，载《北京西城区政协资料汇编》2004 年 11 月。

资渠道。

（6）我们的企业到境外上市，为什么不让外国企业对等地到境内上市？国内以前主要是国有企业上市，确实对民营企业有国民待遇问题。

（7）国企上市"一步登天"，本来应该先从柜台交易做起，现在二板刚开始，而且规模台阶也不清楚，都是 5000 万元的起点？

（8）证券丑闻充斥，当初是审批制，都要经过批准，有的明显的是上市"圈钱"，有的是搭配捆绑，分配指标，后遗症实属必然。

（9）当初有的上市公司甚至于是一夜编造出一个企业，上市后又将资产负债剥离给集团公司，有的上市公司同时将 12 亿元的资产与负债剥离给集团公司，在那里"加强管理"，真是莫大的讽刺！这种特殊股东结构，关联交易问题谁负责任？

（10）20 世纪 90 年代初期，股票市场还是"烫手的山芋"，交易所地址选在上海和深圳，那时有风险，放到外边试验，现在试完了又收回来？这是不是有一点"摘桃子"的味道？

2．金融业的特征

说到金融业，需要分析其特征，现列举如下：

（1）规模效益性——无论是银行还是证券、保险等，都具有规模效益性，将广大老百姓资金集中起来加以运用，超越个人。

（2）范围效益性——无论是银行还是证券、保险等，都具有范围效益性或网络效益性，营业所遍布各个角落，方便企业与个人。

（3）权益信息性——由于金融业并不涉及实物，是一种权益类产品或服务，因此，信息性因素位置十分重要。

（4）信息不对称——有的人说金融业是"吃信息饭"也不为过，在某种程度上金融业就是要靠信息赚钱。但这并不能成为"造假经济"的依据。

（5）进步与落后——与传统国有企业相比，股票上市就是一种进步，信息透明度提高了，但是仍然存在许多信息不透明，更严重的就是造假。

（6）债券的待遇——企业债券少，是因为政府不同意发，因为害怕债息率高过国债；企业不愿意发，因为那样是硬约束。

（7）股票的特征——债券的风险比较对称，对投资者来说风险较小；股票信息最不对称，就像一场赌博。有的人买债券不刺激。而企业敢不敢发债券是外部对企业或项目风险性了解的重要判据。

（8）交易所地位——如上所述，股票的信息最不对称，因此，股票证券交易所是金融交易中心的中心，如果华尔街没有股票交易所，不发布交易信息，能不能成为金融中心？

（9）监管中心评价——金融中心的本质是交易中心，而非监管中心，美联储能成为金融中心？

总之，必须明确证券交易所的核心地位，一些学者认为，成立没有证券交易所的金融中心大概只是一个梦想。

3. 服务的定位

金融业是服务业，不仅是为消费者服务的产业，也特别是为生产制造业服务的产业。为此，应该对金融业有一个清醒的认识。

（1）功能的定位——金融业的功能是为实业企业服务，从本质上讲是手段而非目的。实业是主人，金融是保姆，不可喧宾夺主。

（2）世界工厂论——中国制造业要发展，要在世界之林获得一定的位置，就需要金融业的支持，但不应该仅仅是国内金融业的支持。

（3）总部经济论——金融中心希望或喜欢与实业中心在一起，金融中心追求总部经济。现在的问题是，究竟应该金融中心向总部经济靠拢，还是总部经济向金融中心靠拢？

（4）角色的评价——金融业的作用如何，国民自有评价，在一片房地产热、钢铁热、汽车热、开发区热泡沫丑闻之中，金融业扮演了什么角色？

（5）扭曲的状态——目前资金过剩，居民存款增加，利息率一降再降，说明资金供给重要性降低，需要不足，但为什么还表现为金融短缺？民营企业借款难？显然这是制度性、渠道性短缺。

（6）监管的效果——说到监督管理中心，实际效果如何？有没有泡沫？房地产、钢铁、开发区、汽车等的过热控制效果如何？责任又在哪里？

4. 国际的比较

形成金融中心是国际性问题，通过观察可以有所启示：

（1）洲际大三角——在洲际比较，可以看出美洲、欧洲、亚洲大三角。

（2）亚洲大三角——亚洲的日本、新加坡、中国形成了亚洲的三大角。

（3）区域多中心——欧洲有 10 多个金融中心，就是一个国内也可以有多个中心，比如美国就有纽约、芝加哥、休斯敦等多个区域金融中心。

（4）首都的选择——金融中心与首都有没有必然的联系？金融中心是否一定在首都？美国的金融中心为什么不在华盛顿？德国的法兰克福怎么能成为金融中心？澳大利亚的悉尼与堪培拉是什么关系？

（5）中国的特点——中国是国有企业比重高，国有金融企业的比重更高，这是与其他国家完全不同的。"双高"的基础结构决定了中国的金融中心问题与外国有重大的区别。我们一定具有中国特色。

5. 国内大三角

（1）多中心倾向——国际可以多中心、洲内多中心；国内也可以多中心，目前中国至少有 7 个城市希望建设成金融中心。

（2）国内三角论——大家习惯认为国内最有力的竞争者是上海、深圳和北京，三者各有长短。

（3）上海长三角——上海有港口，有长江纵深腹地，其实力不可小视。浙江的企业落户上海郊区，都成为了上海市的企业。

（4）港粤珠三角——深圳背靠香港，广州资格更老，这里有海有江河，有海外支持的历史传统，三个城市有合力，有没有分力？

（5）北京的优势——北京是政治文化中心，国有企业、国有银行总部大都在北京，"一行三会"、国有的中央直属企业、国字号的由中南海管着人事任命，政策由这里发源，此一优势其他地方无法模仿。北京成为金融决策中心以及结算中心是必然的。这是竞争优势还是垄断优势？

（6）北京的劣势——北京没有口岸，没有江海，纽约、伦敦、巴黎、汉城、广州、上海等都有河流穿过，太原也在引水进城。没有河是北京作为首都的一大缺陷。天津环渤海之类的设想迟迟没有实现，制造业不发达，没有纵深支持，首都钢铁公司要搬迁。广深铁路 147 公里，是国内第一条客运专钱和第一条高速铁路。北京—天津都市圈怎么样了？京沪高速公路到了天津外环净是红灯，京津高速公路单向只有两车道太少了。

（7）金融的功能——北京没有证券交易所、期货交易所、黄金交易所，在审批制时代，北京更重要，无法取代，曾经有联办、法人股市场，可惜没有能扶正。

（8）爱恨都是它——离中央近让人高兴，在高度管制行业，离中央近一些有好处，政策多变有风险，知道消息尽量规避，自己得到政策信息，也可以制造有利于自己的市场信息；另一方面，靠得太近了缺乏"距离美"，"天高皇帝远"，外地可以远离监管，自由度大。某些基金总部离开这里情有可原，因为上海、深圳有证券交易所。

总之，政治不能等于经济，金融企业需要既吃政府又吃市场，北京让人又爱又怕。说到总部经济，一相情愿味道太浓。"我是你的最佳选择？"有些像征婚口号。

6. 北京小三角

在北京内部也存在竞争，也是多中心，中关村、CBD、金融街号称"三驾马车"。其实，三者也各有特色。

（1）IT中关村——中关村优势是高科技，最近建设产权交易所也增加了产权的内容，完成了从科技向产权的升级变形。

（2）外向CBD——CBD的优势在于靠近外国驻华使节，可以借助外资，有潜力，朝阳区计委当然认为他们有这方面的优势。

（3）大腕金融街——金融街在西城区，离中南海最近，金融总部多。

（4）华尔街情结——一些人把金融街比做华尔街，但是这里没有证券交易所、没有外字号，没有高科技，西城连专利市场都做不起来，因此，金融街离华尔街还相差甚远。

人类进化的重要原因在于脑体分离，四肢分工，北京与上海、深圳好比脑体分离，北京的小三角也好比脑体分离。脑袋与四肢需要再画等号或相互争夺？

7. 政府与市场

金融业是高度管制的行业。在发达国家，要放松管制；在中国，要从计划经济转向市场经济。在这个转轨过程中，市场机制还没有完全建立起来，政府的作用还十分强大。金融业的发展以及金融中心的建设既包含了市场经济的需要，又反映了政府的意志。二者的对立统一关系决定了走向。

（1）世界历史上不乏政府刻意建设和保护金融中心但最后都是失败的例子。市场的力量大于政府的力量。

（2）政府通过优惠政策、差异化建设"政策市场"，反而会搞乱市场，这样不是由市场培植资源，诸如众多的开发区风景线，看得多了见怪不怪。

（3）政府给好处是有限的，市场的好处是什么？北京有什么协作环境？有没有集群效应？有专家认为，论环境条件，北京比上海相差十年。

（4）上海的金融中心也是"批"出来的。二者自然物质条件不同，社会政治条件更不同，北京是政治中心，无法复制，但这就是核心竞争力？

（5）建立金融中心是政府优势与市场优势的对决？这是不平等的竞争。有人说北京要对上海"下战书"，看上去像是内战、窝里斗。

（6）显然，政府力量北京超过上海，市场力量北京不如上海，二者争夺资源？现在需要进行政府与市场的较量？政府与市场的对决？

（7）按照市场原则，政府主要不是领导而是服务，服务好不好客户说了算，一个懂金融的市长顶过一个长三角？

8. 发展的趋势

金融中心的建设需要注意市场经济走向与金融业的发展方向。金融业是高度信息化产业，因此，其发展趋势也有自己的特点。

（1）在网络经济时代，信息革命使得前台后台操作有更清晰的分工，股票交易也可以电脑撮合了，地理距离的作用减弱，供需双方不需要面对面。

（2）国家决策让位于企业，让位于市场，让位于个人，决策体系从集中变成分散。

（3）短缺的主导方面从供给到需求，从生产到生活，金融借贷的重点将从生产信贷到生活信贷即消费信贷。

（4）现在存款增加，社会不缺钱，投资的意义正在下降，存钱的主要功能是安全保险，应该向存款人收保管费。

（5）信息处理的热点是移动消费，手机结算为大势所趋，这样在银行与消费者之间又有了电信的介入。电信动了金融的"奶酪"。

总之，社会发展的趋势是决策从集中到分散，个人消费决策是最短缺的资源，企业的主题是争夺老百姓，争先恐后地为老百姓送去什么？金融中心能提供的服务是什么？

9. 人气的呼唤

金融中心与金融街不是一个概念，中心是功能的抽象，可以没有具体地理范围和建筑物。金融街是用来逛的，要有地理区位特征与特定建筑物。换句话说，金融中心是功能性概念，具体地理位置的意义并不大，金融决策中心建在郊区也问题不大，没有什么差异。既然叫做"街"，就需要有人来看，就需要人气。实际上，信息革命的结果是金融中心不需要什么街，以前交易所看手势打手语，现在网上交易看什么？

那么，金融街可以干什么事呢？

（1）如果建立交易所有困难的话，可以先办柜台交易，柜台交易具有地方性、服务小企业、要求有多少年效益，增加了信息的对称性和透明性，也算带了个好头。

（2）柜台交易不能只搞国有产权，要服务于北京以及周边地区的企业，这种交易与金融街区、地理位置也相符合。

（3）发布诚信信息或信用信息是一个值得注意的方向。

（4）现在的金融街不成其为街，因为只有一半，还不如西单有过街天桥，秀水街最典型了。

（5）金融街交通优势没有很好发挥，金融街与老百姓关系不大，百盛的停车场每小时 5 元，周末停车也不变？这不是为老百姓预备的。超市水平很差，看看交款处就知道什么类型的消费。欧尚在家乐福门前贴出广告，请到欧尚来，有 1300 个免费车位。平日晚上 9 点或周末下午 6 点半，地上车位都是满满的。每小时 5 元与完全免费形成了何等鲜明的对比？

（6）现在的金融街是贵族一条街，说得好听是人气不足，说得不好听是死气沉沉。实际上，金融街强占了老百姓消费的黄金位置。

（7）现在时兴产业旅游，工业旅游统计 70 万人次消费 2100 万元，平均每人 30 元。证券交易所都要开放。上海外滩不管怎么样也有夜景可看，金融街看什么？看建筑可以去平谷，金融街与老百姓有什么关系？

（8）新方案要建设 Shopping Mall，有休闲娱乐区，有立体交通系统，这样可以有利于优势的发挥，实现功能的转变。

（9）金融街能不能成为北京的旅游景点？让北京老百姓都来一趟？让全国人民都来一趟？金融街应该回答的问题是人气究竟在哪里？市场经济的规律是：谁抛弃老百姓，老百姓就抛弃谁。金融街应该为迎接体验经济作出贡献。

（10）另外一个问题是与他人合作。北京铁路局与北京郊区联手让人"免费乘车"，邮局送花了，银行收煤气费了，美国银行储蓄所开到百货公司连锁店里了，中国的百货公司也卖图书了。因此，金融街也需要与他人联手。金融街的前途在于抛弃单打独斗，在于消失金融自我。

第 34 篇　隆福大厦的命运[*]

　　隆福大厦为景山街道地域中最大的商业设施，其发展状况不仅与景山街道关系密切，而且对东城区也有一定的影响。隆福大厦问题可以从"点"、"线"、"面"或者说小、中、大三个不同的范围来考虑：所谓的"点"就是隆福大厦本身；所谓的"线"是指包括隆福大厦、隆福广场在内的隆福寺商店街；所谓的"面"即隆福大厦、隆福寺商店街在整个东城区商业布局中的位置。本报告主要针对所谓的"点"即隆福大厦本身进行分析，最后再对"线"与"面"的问题进行简单地说明。

　　1. 沿革与现状

　　隆福大厦的"根"是作为雍和宫"下院"的隆福寺以及由此而形成的隆福寺步行街。解放后，隆福大厦的主要发展历程是：

　　1951 年，为在长安街修建外贸部，将那里的一座小商品市场迁到隆福寺，成立了"东四人民市场"，1952 年元旦开业。

　　1963 年，进行公私合营改造，实行百货、纺织等条条管理，规模逐步进入北京四大商场行列。

　　1986 年开始改造，1988 年 5 月 18 日更名为"隆福大厦"开业，中央空调、自动扶梯、喷淋消防、广播系统等硬件设备领先，隆福寺上楼顶。

　　1993 年 8 月 12 日一场大火，烧掉商场的一大半，后楼烧尽，前楼有所剩余。

　　1993 年立项改造，1994～1996 年有 8000 平方米面积进行营业，1996 年前后打通，1995～1997 年后停业两年；在此期间，在隆福大厦南侧修建了作为楼层建筑的隆福广场，分流了部分客户。

　　1998 年 9 月 30 日再次开业，效益一直不好，前后试验过鞋业、韩国小商品、数码等均不成功，改为超市、宾馆、图书、展览、写字楼、餐饮等设想没有定论。

　　2003 年 6 月关闭至今，每年由一商集团公司发放工资 1500 万元。

---

　　*　参见《内部研究报告》2005 年 3 月。

在这期间曾经找过一些单位和专家想办法，但一直没有结论，开办小吃、小五金、庙会、交易加服务、娱乐甚至于赌博等，仁者见仁，智者见智，众说不一。

2. 原因分析

隆福大厦落败到今天的境地，有着多方面的原因，主要可归结为以下几点：

第一，市场竞争——这里主要指百货业本行业之间竞争，随着在北京建设 1 万平方米商场计划的实施，赛特、城乡贸易中心、蓝岛、燕莎、西单购物中心等的崛起，使得隆福大厦的传统优势荡然无存，早年京城"四大商场"的辉煌已成为历史。

第二，新兴业态——市场经济的发展，产生了许多与百货业相关的新型业态，例如自行车、家电、服装等的专卖店、超市、品牌店、便利店、折扣店，等等，最近甚至于出现了面积近 60 万平方米的 Shopping Mall。

第三，转轨迟缓——传统百货业空间狭小，老百货店转型困难，有的百货店转型迅速，如万通新世界改为小商品批发城，虽然失去了高层写字楼客户，但后来成为了少有的盈利单位，更何况许多小商品市场也已经升级，如天意市场的规模化、现代化。

第四，环境变化——随着安居工程的实施，一些有购买力的居民搬到郊区；王府井步行街起来了，分流了相当人员，使得隆福寺步行街的特色大大降低。

第五，停车条件——北京已经有 200 多万车辆，家用车也已接近 170 万辆，欧尚的免费车位 1000 多个，金源 Shopping Mall 的免费车位近万个，而隆福大厦的车位少，停车条件也不好，从西向东不能左转，要到朝阳门掉头。这样，本来隆福大厦中心城区的地理优势转变成了劣势。

第六，相互干扰——与隆福大厦密切相关同时也是争论最大的是隆福广场。隆福广场隶属于东城区，一方面其定位模糊，与隆福大厦重复；另一方面，由于隆福广场挡在了隆福大厦的前面，使隆福大厦不通街面，可能是"坏了风水"？

第七，摩擦内耗——从历史上看，隆福大厦的命运与中央政府、北京市政府、北京市国有资产监督管理委员会、北京市一商局（集团公司）、东城区政府、景山街道都有关，这些部门都有权力，但都没有责任。在这之中，市里与区里摩擦内耗最为明显。

第八，转轨过程——隆福大厦走向衰败也是改革时代的产物，按照市场经济的原则，借债就应该还钱，但是隆福大厦的主要债权人是国有银行，到期债务不偿还压力并不很大，现在只有部分工程款债权人要求破产还债。

第九，产权障碍——体制弊端非常突出。从狭义的产权关系看，是北京市国资委—北京—商局集团公司—隆福大厦—隆福大厦股份公司的链条。其中，直接持股的隆福大厦只是虚拟股东，两个企业"一套人马，两块牌子"，这是产权不明晰的典型代表。现在债务主要在大厦，二者资产关系不清晰。

第十，传统管理——产权链条太长，资产关切度太低，集团任命干部，换过多少次也不行，派去的干部机制不行。有人认为，如果是民营企业不可能这么拖，也许早就解决了。

3．初步诊断

根据以上讨论，我们的印象是：

第一，客观与主观——造成目前结果的原因，可以形容为"三分天灾，七分人祸"；所谓的"天灾"包括失火、市场竞争环境的变化等客观因素；所谓的"人祸"是指企业体制，产权不明，责任不清，机制落后。

第二，天灾不如人祸——必须认识到，外在条件的变化对许多商业企业来说都是一样的，而结果却很不相同，外因通过内因起作用。因此，天灾不如人祸，体制才是根本。

第三，责任在市里——现在体制的特点是权力与责任的脱节，责任不明确的结果是，干坏了照样升官发财，没有人跳楼。可以认为，现在的主要责任在市国资委和一商集团。

第四，果断地退出——商业变化太快，这应该属于国有资本退出的领域，事实也证明，隆福大厦是政府搞不好因此也不应该搞的领域。

第五，忘记过去——目前，传统与现代的商业因素交织在一起，已经改变了原来隆福大厦的小环境，历史的辉煌已经过去，一味地"刻舟求剑"已无济于事。

第六，破除迷信——也许有人怀疑把寺庙请到楼上是"破坏了风水"，但是难道共产党能够这样地讲迷信吗？

第七，标本兼治——也许有人希望最好能维持目前产权现状，想个什么"点子"，把大厦带动起来。但是，产业选择只能解决一时，仅仅是"治标"的办法，根本出路在于产权改革，隆福大厦到了必须"治本"的时候了。

4．前途对策

目前，一商集团人士思想已经比较解放，说自己不控股也行，交东城区也行，不干百货也行。这就为解决问题打下良好的思想基础。走出困境的思路初步整理如下：

第一，两种可能——解决的途径基本上有两个，一是不改变体制寻找新的业态与合作对象，要求优惠政策、减免税收等，这是继续"治标"的办法，好比是打

"强心针";另一种是改变体制,从产权入手,即"治本"的办法。好在一商集团已经没有思想障碍。

第二,两种流失——目前需要严格注意两种流失,一是在目前国有体制下,亏损吃补贴的"冰棍"现象;另一种是私下交易,"暗箱操作"的流失。前者已经存在,大家视而不见,麻木不仁;后者为潜在,可能在酝酿之中。后者更值得注意。

第三,大厦入手——由于主要债务在大厦,因此,要优先偿还债权人的利益,大厦对股份公司的股权作为大厦财产的一部分,用来偿债。

第四,三重价格——关于大厦的价值,在这个问题上存在着认识差异。有三种估价办法,一种是总资产,共有 7.2 亿元? 还要再评估;二是净资产,总资产减去负债,还剩下多少? 第三,股权转让的基础应该为每股收益,假如利润为零为负,资产又有什么意义?

第五,市场竞价——上述三种价格充其量是卖方的开价,既然是交易,就需要让人还价。因此,市场价格的数值应该由拍卖程序来决定。

第六,买方范围——市场价格的大小与参与竞价的主体范围而大不相同,比如是否允许外地参与? 是否允许外资参与?

第七,职工安置——现在是由集团负责补贴,吃的是"集团大锅饭"。实际上,北京市国资委也在考虑,这是市一级的"大锅饭"。不过,职工安置时确实应该在更大范围来解决。

第八,安置价格——没有全国统一的价格,在一些外地,已经较顺利地解决,比如泸州化工,买断工龄每年只 1000 多元,也顺利解决。而大庆每年 4000 多元,仍然闹事。因此,关键在市场环境的成熟,在于过细的工作。一方面北京有经济机会,否则那么多的外地人来北京怎么能生活? 另一方面北京是首都,不能乱,但是这不应该成为无所作为的理由。

5. 线面问题

关于隆福大厦,仅仅是一个"点",还应该考虑与之相关的问题,即"线"和"面"的问题。

所谓的"点"是指隆福寺商店街,对此,目前有以下情况值得思考:

已有报告——2000 年我们中的一些人已经参加过关于已有隆福寺步行街的考察,已经提交过专门报告。在那之中的许多思想至今依然没有变化。

改造是非论——2000 年开始电线杆入地改造,虽然改善了环境,但是经营起色并不大,还有人讲"越改越坏"。

隆福广场——前面提过隆福广场的影响,后来东城区透过东开公司又投资过

1000万元，结果也不行，与隆福大厦一样比较失败。

你死我活——目前双方都想拆掉对方，思想陷入僵局，能不能肯定拆掉一方，另一方就一定好起来了？看来不可以相信任何一方。

名声不佳——现在的步行一条街实际上是有特色的，只不过叫"小姐一条街"名声不好听。政府应该在多大程度上干预？

新资进入——在这期间仍然有新资进入，比如"万国酒廊"等，说明仍然有投资者抱有信心。

饮食优势——在多种店堂中，饮食有传统，例如白葵等老字号、新的"哇哈哈大酒楼"等，东边的"好伦哥"也不错。

早市之争——蔬菜水果早市非常红火，深受百姓欢迎。但是，反对意见很强烈，认为这里是黄金地段，那只是临时性的，应该取消。

借鉴对象——早市能不能进大厦？许多人反对。也有人提出虹桥广场水产进大厦效果是很好的例子。一商集团自己的例子是马连道茶市，自发形成的专业市场，逐步扩大，形成规模。

体制差异——大厦后面的小楼地点更偏僻更差，锅炉改造时由职工买断，建立的福源宾馆日见红火，又建一餐馆效果也还可以。反之，集团负责的交道口宾馆赔钱，还是国有体制的弊端。

管委会功能——管理委员会名义上为区属，实际上街道代管，体制并不顺。

总之，传统与现代、高端与大众的交织使传统步行街已面目全非，"四不像"中反衬着种种不和谐。

所谓的"面"是指与东城区王府井、银街、北京站等的衔接。显然，政府主要支持王府井百货大楼，隆福街想属于王府井但属于不了，与银街、北京站等融为一体设想不错，但如何衔接？谁来操办？似乎多是空想的色彩，没有什么可操作性。现在，隆福街得不到应有的重视，没有整体开发计划，单独靠东城区自己也不一定能搞得好。所以，现在考虑面的问题条件还很不成熟。

6. 政策建议

根据以上讨论，我们提出以下建议，有些在前面已经讲过，在这里只是重复或再次强调：

（1）基本认识——隆福大厦与隆福广场两个建筑加起来近10万平方米，两边街道长600米，地处闹区，不可以"守着金碗要饭吃"。必须改变怨天尤人的观念。

（2）急流勇退——实践证明，在这里发展商业光靠政府搞不好，大厦停业就是流失，这是现代版的"皇帝的新衣"，谁都清楚。必须迅速终止"冰棍"现状。必须提高资产关切度。

　　（3）只争朝夕——有人估计到奥运会前能解决，那样太晚了，必须加速进行，耽误时间就是犯罪。

　　（4）由点突破——在上述"点—线—面"的机构中，尽管有着相互影响，但是应该从"点"突破，以大厦为突破口，提高独立作战能力。

　　（5）产权改革——资产出租没有前途，人员负担也无法解决，坚持从竞争性领域退出，不可以再糊涂下去。市场竞争是企业的竞争，是企业体制的竞争。旧体制没有前途。用产权变革带动产业变革。

　　（6）政策陷阱——政策支持有必要，但是并不充分，如果仅仅打政策好处的主意，重复旧的体制和循环，就停止这种政策。

　　（7）人员问题——不要当做任何阻碍改革的借口，改革需要成本，但职工不是"人质"，必须积极解决。

　　（8）大厦入手——由于债务在大厦，所以焦点是大厦，用大厦包括对股份公司股权的资产偿还债务。

　　（9）价格确定——产权转让资产不是障碍，资产值多少亿元别人不能买之类的说法不能成立。

　　（10）公开拍卖——行政划拨的传统做法不好，必须杜绝私下交易，确定公开的原则。

　　（11）范围扩大——在多元化、民营化的过程中，尽量扩大投资者范围，东城区参与最好，国际投资者也欢迎。

　　（12）综合更好——大厦应该单体操作，能与其他设施一起操作更好。如果有可能，大厦、广场、步行街一起拍卖当然更好。

第 35 篇　政府诚信缺失案例分析*

全社会的诚信包括个人诚信、企业诚信、政府诚信等多个层次，它们之间相互作用、相互影响。在这之中，政府诚信往往是矛盾的主要方面。本文通过转述若干最近媒体报道的例子，分析政府诚信缺失的类型、背景、原因与后果。

"一女二嫁"的闹剧

大连的大商集团（以下简称"大商"）为全国第二大商业集团，在全国 500 强排名第 114 位，资产市值 120 亿元，年销售额 180 多亿元。2003 年 4 月，"大商"挥师南下，意图全盘收购在京已小有名气的超市发连锁有限公司（以下简称"超市发"），此举与"超市发"所在地的海淀区政府一拍即合。一年过去后，"大商"在"超市发"上亿元投进去了。第一大股东地位也有了，总经理也当上了，可接下来却寸步难行了。①

收购当初"超市发"的股权构成是北京另一连锁大户"天客隆"占 34.77%，超市发国有资产经营公司（以下简称"国资公司"）占 34.77%，职工占 25.03%。2003 年初，"超市发"与"天客隆"在联合重组问题上发生纠纷，海淀区政府做出了国有资产逐步退出的决定，正好赶上"大商"准备进京。

4 月 22 日，国资公司表示欢迎"大商"接收自己的股份，不过前提是先收购"天客隆"的股份，之后再收购国有股和职工股。7 月 17 日，"大商"支付 1 亿多元现金完成了对巨额亏损的收购，从而间接地持有了"超市发"34.77% 的股份。

8 月至 9 月期间，"大商"与国资公司拟订了国有股转让合同并上报区财政局、

＊　参见《内部研究报告》2005 年 2 月。

①　马立群：《内部研究报告》2005 年 2 月。许跃芝：《"大商"收购"超 2 市发"缘何横生枝节》，载《经济日报》2004 年 7 月 4 日。

区政府等待审批。不料国资公司态度急转直下，提出了一个又一个条件："大商"先进入"超市发"董事会，更换董事长与总裁；解除"天客隆"与"超市发"的诉讼纠纷，19家连锁店返回"超市发"；"大商"先与职工持股会商谈职工股转让，等等。"大商"不得不一一照办。

就在"大商"与职工持股会签署职工股转让意向书之时，国资公司又提出职工股不可以单独转让，必须与国有股捆绑在一起。"大商"准备按照指定程序办理之时，国资公司又说职工股可以自由转让，不再与国有股捆绑，且国有股暂时不转让了。2004年4月19日，职工股决定卖给北京物美商业集团公司（以下简称"物美"），成交价每股3.2元。次日，国资公司决定自己的34.77%股权交给"物美"托管。至此，"大商"收购"超市发"行动完全被搁浅了。

"大商"不明白，为什么当初说得好好的却一下子推翻了，特别是一些做法违背了法律程序，例如：

职工股转让——根据有关法律规定，企业内部职工股转让应限定在企业内部，不得向外部主体转让，"超市发"将职工股转让给"物美"是合法行为吗？

有限公司法的规定——"超市发"为一有限责任公司，法律规定，一方转让股份应征得他方同意，职工股转让以及国有股托管行为并没有征求大股东"天客隆"的同意，其结果有法律效力吗？

公司章程规定——"超市发"章程规定，许多重大经营、投资等事项，需要由董事会进行决策，上述那些显然属于"重大"的事项为什么不拿到董事会上进行讨论？

当"大商"向国资公司董事长询问时得到的回答是："对这件事我不想多说什么，这件事我也做不了主。"问题恰恰就出在这个地方。从这个"一女二嫁"的案例中，我们可以看到某些政府机关缺乏诚信的特点是：

权责分开——当初设计"捏合""天客隆"与"超市发"的领导换人了；当初同意与"大商"合作的领导不出面了；后来改为转让给"物美"的领导人姓什么谁也不知道。因此，某些政府行为是有权力的人没责任，前后政府负责人承诺不连续。

说话不算数——既然政府同意做某件事，就应该尽量维护，合同就是法律文件，政府与企业打交道，如果是以平等的身份进行交易，就应该带头实践承诺。可事实恰恰相反。

无视法律——明明对于股权转让有着具体的规定，政府却根本不予考虑。在一些政府官员眼里，所谓的法律仅仅是制约别人的，自己用不着遵守。违反法律是缺乏诚信的极端表现，而一些政府官员完全没有这种意识。

企业何以暴力抗法

2004 年 7 月 21 日，上海市普陀区桃浦镇，普宝仓储有限公司与租用其仓库的 36 家企业的员工与前来拆除库房的城管队员、公安局与政府人员 500 多名、大型铲房机 4 辆、铲车及其他车辆 30 多辆进行了长时间的对峙，双方发生了暴力冲突，最后以强行拆除失败而告终。这不过是这些企业受到第五次行政处罚的情景。①

普宝公司仓库所在地原是鱼塘和砖厂，因沪嘉高速公路建设的需要，桃浦镇新杨村在此挖土卖给施工队垫路基，由此形成了 7 米深的大坑。后来这块地被普陀区环卫所堆放生活垃圾。当时桃浦镇积极招商引资，希望能利用好这块废地。

2001 年 12 月 8 日，新杨村村委会与普宝公司签订了共同利用和开发这块地的协议，但桃浦镇领导却不同意共同开发。2002 年 6 月 18 日，桃浦镇所属的上海新杨工业园区作为甲方在与普宝公司签订的协议中写明："甲方同意将所有权属于自己的南大路南侧的 49 亩土地给乙方使用，每亩地 24 万元，总金额 1176 万元。"甲方还在协议中承诺为乙方办理建设用地批准书以及房屋产权证等。

普宝公司在签订协议后，斥资 3000 万元在该垃圾场上建造了 2.5 万平方米的仓库。2002 年 9 月之后，在甲方为普宝公司出具了产权证明的条件下，来自全国各地的 6 家企业陆续与普宝公司签订了 3～12 年不等的厂房租赁协议。

然而，桃浦镇并没有办来建设用地许可证和房产证，因此，普宝公司的这 2 万多平方米的仓库只能沦落为没有任何手续的违章建筑，成为各职能部门处罚的目标：2002 年 4 月，普陀区建委对普宝公司处以 1 万元罚款；2002 年 7 月，上海市房屋土地资源管理局对普宝公司罚款 26 万元；2004 年 3 月，普陀区规划局通知 5 日内自行拆除，并提前来人来车对一幢商务楼进行了强行拆除，但对企业提出的合理补偿与安置的要求置之不理。

普宝公司认为上述行为是典型的非法行为，便将上述三家行政机关告上法庭。不同政府部门的反应也不同：普陀区规划局认为自己不是执法主体，撤回了行政处罚通知书；普陀区城管大队要求企业 6 月 9 日前自行拆除建筑。2004 年 6 月 17 日，普陀区人民政府发来通告，通知将责成有关部门强行拆除，于是有了 7 月 21 日的暴力抗拆风波。

---

① 赵刚：《五次行政处罚背后的政府诚信》，载《中国经营报》2004 年 9 月 6 日。

　　上海市国土资源局一位处长说，2002 年 7 月他们对普宝公司处以 26 万元罚款后，曾责成镇政府和新杨园区尽快补办手续，但是一直没有进行补办。普宝公司的人想不明白的是，当初签订协议时并没有说明这块地为绿化带，如果早知道的话，为什么还要签订协议？需要时招进来，另有打算时就用暴力赶走是什么道理？明明是地方政府不讲诚信，为什么非要企业承受不同政府部门 5 次不同程度的处罚？

　　入驻的企业人士也很不理解，他们找到区政府，区里的人说，你们与普宝公司签订的合同，损失只能由你们自己负担。企业人士不明白，当初是政府出具了产权证明，自己是相信政府才与普宝公司签订合同的，因此，违约损失应该由政府承担。还有的领导说，那个产权证明过期了，但企业人士讲证明上并没有写有效期，为什么政府单方面说过期就过期了呢？

　　在这个例子中，我们可以看出，造成如此后果，主要原因有：

　　政府上下级矛盾——政府产权不明晰，层次太多，村、镇、区、市各级政府都有介入，彼此意见不一致，结果是上级否定下级。是政府本身不尊重信用。

　　不同部门自相矛盾——就是同一级政府，由于政出多门，彼此不通气，各自为政，结果造成同一级别不同部门之间自相矛盾。企业方面非常为难，无所适从。

　　政府不恪守承诺——政府说话不算数、不认账、不补偿反映出霸道、官僚主义、蛮不讲理的恶习。严格地讲，故意违约属于欺骗行为。政府翻手为云、覆手为雨的意识根源于权大于法的存在。

　　个人说话不算数——政府某个人的意志不代表政府，说话不算数。这反映出政府没有一个科学的代表制度。在企业，有法人代表，其代表企业所签订的合约具有法律效力。在这方面政府应该向企业好好学习。

　　总之，一些政府人士还没有转变作风，高高在上，喜欢用家长态度对待企业，认为讲诚信是企业的事情，政府不必讲诚信。其实，恰恰相反，政府是表率，政府是大梁。社会诚信好坏的根源在政府。

荒唐的"自买自卖"

　　在某些地方国有企业产权转让的过程中，政府人士一方面极力把企业卖给对自己有利的人，另一方面又不得不摆出"招标"的架势以混视听。不管怎么装，最后还是要露馅的。湖北襄樊市农机总公司的改制招标非常带有典型性。[①]

---

　　① 田建军：《国企"自买自卖"民企当"陪读"》，载《经济参考报》2004 年 11 月 1 日。

2003 年上半年，襄樊市对全市 100 多家市直国有企业推行"双退"改革。2003 年 8 月 16 日，市国企办在《襄樊日报》发布襄樊市农机总公司产权转让公告，当时有 8 家企业和自然人报名提出收购申请，最后有两家参与投标，一个是以自然人身份报名的该公司总经理孙拥军，另一位是民营企业襄樊泰和电气有限公司。

2004 年 3 月 18 日，在由市国企办委托的招标人市农机办主持下，经市公证处公证，评标委员会评标，因孙拥军以公司法人代表的身份制作标书，自买自卖企业产权，标书被判无效，这样，泰和电气公司成了惟一有效的投标人。

然而，事后招标人是农机办并不是按规定在 3 日内向投标中胜出的泰和电气公司发出中标通知书，而是在时隔 1 个多月之后，宣布终止此次招投标活动，致使这一长达 1 年多的招标改制不幸流产。

泰和电气公司为此次投标用了 1 年多的时间，花费了大量的人力、物力，最后落得个"陪太子读书"，感到难以接受。不过，他们回忆整个过程，政府有关人士的"意图"实际上非常清楚：

——早在投标前，政府有关部门就有人曾经与他们打过招呼，劝他们千万不要当真，说"人家要搞自买自卖"。

——进入招标程序后，报名参加投标的 8 家企业先后被市农机办"劝退"了 5 家，另外一家又莫名其妙地"弃权"了。

——在最后刚刚够文件规定的两家时，又有好心人提醒泰和公司，孙拥军要自己收购农机总公司产权，请"做好心理准备"。

——就在投标日的前一天，孙给泰和公司打电话，劝他们最好"放弃"，并开出了一个"价码"，泰和公司没有同意。

——孙落标后，市农机办又专门找泰和公司协商，希望与孙合伙共同收购该企业，泰和公司没有同意。

——再后来的结果就是宣布终止此次招标。

2004 年 6 月 29 日，市农机总公司 100 多名职工集体到市国企办公室上访，要求维护招标结果，早日安排职工；此后，职工又多次到市政府、市人大、市农机办、市信访办讨说法，半年过去了一直没有结果。

对此终止中标事宜，市农机办负责人的解释是合法投标人的人数没有达到《中华人民共和国招投标法》所规定的 3 人以上。但是，当初市里文件规定的是两人以上。市农机办在两个规定中实施"自买自卖"真是"游刃有余"啊。

现在，问题已经比较清楚，根据国资委、湖北省、襄樊市有关国有企业改制的规定，对国有企业产权转让实行公开招标时，合格投标人必须在 2 人以上；而《中华人民共和国招投标法》规定合格投标人必须达到 3 人以上。因此，两个法律文件之间存在着明显的矛盾之处。本来应该由主管部门事先解决这种矛盾；反过来，却成为了愚弄投标者的"利器"。

在记者调查的过程中，一些人反映，襄樊市把民营企业拉来充当"陪读"的情况并非个别，其目的是让中央三令五申禁止的"自买自卖"合法化。

据了解，在襄樊，类似的"自买自卖"有很多种方式，例如：

——改头换面。企业法人另外注册一个公司，回头再来收购原来的企业，如"鑫方圆"公司收购"金方圆"，两家公司的法人代表都是一个人，一个班子，两块牌子，一个是集体企业，一个是"民营"企业。

——寻找替身。改制企业法人代表找一民营企业做幌子，串通一气搞低价协议转让。

——临时变卦。一开始装模作样，关键时刻反悔不干了，如台板家具厂改制时出现过一出闹剧，临投标前，10 多家民营企业负责人被有关部门召集到一起，说不投了，企业要协议转让给原法人代表，等等。

从以上事例可以看出，一方面法规体系有矛盾、有漏洞；更重要的是政府主管部门的人士与国有企业经营者存在着密切的联系，二者可能会串通一气。这也是许多 MBO 得以"暗箱操作"、瞒天过海的共同根源。

集资修路的风波

四川省渠县贯穿全县南北的公路破烂不堪，严重制约着经济发展。特别是在鲜渡镇等乡镇，破烂泥泞的公路一直是堵在村民们胸口的一块石头，从宋家乡太极村到乡上只有 5 公里的路，一下雨就要走上两个小时。2000 年县委、县政府决定集资修建长达 160 公里的标准美化路。一开始，鲜渡镇等乡镇的村民非常积极，表示"砸锅卖铁也要凑足这笔钱"。但是，集资 3 年过去后，修路却毫无动静。后来政府又提出再次集资修建这条路，村民们坚决抵制，无论如何也不再缴了。他们纷纷质疑政府为什么说话不算数，他们想不通："我们的血汗钱究竟到哪里去了？"①

宋家乡的村民反映，2000 年政府说要农民集资修建宋（宋家乡）西（西桥镇）路时，头天乡村干部才开完会，各家就踊跃拿钱，有的一家 9 口一次缴齐 1300 元；

---

① 刘大江：《渠县集资修路风波考验政府诚信》，载《经济日报》2004 年 8 月 2 日。

有（有庆镇）鲜（鲜渡镇）路的集资标准是每人平均 150 元。金花村一村民儿媳妇害乙肝和肺结核，每个月吃药得花几百元，家里实在太穷，就主动叫村干部挖家里的口粮来冲抵，后来口粮都不够吃了，只好东借西凑，至今仍欠别人谷子 800 多斤。现在，他们感到完全被政府骗了，一分钱一分钱积攒起来的活命钱交给政府却打了水漂。

据了解，当地政府确实有意重修当初承诺的路。鲜渡镇领导说，镇上打算 2000 年动工把路修好，准备向村民重新集资，但需要首先征求村民意见。鲜渡镇金花村领导算过账，由于路烂，运河沙等建筑材料，运费得占到原材料费的 2/3，假如路修好了，农副产品运输成本降低，一斤稻谷能多卖 5 分钱到 7 分钱，生猪也不愁运不出去了。但是，村民们对集资已经没有了以往的热情，他们表示，虽然做梦都盼着把这条路修好，可害怕政府再次失信，无论如何也不想再缴了。

这场"集资修路"的风波不仅仅影响到修路本身，还给当地经济带来了明显的"后遗症"——近年来这几个乡镇的农业税收取变得非常困难。2003 年鲜渡镇 57 万元的农业税，就有 10 万元收不上来。在这之中除了有的农民举家外出的原因外，干群关系紧张也是一个重要的因素。当地乡村干部为了完成农业税催缴的任务，不得不自掏腰包先垫上，仅大丘村和伍峰村的 27 个乡村干部中，就人均负债达 1 万余元。

对于出现的这种尴尬局面，渠县领导的解释："当初修路的初衷确实是为民办实事，而在后来的 3 年里遇到了有关政策的调整，引起了公路筹资渠道的变化，影响了对农民承诺的兑现。"具体来说，县里当初确定的修路原则是各区分片包干，各自负责自己境内的一段公路（当时的体制是区管乡镇，后来撤销了区）。只不过，当时的鲜渡区（管辖现在的鲜渡镇、加禾乡等 4 个乡镇）有个特殊情况，即除了修建有（有庆镇）鲜（鲜渡镇）路外，还必须修建另外一条公路——望（望溪）石（达县的石梯）路李渡段。为了保证重点工程，就把农民的集资款全部用在修建李渡段公路上了。而后来农村税费改革，修建有鲜路便没有了经费来源。

对于上述政府干部的"保重点工程"的解释，村民们并不买账。他们指出，当时集资修路时，并没有什么"先修望石路李渡段"的说法，否则大家也不会那么积极地缴钱。

一些专家认为，农民集资修建自己门前的路，地方政府失信于民无论如何也解释不通。政府对老百姓的承诺不可以轻易撕毁。一旦随意失约，就一定会败坏政府在群众中的形象，严重地影响干群关系。打造为民办实事的"爱民政府"，就应该首先打造"诚信政府"。这是因为，不论是对个人还是对群体，诚信都是最起码的道德前提。专家们建议，渠县政府的当务之急是认真兑现以前的承诺，走出"信任危机"的阴影。

实际上，同样是在四川省，一些地方很好地解决了类似的问题。比如说在简阳市武庙乡五龙村，修建公路是由村里的乡亲们共同决定的，乡与村的干部一律不参与建设资金的管理，而是由大家共同管理。政府只是负责提供有关的技术，负责指导和保证施工质量。

上述两种不同的做法反映出两种对立的群众观，一种是相信群众、依靠群众，尽量由群众自己办好自己的事；另一种是相信自己、欺骗群众，认为只有政府才能办成事。在这之中还反映出两种资金观和信誉观，一种是把诚信放在第一位，在民众中赢得信誉；另一种是重钱不重信，把钱看得最重要，不择手段地弄钱的结果是丢失了信用。应该说，资金是有价的，而诚信是无价的，政府最大的无形资产是信誉，是诚信，是取信于民。假如政府弄来了钱而丢失了信誉，那就是最大的失败。

信口雌黄地撤销批文

2001 年，国家计委批准立项在山东青岛胶南市建设一个油气储运码头。该项目占地 1190 多亩，计划投资 6000 万美元，已投资近亿元人民币。但三年多来只完成 5%，耕地成片荒废杂草丛生——青岛市对外贸易经济合作局（下称青岛外经贸局）置青岛市人民政府的批文以及投资者的利益于不顾，贸然以"一纸撤销批文"将真正投资到位的股东排斥在外，不仅造成了该项目的停工搁浅，而且也使失地农民强烈不满。①

2001 年 12 月 8 日，山东科达实业有限公司（下称科达实业）与山东易通投资咨询有限公司（下称易通公司）签订了在胶南市联合建设液化石油气储运码头的合同。2001 年 12 月 20 日，易通公司背着科达实业与日本贸隆有限公司（下称贸隆公司）签订合同成立了青岛太和油气储运有限公司。科达实业根据合同将 5000 万元人民币汇到太和油气储运有限公司账户上。当科达实业发现易通公司与贸隆公司的合同后与易通公司交涉，易通公司书面承认对科达实业的违约，愿意承担责任，贸隆公司也书面认可。

2003 年 6 月，各方协商签订了设立新的太和油气储运有限公司（下称太和公司）的合同，规定科达实业、易通公司以及太中投资（香港）有限公司（后又将股

---

① 徐殿龙：《听信一方致使投资 5 亿元的项目搁浅》，载《经济参考报》2004 年 11 月 13 日。

份转给贸隆公司）分别占 40%、30%、30% 的股份，并约定一个月内各方出资到位，逾期者视为放弃股权，违约方应支付违约金。上述合同由胶南市外经贸局认定批文，经青岛市外经贸局批准，由青岛市人民政府颁发了批准证书，在青岛市工商局备案，领取了营业执照。

根据新合同，科达实业派人出任了青岛太和的董事长，推举了总经理，又为太和公司担保借款 3000 万元。不料，2004 年 2 月 18 日，青岛市外经贸局做出了青外贸资审字 [2004] 041 决定（下称 41 号决定），不仅撤销了其下级胶南市 2003 年 6 月批准新合资公司的批文，也撤销了其上级青岛市人民政府的批准证书，还撤销了企业之间的合同，致使惟一出资到位的科达实业的合法权益受到损害，一个批准投资 5 亿元的项目就此搁浅。

41 号文件的依据是易通公司自己反映其是国有企业，由科达实业持有太和公司 40% 的股权不符合国家有关规定，将会造成"国有资产流失"。如果是这样的话，为什么易通公司不在签订合同的当时就提出呢？青岛外贸局又是如何审查的呢？胶南市外贸局负责同志说易通公司从来没有提出过国有企业身份问题，他们不了解青岛市外经贸局认定的依据。那么，国有企业是自己认定的吗？现在，让我们来看一下易通公司的"庐山真面目"。

易通公司 1996 年注册资金 1000 万元，性质为有限责任公司，两个股东分别为山东双向文字通讯开发中心（出资 950 万元）和山东供水工程建设集团公司（出资 50 万元）。两家股东企业；类型写的是"国有企业"。易通公司与大股东山东双向文字通讯开发中心为同一法定代表人。不过，在两家股东单位的年报中都根本没有提到过易通公司。山东省国资委的人讲，在其负责监管的 400 多家国有企业中，既没有易通公司，也没有双向文字通讯开发中心，易通公司也不得不承认此项事实。

问题到此还没有结束。山东双向文字通讯开发中心的控股企业为北京中力英大百科电子出版开发中心，注册资金 5000 万元，企业性质为全民所有制。而该企业已于 1997 年 9 月因没有参加年检而被北京市朝阳区工商局吊销了法人营业执照。由此看来，易通公司根本不是什么"国有企业"，青岛外经贸局的批准毫无依据。

那么，如此荒唐透顶的"撤销批文"为什么能得以面世呢？首先是政府主管部门意见相对立，青岛市外经贸局与下级胶南市的决定有矛盾，与上级人民政府的决定也矛盾，自己前后也有矛盾。其次是政府部门缺乏法律意识，他们任意以权揉法，出尔反尔。假如易通公司想提出撤销行政批复，可以通过行政诉讼或行政复议，青岛市外经贸局不可以仅听片面之言擅自决定，更没有权力撤销当事人之间订立的民事合同。

再有一个问题就是所谓的"国有企业"的概念的混乱。国有企业的形态不是按照公司法设立的,难以监督;国有企业设立的公司还是国有企业吗?孙公司还是国有企业?一些国有企业的公开性差,年报有"黑洞"。是否还有一些类似的假冒国有企业得以横行霸道?现在,国有企业似乎是个"金字招牌","国有资产流失"成了大帽子,一些坏人就钻了这个空子,打着这个旗号招摇过市、瞒天过海、为所欲为。

政府与真的国有企业关系密切倒也罢了,与一个"假冒国有企业"打得火热又是什么道理?政府维护一个假冒企业的利益,诚信又何在?

秀水市场的凋零

改革开放以来,北京建国门外的秀水街市场从无到有、从小到大,不断发展。这个只有二十多年历史的马路市场成为了一个浓缩展现我国市场经济发展的窗口。2004年7月,主管部门召开了"撤市听政会";在其旁边慢慢地建起了一座"秀水街大厦";一时间大厦拍卖的摊位价、租金价、5万元的进场费、管理费等闹得满城风雨。2004年12月20日,主管部门北京市朝阳区建外社区经济管理中心贴出了关闭秀水市场的通知,在那同时还提出了不少优惠条件吸引老商户,而众多老商户似乎并不买账。一些学者联名提出建议,要求保护秀水市场。大多数的人在相信秀水市场注定被"灭掉"的同时进行着更深入的思考。①

按照建外社区经济管理中心负责人的说法,秀水市场的管理者与广大商户共同为创立秀水品牌与繁荣市场作出了贡献,而必须将之关闭主要是以下三项原因:

第一,消防安全隐患——这一直是秀水市场始终面对而又受制于客观环境并无法解决的问题。

第二,占压市政管线——秀水市场下面有双路10千伏高压走廊和供热、供水管道和雨水排污管道,这也是秀水市场难以继续长期生存下去的基本理由之一。

第三,外交方面的问题——由于秀水市场紧靠使馆区和外交公寓,环境和安全隐患问题突出。

也许政府这样做可能会得到经济实惠,但如果丢失信用更加可惜。

---

① 箫笙:《北京秀水市场不会"一关了之"》,载《经济参考报》2005年1月3日。

2